WARTBURG-JAHRBUCH 2006

WARTBURG-JAHRBUCH 2006

Herausgegeben von der
Wartburg-Stiftung
in Zusammenarbeit mit dem
Wissenschaftlichen Beirat

SCHNELL UND STEINER

Regensburg 2008

Herausgeber:

Wartburg-Stiftung Eisenach,
Burghauptmann Günter Schuchardt

Wissenschaftlicher Beirat:
Prof. Dr. Ernst Badstübner (Berlin), Vorsitzender
Prof. Dr. G. Ulrich Großmann (Nürnberg)
Prof. Dr. Jens Haustein (Jena)
Prof. Dr. Gunther Mai (Erfurt)
Prof. Dr. Matthias Werner (Jena)
Prof. Dr. Eike Wolgast (Heidelberg)

Bilbliografische Information der Deutschen Bibliothek
Die Deutsche Bibliothek verzeichnet diese Publikation in der Deutschen
Nationalbibliografie; detaillierte bibliografische Daten sind im Internet
über http://dnb.ddb.de abrufbar

© Wartburg-Stiftung Eisenach
ISBN 978-3-7954-2082-6

INHALT

JAHRESÜBERBLICK 2006

Vorwort

Das Jahr 2006 sah sich bereits ganz im Zeichen der heiligen Elisabeth von Thüringen, deren 800. Geburtsjubiläum und die daran geknüpfte 3. Thüringer Landesausstellung auf der Wartburg und in der Eisenacher Predigerkirche bevorstanden. Mit Blick auf die dazu entstehenden wissenschaftlichen Publikationen widmet sich das diesjährige Wartburg-Jahrbuch diesem Thema nur mittelbar, indem es einen lokalgeschichtlich interessanten Aufsatz über die besondere Beschäftigung des Märchen- und Sagendichters sowie Antiquitätensammlers Ludwig Bechstein mit dem Elisabeth-Stoff aufnimmt. Eine Verbindung zum vorgesehenen zweiten Ausstellungsort in der Eisenacher Predigerkirche stellt die Abhandlung über das einstige Dominikanerkloster dar, das als Gründung des letzten Ludowingers Heinrich Raspe eines der frühesten Elisabeth-Patrozinien überhaupt erhielt. Mit der vorliegenden baugeschichtlichen Analyse dürfte der bisher gültige Bericht von 1910 abgelöst werden.

Aufmerksamkeit verdient auch das im Zusammenhang mit der bevorstehenden Landesausstellung erfolgte Baugeschehen in und um die Wartburg. Die vollständige Dokumentation der begonnenen archäologischen Grabungen am Elisabethplan, ihrer Ergebnisse sowie seiner bau- und landschaftsgestalterischer Vollendung wird einem nächsten Band vorbehalten sein.

In die Jahre von 1306 bis 1308 führt eine Studie zu den bewaffneten Auseinandersetzungen um die Wartburg und den Besitz der Landgrafschaft Thüringen. Hiermit sollen die Anfänge der über 650 Jahre währenden Burg- und Landesherrschaft der Wettiner beleuchtet und dabei ein Forschungsstand, der zum Teil auf das 19. Jahrhundert zurückgeht, neu hinterfragt werden.

AUFSÄTZE

Vom Predigerkloster zum Gymnasium Illustre. Baugeschichtliche Untersuchungen an den Klausurgebäuden des ehemaligen Dominikanerklosters zu Eisenach

Udo Hopf

Zur 450-Jahrfeier der Schulgründung im ehemaligen Dominikanerkloster in Eisenach erhielt diese im Jahre 1994 den Namen «Martin-Luther-Gymnasium». Gleichzeitig beschloss die evangelische Landeskirche Thüringen als Träger dieser schulischen Einrichtung, die Gebäude umfänglich zu modernisieren und den fehlenden Westflügel der ehemaligen Klausur als Neubau wiederentstehen zu lassen. Von 1995 bis 1998 oblagen dem Autor die bauhistorische und restauratorische Untersuchung an der überkommenen Bausubstanz der Klausur und an Teilen der Kirche. Von der Untersuchung ausgeschlossen waren sämtliche vom Thüringer Museum Eisenach genutzten Bereiche. Nach der 1995/96 erfolgten Voruntersuchung der Innenräume als Grundlage der Planungen für den Um- und Neubau folgte 1996 die restauratorische Untersuchung der Fassaden zu ihren historischen Farbfassungen. Durch Archivrecherchen, besonders im Thüringischen Hauptstaatarchiv Weimar, die Auswertung der vorhandenen Literatur und die zielgerichtete dendrochronologische Beprobung von Bauhölzern konnten die baugeschichtlichen Untersuchungen konkretisiert werden[1].

Im Zuge der baubegleitenden bauhistorischen Untersuchung 1997/98 kam es zur Aufdeckung weiterer wichtiger Details am überkommenen Baubestand. Durch die Tiefbauarbeiten beim Neubau des Westflügels, deren archäologische Begleitung zwar zugesagt, aber nicht realisiert worden war, gingen sämtliche unter der Erde liegenden Informationen der Bauforschung verloren. Aufgrund der Umbauarbeiten ist die historische Substanz der Gebäude stellenweise irreversibel überformt worden. Namentlich mit den einschneidenden Abbrüchen an der noch überkommenen spätromanischen Bausubstanz des ehemaligen Westflügels und mit dem Ausbau der Dachgeschosse gingen ein Großteil der aufgedeckten Befunde verloren. Somit stellen die Dokumentationen[2] der Untersuchungen die wichtigsten Quellen

---

1 Thomas Schulze/Büro für Bauten- und Kunstgutforschung: Dendrochronologische Untersuchungen im Predigerkloster Eisenach. Erfurt 1996.

dar, die noch zur Klärung der Baugeschichte von Kloster und Schule herange-
zogen werden können. In dem vorliegenden Beitrag soll versucht werden,
soweit wie möglich die spätmittelalterliche Gestalt und Struktur der Klausur
des Klosters zu klären[3]. Als Grundlage zur Darstellung der Bauphasen dienen
die Bauaufnahmen aus der Zeit vor der Modernisierung 1997/98.

*Abb. 1:
Dominikanerkirche
und Klausur von
Nordosten, 2007*

1. FORSCHUNGSGESCHICHTE

Die Forschungsgeschichte zum Dominikanerkloster in Eisenach begann mit
der Publikation von Wilhelm Rein im Jahre 1857[4]. Er bezog sich vorwiegend
auf die historischen bzw. urkundlichen Überlieferungen und legte eine kurze
Beschreibung der Bausubstanz dar. Angehängt waren die Zeichnungen eines

---

2 Restaurierungsatelier ANGELA NITSCHKE: Dokumentation zur restauratorischen Voruntersuchung im Predigerkloster «Luthergymnasium» zu Eisenach, Dez. 1995–Jan. 1996; Dokumentation zur restauratorischen Voruntersuchung im Predigerkloster «Luthergymnasium» zu
  Eisenach, Teil 2. Dez. 1995–März 1996; Dokumentation zur Putz- und Farbuntersuchung am
  Predigerkloster «Luthergymnasium» zu Eisenach, Okt./Nov. 1996; Baubegleitende Befund-
  dokumentation im Predigerkloster «Luthergymnasium» zu Eisenach, Dez. 1996–Sept. 1998.
3 Für die vielfältigen Diskussionen zur weiteren Klärung der Baugeschichte bin ich besonders Dr.
  THOMAS NITZ und Dr. RAINER MÜLLER vom Thüringischen Landesamt für Denkmalpflege und
  Archäologie (ThLAfDuA), Dienststelle Erfurt, zu Dank verpflichtet.
4 WILHELM REIN: Das Dominikanerkloster. In: Jahresbericht über das Großherzogliche Karl-
  Friedrich-Gymnasium zu Eisenach von Ostern 1856 bis Ostern 1857. Eisenach 1857, S. 13–20
  und Tafel.

Lageplans und mehrerer Architekturdetails. 1877/78 erfolgte der Aulaanbau an der Südostecke der ehemaligen Klausur, wobei man die Grundmauern eines Vorgängerbaues fand. Im teilweise abgetragenen Südgiebel des Ostflügels wurden, wie der Gymnasialdirektor Ludwig Weniger vermerkte[5], sekundär als Mauersteine verwendete Architekturfragmente und Spuren «mosaikartiger Malerei» entdeckt. Im Bereich des klosterzeitlichen und 1877/78 an derselben Stelle neu errichteten Haupteingangs wurde bei den Baumaßnahmen offensichtlich eine Kommunikationsvorrichtung, das eingemauerte hölzerne «Sprachrohr» des Klosterpförtners, gefunden.

Des Weiteren ließ Ludwig Weniger 1879 im Zuge der Wiederherstellung der Allerheiligenkapelle die Auffüllung in derselben abgraben und aufgefundene Grabplatten sowie Architekturfragmente bergen[6]. Gottfried Kühn stellte 1894 ein Verzeichnis der Regesten zum Gymnasium auf[7], bevor er 1897 einen Beitrag zur gesamten Klostergeschichte veröffentlichte[8]. 1902 legte man unter Leitung des Eisenacher Baurats Dittmar die ehemalige Klosterkirche im Inneren bis auf das vorreformatorische Fußbodenniveau frei und fand die Reste der zerstörten Krypta. Anschließend folgte die Einrichtung eines Museums im Baukörper der Kirche[9]. 1904 fanden Abschachtungen im Bereich der nicht mehr vorhandenen Kreuzgangflügel durch die Eisenacher Heimatforscher Eduart Kahlert und Hugo Peter statt[10]. 1905 versuchten sich dieselben an einer Grabung innerhalb der ehemaligen Krypta der Klosterkirche[11].

Felix Scheerer unterzog die erhaltenen Baukörper von Kirche und Klausur zum Beginn des 20. Jahrhunderts einer eingehenden kunsthistorischen Betrachtung. In seiner Veröffentlichung versuchte er, an den aufgenommenen Grundrissen und Schnitten eine Datierung der überkommenen Substanz vorzunehmen[12]. Georg Voss stützte sich 1915 bei seiner Beschreibung der Bau- und Kunstdenkmäler ausschließlich auf Scheerers Forschungen[13]. Unter

5 Felix Scheerer: Kirchen und Klöster der Franziskaner und Dominikaner in Thüringen. Jena 1910, S. 119 und 122. Nach einer Handschrift von Ludwig Weniger aus dem Jahre 1879.

6 Scheerer, Kirchen 1910 (wie Anm. 5) S. 122.

7 Gottfried Kühn: Regesten des Gymnasiums in Eisenach (Beigabe zum Jahrbuch des Gymnasiums 1894/95). Eisenach 1894.

8 Gottfried Kühn: Dominikanerkloster und lateinische Schule zu Eisenach (Beiträge zur Geschichte Eisenachs. VII). Eisenach 1897.

9 Scheerer, Kirchen 1910 (wie Anm. 5) S. 110.

10 Stadtarchiv Eisenach, Akte Gymnasium Predigerplatz, Eisenach II/1, Schreiben des Oberstudiendirektors Schönefeld vom 7. 6. 1932.

11 Ulrich Nicolai: Das Dominikanerkloster zu Eisenach. Zum 700jährigen Bestehen. s. l., s. t. (Eisenach 1935), S. 17 und 42.

12 Scheerer, Kirchen 1910 (wie Anm. 5) S. 109–111.

13 Georg Voss: Die Stadt Eisenach (P. Lehfeldt und G. Voss: Bau- und Kunstdenkmäler Thüringens. Heft 39. Großherzogtum Sachsen-Weimar-Eisenach. Amtsgerichtsbezirk Eisenach). Jena 1915, S. 274–288.

dem Oberstudiendirektor Schönefeld legte man 1932 im Erdgeschoss des Refektoriums eine vermauerte spätromanische Tür mit einem Lilienkreuz im Tympanon frei und grub ein weiteres Mal im ehemaligen nördlichen Kreuzgang nach Grabplatten[14]. Vermutlich legte man in dieser Zeit auch Teile der vermauerten Maßwerkfenster im östlichen Kreuzgang frei. Ulrich Nicolai versuchte sich 1935 nach genauer Beobachtung der Architektur und ihrer Details mit Hilfe des Zeichners Hanns Bock an Rekonstruktions-zeichnungen zur baulichen Entwicklung der Klosteranlage[15]. Ein Teil seiner Erkenntnisse zur Baugeschichte konnte durch die jüngsten Untersuchungen bestätigt werden, andere hingegen wurden gänzlich verworfen.

Manfred Donhof führte 1991/92 archäologische Grabungen in der Krypta, der Allerheiligenkapelle, am ehemaligen Westflügel und im nördlichen Kreuzgang durch. Seine Untersuchungen liegen in einer Dokumentation vor[16]. Hilmar Schwarz fasste 1996 sämtliche Literatur bezüglich der spät-mittelalterlichen Geschichte des Klosters in einem Beitrag zusammen[17]. Abschließend stellte Schwarz fest, dass die bekannten Fakten zum Teil wider-sprüchlich seien und die Geschichte des Dominikanerklosters mit «modernen Möglichkeiten» überarbeitet werden müsse. Auf die bis dahin völlig fehlende bauhistorische Untersuchung zu Kloster und Kirche als Grundlage einer modernen kunsthistorischen Betrachtung ging er nicht ein.

Die Untersuchung der Klausur und von Teilen der Kirche durch den Verfasser erfolgte, wie schon eingangs bemerkt, in den Jahren 1995–98 im Zusammenhang mit der grundlegenden Modernisierung der Gebäude[18]. Die jüngste Veröffentlichung über das Eisenacher Dominikanerkloster aus dem Jahre 2007 im Rahmen der Landesausstellung zur heiligen Elisabeth hält sich weiter an den Wissensstand Scheerers von 1910 und stellt nochmals dessen schon längst überholte Grundriss- und Schnittzeichnungen dar[19]. Derselbe Band enthält eine eingehende Darstellung zur Gründung des Klosters von Matthias Werner[20].

---

14 Artikel in der Eisenacher Tagespost vom 17. 8. 1932; Nicolai, Dominikanerkloster 1935 (wie Anm. 11) S. 32.

15 Nicolai, Dominikanerkloster 1935 (wie Anm. 11).

16 Manfred Donhof: Predigerkirche Eisenach. Grabungsbericht Krypta, Allerheiligenkapelle und Kreuzhof. Arnstadt 1992.

17 Hilmar Schwarz: Überlegungen zur Geschichte des Eisenacher Dominikaner Klosters. In: Wartburg-Jahrbuch 1995. 4(1996), S. 35–58.

18 Die Dokumentation der bauhistorischen und restauratorischen Untersuchungen liegt in vier Bänden u. a. im Archiv des Thüringischen Landesamtes für Denkmalpflege und Archäologie, Dienststelle Erfurt.

19 Dieter Blume und Petra Weigel: Die Dominikanerkirche St. Johannes Baptist und St. Elisa-beth in Eisenach. In: Dieter Blume und Matthias Werner (Hrsg.): Elisabeth von Thüringen – eine europäische Heilige. Katalog. Petersberg 2007, S. 350–354.

20 Matthias Werner: Gründung des Dominikanerklosters St. Johannes und St. Elisabeth in Eisenach. In: Blume/Werner, Katalog 2007 (wie Anm. 19) Kat.-Nr. 232, S. 35–357.

2. Geschichte und Nutzungsgeschichte der Klausurgebäude

Zur frühen Geschichte und Bedeutung des Dominikanerklosters zu Eisenach sei auf den oben genannten Beitrag von Schwarz aus dem Jahre 1996 verwiesen. Er stellte den Zeitpunkt der Ansiedlung des Ordens an dieser Stelle um das Jahr 1240 heraus[21], wie auch Werner ihn zwischen Mai 1239 und Mai 1242 ansetzt[22]. Die Gründung erfolgte unter dem Prior Elger von Hohnstein, der schon 1229 der Erfurter Niederlassung der Dominikaner vorstand[23]. Die Frage, ob mit dem Bauteil der Krypta eine ältere im Bau befindliche Kirche in den Neubau einbezogen worden wäre oder ob es einige Jahre nach dem Baubeginn zu einem Planwechsel kam, lässt sich aufgrund fehlender bauhistorischer Untersuchungen nicht klären. Zumindest erfolgte eine Umplanung mit dem Anbau der Allerheiligenkapelle, in welcher der Prior Elger von Honstein schon 1242 bestattet worden war. Für die Zeit bis zur Aufhebung des Klosters im Jahre 1525 sind bis auf den archivalischen Nachweis einer Bibliothek[24] und der Bauinschrift von 1512 in der Ostfassade des Refektoriums wenige Belege zur Struktur und Gestalt der Klausur überkommen.

1525 verließen die Mönche aufgrund der «Eisenacher Pfaffenstürme» während des Bauernkrieges das Kloster, die Gebäude fielen bis auf die Kirche an den Rat der Stadt, welcher den Südflügel vorerst an einen Salpeter-Sieder verpachtete. Ab 1544 ließ die Stadt den Südflügel für die St. Georgenschule herrichten. Der Ostflügel diente nach der Säkularisation als Zeughaus und wurde seit Mitte des 16. Jahrhunderts etwa 150 Jahre lang als Amtsgefängnis genutzt. Nachdem Eisenach 1596 zur Residenzstadt der älteren Linie des Herzogtums Sachsen-Weimar unter Herzog Johann Ernst (regierte 1596–1638) erhoben wurde, etablierte sich die Scola provincialis zu einer der bedeutendsten Schulen des Herzogtums. Nach 1558, spätestens aber 1599 erfolgte der Ausbau der ehemaligen Klosterkirche zum herzoglichen Kornspeicher. Die Einrichtung eines Theologie- bzw. Predigerseminars (Collegium oder Seminarium Wilhemitanum oder Johanneo-Wilhelmium) im Ostflügel erfolgte 1704. Dafür baute man das Obergeschoss des Ostflügels aus und setzte ein weiteres Stockwerk auf die Sakristei. Die Erhebung der

---

21 Schwarz, Überlegungen 1996 (wie Anm. 17) S. 47.

22 Werner, Gründung 2007 (wie Anm. 20) S. 355.

23 Thomas Nitz: Das Erfurter Predigerkloster vom 13. bis zum 20. Jahrhundert. Zur Baugeschichte und Denkmalpflege. In: Erfurt im Mittelalter (Erfurter Studien zur Kunst- und Baugeschichte. Bd. 1). Erfurt 2003, S. 178–214, hier S. 178.

24 Karl Herrmann Funkhänel: Actenstücke zur Geschichte der Kirche und Schule in Eisenach. In: Zeitschrift des Vereins für thüringische Geschichte und Altertumskunde. 2(1856), S. 211–226, hier S. 213 und 225: «der Prediger liberei»; vgl. Anm. 37.

bisherigen Scola provincialis zum fürstlichen Gymnasium illustre durch Herzog Johann Wilhelm von Sachsen-Eisenach (1698–1729) erfolgte 1707. Die Ansicht der neuen Ostfassade ist um 1710 in einem anonymen Stich festgehalten worden (siehe Abb. 2).

Abb. 2:
Das Gymnasium
von Osten, anonymer
Stich, um 1710

Aus Platzmangel richtete man 1714 weitere Klassenräume im Kreuzgang des Südflügels ein. Vorher lag hier die Wohnstube des Rektors. Nach der Aufhebung des theologischen Seminars 1740 nutzte man die freigewordenen Räume im Obergeschoss des Ostflügels als Lehrerwohnungen. Später wurden wiederum Gymnasialklassen (Selecta) darin eingerichtet. 1806 dienten die Gebäude als französisches Lazarett. Das Gewölbe der Sakristei fungierte vermutlich von 1704 bis 1806 als Raum für die bereits 1586 genannte Bibliothek des Gymnasiums, die zum Teil Bestände der ehemaligen Klosterbibliothek beinhaltete[25]. Ab 1806 erfolgte die Einrichtung der Bibliothek in der vormaligen Conrectorats-Wohnung im Obergeschoss des Ostflügels, in dessen Erdgeschoss ein als Spritzenremise bezeichneter Raum für die städtische Feuerwehr eingerichtet wurde. Mit den durchgreifenden Reparaturen der Bausubstanz zwischen 1818 und 1822 sind weitere Bereiche im Erdgeschoss des Ostflügels zu Gymnasialräumen ausgebaut worden. Im Südflügel und im Refektorium baute man neue Fenster und Türen ein und errichtete einen neuen Treppenaufgang (vgl. Abb. 3). 1840 ist die Schule nach dem Großherzog Carl Friedrich von Sachsen-Weimar-Eisenach (1828–1853) benannt worden. 1871 wurde die Bibliothek in den Saal der Gewerkeschule verlegt und der bisherige Raum zur Aula ausgebaut[26].

---

25 Christian Juncker: Historische Nachricht von der öffentlichen Bibliotheqve des Fürstl. Gymnasii zu Eisenach. Eisenach 1709.

26 Reinhold Brunner: «Verschwundene Bücher». Zur Geschichte der Eisenacher Carl-Alexander-Bibliothek. In: Eisenach-Jahrbuch 1992. 1(1992), S. 62–76, hier S. 70–75; Ursula Wenke: Kurzer Abriß zur Geschichte der Wartburg-Bibliothek. In: Wartburg-Jahrbuch 1993. 2(1994), S. 181–194, hier S. 185–190.

Der Aulaanbau an der Südostecke der ehemaligen Klausur datiert in die Jahre 1877/78. Gleichzeitig erfolgte die Wiederherstellung des südlichen Kreuzgangs. 1879 ist die seit 1806 als «Plunderkammer» genutzte Sakristei zum Lehrerzimmer ausgebaut und die darunterliegende Allerheiligenkapelle freigelegt worden.

Ein für diese Zeit sehr moderner Ausbau zur Aufnahme der nun nach Großherzog Carl-Alexander benannten Bibliothek im Chor der ehemaligen Klosterkirche nahm man 1886–89 vor. Dazu wurde der Chor der Kirche oberhalb der ehemaligen Krypta horizontal in zwei übereinander liegende Lesesäle getrennt und mit einer gusseisernen Wendeltreppe verbunden. Westlich davon entstand ein feuersicheres Büchermagazin. Nach dem 2. Weltkrieg ist die Carl-Alexander-Bibliothek ausgelagert und unwiederbringlich zerstreut worden.

Mit der Einrichtung eines «Rüstsaals» erfolgte 1877 ein repräsentativer Umbau im bis dahin als Klassenraum genutzten Erdgeschoss des Refektoriumflügels. 1899 wurde diese Ausstellung zum Museum umgewidmet und 1902 in die zu diesem Zwecke umgebaute Krypta der Kirche verlegt. 1911 gab man die als Militär-Museum weiter bestehende Sammlung im Refektorium an die privaten Leihgeber zurück und führte den Raum wieder schulischen Zwecken zu[27].

---

27 Thüringisches Hauptstaatsarchiv Weimar (ThHStAW), Staatsministerium Departements Kultus Nr. 145, Die Baulichkeiten am Gymnasium in Eisenach 1902/1911. Bl. 146 und 226.

Zu einer Umbenennung des Carl-Friedrich-Gymnasiums in das Martin-Luther-Gymnasium kam es 1946. 1950 folgte die Abstufung zur Martin-Luther-Oberschule. Die Nutzung des Gebäudes als Schule wurde 1960 eingestellt, um das Institut für Lehrerbildung «Käthe Duncker» in den Räumlichkeiten unterzubringen. Ab 1991 nahm man den Schulbetrieb als Teilbereich des Ernst-Abbe-Gymnasiums wieder auf. 1994 erhielt die schulische Einrichtung als ev. luth. «Martin-Luther-Gymnasium» ihren jetzigen Namen[28].

3. Baubeschreibung

Die Baubeschreibung bezieht sich auf den Zustand der Klausur vor der Sanierung und den Anbau des heutigen Westflügels 1997/98. Der **Südflügel** des Predigerklosters beinhaltet den Baukörper zwischen dem Aulaanbau von 1877 und des im Winkel anstoßenden Bauteils des Refektoriums, einschließlich des südlichen Kreuzgangs. Der nicht unterkellerte, massive Bauteil hat ein Erdgeschoss und ein Obergeschoss mit Fenstergewänden aus Werkstein. Die Südfassade besitzt im Erdgeschoss eine Tür mit Oberlicht, sechs einzelne und ein gekoppeltes Rechteckfenster sowie im Obergeschoss neun einfache Rechteckfenster. Die Nordfassade zeigt im Erdgeschoss zehn Spitzbogenfenster mit Maßwerk, welche von je einer spitzbogigen Tür flankiert werden. Im Obergeschoss befinden sich acht Fenster mit Kielbogenabschluss. Das ausgebaute Dachgeschoss zeigt zwei Schleppgauben mit vier bzw. fünf Fenstern nach Süden und fünf Dachfenstern nach Norden.

Der mehrfach in den Quellen als **Refektorium** bezeichnete Bauteil stößt im rechten Winkel an das westliche Ende des Südflügels. Auch dieser massive Baukörper ist nicht unterkellert und besitzt ein Obergeschoss. Ebenso bestehen hier alle Fenster aus Werkstein. Die Ostfassade zeigt im Erdgeschoss drei Vorhangbogenfenster, wobei das nördliche zur Tür umfunktioniert wurde. Im Obergeschoss befinden sich zwei einzelne und zwei gekoppelte Rechteckfenster. Ein die Geschosse trennendes, bauzeitlich vorhandenes Wasserschlaggesims ist in jüngeren Umbauphasen abgespitzt worden. Der Südgiebel hat im Erdgeschoss zwei kleine rechteckige Fenster, wobei auch hier das östliche zur Tür umfunktioniert wurde. Ein Wasserschlaggesims trennt das Erdgeschoss vom Obergeschoss. Im Obergeschoss befindet sich mittig ein sehr hohes, bis 1997 teilweise vermauertes Kreuzstockfenster, welches wiederum von zwei Rechteckfenstern mit leicht profilierten Gewänden flankiert wird. Das Kreuzstockfenster reicht bis in das Dachgeschoss; darüber ist ein

---

28 Vgl. Das Martin-Luther-Gymnasium in Eisenach. Beiträge zu seiner Geschichte und seinem Neuanfang. Festschrift zur 450 Jahrfeier 1994. Eisenach 1994.

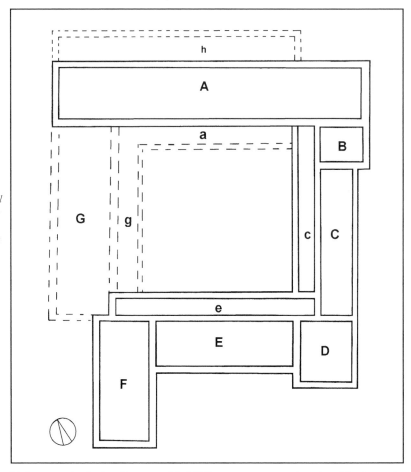

kleines quadratisches Fenster – bis 1997 vermauert – vorhanden. Das bauzeitliche Ortgesims des Giebeldreiecks ist nur noch in seinen Anfängersteinen
erhalten geblieben. Die Westseite zeigt im Erdgeschoss sieben Fenster in
unterschiedlicher Größe und eine Tür. Auch hier ist das einstige Wasserschlaggesims abgespitzt worden. Im Obergeschoss findet man ein einzelnes
und zwei gekoppelte Rechteckfenster. Diagonal zur Südwestecke befindet
sich im Obergeschoss ein geschlossener Übergang zur Stadtmauer aus
Fachwerk. In der Nordwand des Refektoriums ist die Südwestecke des abgebrochenen Westflügels mit mehreren vermauerten Fenster- und Türöffnungen integriert. Das Satteldach besitzt eine Neigung von ca. 50°.

    Die **Aula** von 1877/78 an der Südostecke der ehemaligen Klausur zeigt
einen Giebel mit beiden Fensterachsen im Erd- und Obergeschoss nach

Süden. Zwischen den zwei Fenstern mit Kielbogenabschluss im Obergeschoss steht eine Lutherstatue in einer verdachten Wandnische. Je eine Dreifenstergruppe findet man im Giebeldreieck des Süd- und des Ostgiebels. Im letzteren befinden sich weiterhin sechs Fenster mit Kielbogenabschluss im Obergeschoss und vier Fenster mit hochrechteckigem Gewände im Erdgeschoss. Ein Portal mit neogotischem Vorhangbogensturz und umlaufendem Dekor schließt sich im Erdgeschoss nördlich an die Fenster an.

Der unterkellerte **Ostflügel** zeigt an seiner Ostfassade im Erd- und Obergeschoss je neun Fensterachsen mit rechteckigen Gewänden. Die Westfassade besitzt neun quadratische Fensteröffnungen und eine spitzbogige Tür im Erdgeschoss. Einige der dazwischen liegenden vermauerten bauzeitlichen Maßwerkfenster sind teilweise freigelegt. Zwölf rechteckige Fenster mit steinernen Gewänden belichten das Obergeschoss. Das Satteldach besitzt sowohl nach Osten als auch nach Westen eine breite Schleppgaupe mit je sechs Fenstern. Der nördliche Bereich zeigt ein aufgesetztes Bauteil mit je drei Fenstern in beiden Fassaden. Dieser Aufbau liegt in der Ostfassade über der in der Gebäudeflucht nach Osten verspringenden **Sakristei**.

Die Kapelle im Souterraingeschoss hat nach Osten ein gekoppeltes Spitzbogenfenster mit spitzbogigem Überfangbogen. Die Sakristei selbst im darüberliegenden Geschoss besitzt ein Rechteckfenster ohne Gewände und das darüber liegende, schon beschriebene Bauteil mit je drei Fenstern und ein Vollwalmdach. Nördlich an die Sakristei anschließend befindet sich der **Chor** der ehemaligen Kirche mit seinem Haupteingang im Souterrain und einer darüberliegenden Dreifenstergruppe in einer mit einem Segmentbogen überfangenen Blendnische. Im Giebeldreieck sind eine spitzbogige und darüber eine quadratische Öffnung sichtbar. Ein Ost-West ausgerichtetes Satteldach schließt die Kirche ab.

4. Baugeschichte

4.1. Die Bauphase I um 1240 bis um 1270

Der Baubeginn der Niederlassung der Dominikaner in Eisenach kann nicht nur nach den historischen Überlieferungen, sondern auch nach den bauhistorischen Befunden in die Zeit um 1240 gelegt werden. In dieser Zeit begann der Bau der Krypta bis zur heute noch sichtbaren westlichen vertikalen Baunaht. Optisch liegt eine weitere horizontale Trennung des Kirchenbaues auf Höhe des abgefassten horizontalen Gurtgesimses einschließlich seiner Verkröpfung nach Osten vor. Dieses Gesims zeigt jedoch gleiche Steinmetzzeichen wie die Obergadenfenster und die Ostfassade der Kirche. Das verdachte spitzbogige Ostportal in der Krypta wurde nach dem ungestörten

Abb. 5:
Erdgeschossgrundriss
der Klausur mit der
Ebene von Kirche und
Sakristei als verein-
fachter Baualtersplan

um 1240 bis
um 1260

Gründungen
um 1240 bis
um 1260

um 1345

1512 bis 1517

jüngere
Bauphasen

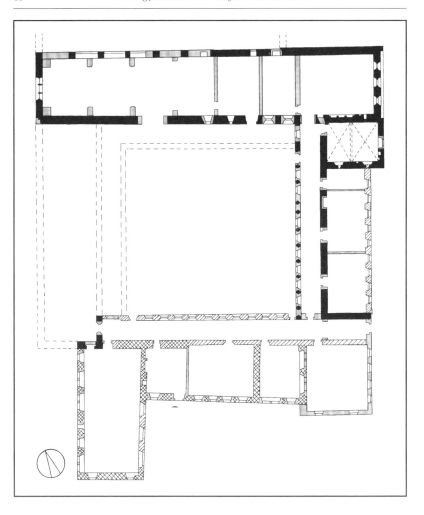

Steinversatz innerhalb der Werksteinfassade zeitgleich geschaffen. Bis in den jüngsten Forschungsbeitrag tut man das Portal als spätere Zutat ab [29]. Inwieweit der Bau der südlich der Krypta gelegenen Allerheiligen- und Marienkapelle einer Planungsänderung entspricht ist ohne weitere Untersuchungen nicht nachweisbar. Nachweisbar ist lediglich die in der Bauabfolge erst zum Bauabschluss der Ostfassade der Kirche anzusetzende Sakristei über der Kapelle durch die vertikale Baunaht an der Südostecke des Chores.

---

29 BLUME/WEIGEL, Dominikanerkirche 2007 (wie Anm. 19) S. 354. Donhof, Predigerkirche 1992
    (wie Anm. 16).

Die **Allerheiligen- und Marienkapelle** an der Südostecke der Kirche entstand vermutlich gleichzeitig oder wenige Jahre nach dem Baubeginn der Kirche. Mit der bauhistorischen Untersuchung sollen in diesem Beitrag nur auf deren Fassaden eingegangen werden. Die 1991 von Manfred Donhof durchgeführten Grabungen innerhalb der Kapelle werden hier nicht weiter betrachtet[30].

Der Baukörper der Kapelle besteht im Gegensatz zur Werksteinfassade der Kirche nach Süden und Osten aus bauzeitlich verputzten Bruchsteinquadern des Rotliegendenkonglomerats und einer Architekturgliederungen aus Rhätsandsteinwerksteinen. Der Übergang zur Werksteinfassade der Kirche ist ohne eindeutige Baunaht. Es macht jedoch den Anschein, als wäre ein Rückbau der ursprüngliche Eckquaderung der Kirche an dieser Stelle erfolgt. Weitere Fragen wirft der vertikale Verlauf des Sockelgesimses der Kirchensüdfassade in der Nordwestecke des Kapelleninneren und die Einwölbung derselben mit $1^1/_2$ Jochen auf. Auch das Vorhandensein eines zweiten Zugangs in die Kapelle von Süden außer dem nördlichen aus der Krypta ist merkwürdig. Allerdings scheint der südliche Eingang mit einer Schulterbogenpforte und Giebelsturz erst anlässlich einer jüngeren Bauphase höher gelegt worden zu sein[31]. Nach dem Verlauf des Sockelgesimses an der Kapellensüdfassade lag er bauzeitlich in Höhe des Kapellenfußbodens. Überhaupt ist die heute im Inneren des Ostflügels liegende ehemalige Südfassade der Kapelle bemerkenswert. Die Fassade lag nach den bauhistorischen Befunden westlich bis zum Anschluss des östlichen Kreuzgangflügels frei. Erst mit dem Anbau des Ostflügels in seiner heutigen Größe um 1516 wurde sie verdeckt.

Bei der Freilegung der ehemaligen Südfassade der Kapelle von jüngeren Anbauten und Wandputzen konnte auch die vom Kapelleninneren sichtbare, aber vermauerte spitzbogige Dreifenstergruppe dokumentiert werden. Dabei stellte sich heraus, dass diese in der Fassade mit einer ungewöhnlich großen Kleeblattbogennische als Überfangbogen gestaltet war. Die Rahmung der Bogennische besteht wie die Fenstergewände aus Rhätsandsteinwerksteinen. Eine bauzeitlich vorhandene Profilierung war offensichtlich mit der Vermauerung um 1516 abgespitzt worden. Für die Rücklage der Bogennische wurde Bruchsteinmaterial des Rotliegenden aufgemauert und mit einem Glattputz versehen. Teile dieses Wandputzes aus dem 13. Jahrhundert konnten als Befund gesichert werden. In dem 1997 an dieser Stelle eingefügten Treppenhaus ist die Bogennische heute weitgehend sichtbar.

Kunstgeschichtlich sind solche von einem Kleeblattbogen überfangenen

---

30 Donhof, Predigerkirche 1992 (wie Anm. 16).

31 Scheerer, Kirchen 1910 (wie Anm. 5) S. 119 und Anm. 1. Nach den Grabungsbefunden von 1877 verband diese Tür den östlichen Kreuzgang mit der Kapelle.

spitzbogigen Fensteröffnungen durchaus in die Zeit um 1240 datierbar und würden demnach mit einer Fertigstellung der Kapelle spätestens 1242 übereingehen. Als Beispiel derartiger zwar als Biforien ausgeführten, aber mit einem ähnlichen Kleeblattbogen überfangenen Fenster sei hier die ehemalige Ostfassade in der Westturmanlage der Divi-Blasii-Kirche in Mühlhausen genannt. Deren Bauzeit in Höhe dieser Fensteröffnung ist dendrochronologisch um 1242 datiert[32].

Abb. 6:
Der freigelegte
Kleeblattbogen in
der ehemaligen
Südfassade
der Allerheiligen-
kapelle, 1998

Abschließend zur Allerheiligen- und Marienkapelle scheint dieser Bau tatsächlich erst kurz nach dem Baubeginn der Kirche angefügt worden zu sein. Aus Zeit- oder Geldmangel wurden statt der vor- und nachher genutzten Werksteine aus Rhätsandstein lediglich Hausteinquader aus dem Konglomerat des Rotliegenden verwendet. Spekulativ wäre in diesem Zusammenhang die Frage, ob der Kapellenanbau vielleicht mit dem Tod des Elger von Hohnstein relativ zügig an die im Bau befindliche Kirche angefügt wurde und ob durch die zwei Zugänge eine öffentliche Begehung seiner Grabstätte ermöglicht worden war.

---

32 Udo Hopf: Die bauhistorische Untersuchung der Westturmanlage der Divi-Blasii-Kirche zu Mühlhausen. In: Mühlhäuser Beiträge. 28(2005). S. 46–70, hier S. 63.

Der bisherigen Forschungsmeinung, dass nach dem Kryptabau womöglich eine längere Unterbrechung folgte, lässt sich dahingehend widersprechen, dass nach der datierten Vollendung des Klausurwestflügels um 1260 schon spätestens um 1255 der Westabschluss der Kirche begonnen worden sein musste. Somit war eine relativ schnelle und kontinuierliche Bauabfolge gegeben. Zeitgleich mit dem Bau der West- und Südwand der Kirche begann die Errichtung des heute nicht mehr vorhandenen **Westflügels**. Der Bau seiner nördlichen Giebelwand erfolgte mit der Errichtung der Klosterkirche und ist ohne Baunaht in den Westgiebel und in die südliche Langhauswand inte-

Abb. 7:
Der Nordgiebel
des Westflügels von
Süden (gestrichelte
Linien), 1996

Abb. 8:
Die Pforte mit
Schulterbogen und
Lilienkreuz-
tympanon von
Süden, 1996

griert worden. Sämtliche zeitgleich errichteten Bauteile bis auf die Obergaden und den oberen Bereich des Kirchenwestgiebels bestehen aus Bruchsteinen des Rotliegendenkonglomerats. Damit ist der Westflügel der älteste nachweisbare Bauteil der Klausur, der aber bis auf den bereits genannten Nordgiebel und den in das Refektorium und den Südflügel einbezogenen Bauteilen nur noch der Grundmauerbereich erhalten blieb. Der Nordgiebel des Klausurwestflügels in der Südwand der Kirche wurde schon 1852 von Rein beschrieben[33]. Auch das ohne Baunaht durchgehende Mauerwerk der Westwand des Westflügels bis unter die Westwand der Kirche ist 1991 von Donhof festgestellt worden (Abb. 7). Das heißt, dass nicht nur das Gründungsmauerwerk

---

33 Rein, Dominikanerkloster 1857 (wie Anm. 4) S. 16.

des Westflügels, sondern auch das der Kirche gleichzeitig hergestellt wurde. Die heute irritierende Eckquaderung an der Südwestecke der Kirche wurde erst nach dem Abbruch des Westflügels eingefügt.

An der erhaltenen Südostecke des Westflügels (Abb. 11) war schon 1932 im Erdgeschoss der ehemaligen südlichen Giebelwand eine spätromanische Pforte freigelegt worden (Abb. 8). Das aus Rhätsandsteinwerkstein bestehende Gewände mit Schulterbogen und einem Tympanon mit plastischem Lilienkreuz lässt sich wie die Schulterbogenpforte der Allerheiligenkapelle in die Zeit um 1240/50 datieren. Die Pforte scheint ursprünglich eine Zeitlang als Haupteingang der zunächst wohl nur einflügeligen Klausur gedient zu haben, da bei den bauhistorischen Sondierungen am Baukörper die Eckquaderung der Südostecke des Westflügels ohne einen Gebäudeanschluss nach Osten nachgewiesen werden konnte.

Abb. 9:
Die Befunde einer
frühgotischen
Fensterleibung links
und der Eckquade-
rung der ehemaligen
Südfassade des
Klausurwestflügels
rechts, im Ober-
geschoss des
Refektoriums
von Süden, 1997

Abb. 10:
Die Rekonstruktion
des frühgotischen
gekoppelten Fensters,
Zeichnung von
Hanns Bock in:
Nicolai, Dominika-
nerkloster 1935
(wie Anm. 10) S. 35

Des Weiteren ist ein Teil einer Fensteröffnung mit konischer Außenleibung in der ehemaligen Obergeschossfassade der südlichen Giebelwand des Westflügels freigelegt worden (Abb. 9). Das Gewände entspricht dem zweitverwendeten gekoppelten, spitzbogigen Fenster im Gebäude des sogenannten «Gartenhauses». Dieses, heute Schulmensa, westlich der ehemaligen Klausur gelegen, wurde offensichtlich im 17. Jahrhundert aus Abbruchmaterial des Westflügels auf einem älteren Keller errichtet. Weiterhin wurden bei den Schachtarbeiten 1997 die Teilunterkellerung des Westflügels mit einem jüngeren Verbindungsgang zum Keller des «Gartenhauses» sichtbar, als auch ein älterer Kellerhals des Westflügels, der südlich von dessen Südgiebel endete. Der Verbindungsgang und der Kellerhals waren bauzeitlich mit einem Überbau versehen und zeigten die Ansätze von Lichtöffnungen zum ehemals aufgehenden Mauerwerk. Inwieweit der Keller unter dem Westflügel noch aus dem 13. Jahrhundert stammte, konnte auf Grund der fehlenden archäologischen Baubegleitung nicht ergründet werden.

Einige zweitverwendete Sparren auf dem Refektorium besaßen, wie aus ihren Konstruktionsmerkmalen hervorgeht[34], eine Dachneigung von ca. 45° und passen damit zu den erhaltenen Giebelproportionen des ehemaligen Westflügels. Die Tannenhölzer dieser Dachsparren, auf Werra oder Hörsel geflößt, wiesen laut dendrochronologischer Datierung ein Fälljahr von 1256/58 auf und waren teilweise mit Floßbohrungen versehen[35]. Damit kann der Bauabschluss des Westflügels etwa auf das Jahr 1260 festgelegt werden, da bei Floßhölzern eine Liegezeit von ein bis zwei Jahren bis zum Einbau zugerechnet werden muss[36]. Diese zweitverwendeten Sparren sind offensichtlich mit dem Eingriff in das Dach des Refektoriums beim Abriss des Westflügels 1632/33 in den neuerrichteten Dachstuhl über dem Refektorium einbezogen worden.

Dass der in einigen historischen Überlieferungen als «Librarey» (Bibliothek) bezeichnete Westflügel auf dem Merianstich aus der Zeit um 1650 nicht mehr vorhanden ist, war bekannt. Er ist aber nicht, wie mehrfach vermutet, schon zwischen 1525 und 1544 abgerissen worden. Die Quellen nennen diesen Flügel noch 1545[37] und 1557/58[38]. Die dendrochronologische Datierung für den Neubau des Refektoriumsdaches 1632/33 kann durchaus mit dem Abriss des Westflügels in Verbindung gebracht werden. In den genannten Überlieferungen wird anstelle des sog. «Gartenhauses» nur ein Keller erwähnt, so dass mit dem Abriss des Westflügels auch die Zweitverwendung der Werksteine für den Bau des massiven Erdgeschosses desselben möglich sein kann. Dass hier neben dem gekoppelten Spitzbogenfenster auch zwei gekoppelte Kleeblattbogenfenster zweitverwendet worden sind, weist möglicherweise darauf hin, dass sich beim Bau des Klausurwestflügels wie an der Kirche

---

34 Blattsassen der ursprünglichen Kehlbalken.

35 SCHULZE, Untersuchungen 1996 (wie Anm. 1).

36 Siehe THOMAS EISSING: Zum Problem der Interpretation dendrochronologischer Datierungen bei Floßholz am Beispiel Bambergs. In: Jahrbuch für Hausforschung. 54(2007), S. 23–36.

37 JULIUS PREUSS (Hrsg.): Festschrift zur 750 Jahr-Feier des Eisenacher Gymnasiums am 22./24. Juni 1935. Eisenach [1935], S. 8 ff. Aus einem Brief im Thüringischem Hauptstaatsarchiv Weimar (ThHStAW) von Justus Menius an den kurfürstl. Sekretär Antonius Prestel in Wittenberg vom 8. April 1545: «Prediger Closters Gebeude sampt dem zugehorigen Raum … So hat man dieser vergangen Jare die ubrigen Gebeude, welche die besten sind, zugerichtet und die Schul hineingelegt … Dann es sind Etliche, die wollten gern ein Hause, darinnen die Librarey gewesen, gern davon reißen».

38 FUNKHÄNEL, Actenstücke 1856 (wie Anm. 24) S. 213. Nach (ThHStAW), Registrande JJ Bl. 229 b/ S. 5 Nr. 3. 1557 will der Stadtrat zu Eisenach «der prediger Liberei und ein theil von der Kirche … an den Schultheißen verkaufen, wie auch schon einen Garten und einen Keller an den Schulmeister. … Es ist auch der Garten … gereinigt und merklich gebessert worden. Den er zuvor also voller Ziegelsteine und Kalk von alten abgebrochenen gebeuden gewesen ist … [vermutlich der Überbau über dem Keller und dem Gang zum Gebäude der heutigen Schulmensa]. 1558 … Prediger Liberei und ein Teil der Kirchen sampt dem Garten daran».

Abb. 11:
Innenseite der
Südostecke des
ehemaligen
Westflügels,
Fotografie 1895
von Hugo Peter

gleichfalls ein Planwechsel in der Verwendung von spätromanischen zu frühgotischen Stilelementen vollzog. Inwieweit die Hölzer mit Blattsassen im
heutigen Dachwerk des «Gartenhauses» aufgrund des überlieferten Abbruchs
seines Fachwerkobergeschosses im 19. Jahrhundert zweit- oder drittverwendet
sind, konnte nicht weiter untersucht werden. Der Westflügel selbst besaß
bauzeitlich innerhalb des Gebäudes keinen Kreuzgang. Dieser wurde vermutlich erst einige Jahre später, mit der Errichtung der anderen Klausurflügel, an
die Ostseite des Westflügels angeschleppt. Der Ansatz des westlichen Kreuzgangs war vor der Sanierung am Baukörper des Südflügels noch ablesbar (vgl.
Abb. 11).

Zu den Wandöffnungen und Wandanschlüssen an dem noch erhalten gewe-
senen Fragment der Ostwand des Klausurwestflügels konnten keine weiteren
Untersuchungen erfolgen. Trotz schon bei der Voruntersuchung festgestellter
Wertigkeit der Bausubstanz ist dieser Bereich mit dem Anbau des völlig unan-
gepassten neuen Westflügels fast vollständig abgebrochen worden.

Über die Gestalt des **Südflügels** in der 2. Hälfte des 13. Jahrhunderts
fehlen jegliche Anhaltspunkte, da dieser Bereich bereits Mitte des 14. Jahrhunderts und in den Jahren ab 1512 stark überformt worden ist. Inwieweit
Raumstrukturen und Teile der Südfassade noch aus älteren Bauphasen stammen, war nicht zu klären.

Ein weiterer, in seinem Grundriss nicht mehr erschließbarer Bauteil der
Klausur lag im Bereich des Aulaanbaues von 1877/78. Möglicherweise befand

Abb. 12:
Die Ansicht der bis
1997 erhaltenen
Innenseite der
Südostecke des
Westflügels rechts,
von Nordwesten,
1996

sich hier der bauzeitliche Kapitelsaal neben dem in seiner Lage noch erhaltenen Haupteingang des Klosters. Wie schon erwähnt, fand man sowohl die
Grundmauern eines Vorgängerbaues, als auch im teilweise abgetragenen
Südgiebel des Ostflügels sekundär verwendete Werksteine mit Architektur-
fragmenten und Spuren «mosaikartiger Malerei». Im Bereich des klosterzeitlichen und 1878 neu errichteten Haupteingangs wurde das eingemauerte
hölzerne «Sprachrohr» des Klosterpförtners gefunden und in das Museum
verbracht. Die Bebauung dieses Bereiches ist auf dem Merianstich von 1650
ebenfalls nicht mehr vorhanden. Vermutlich wurde das Gebäude spätestens
in der Umbauphase 1632 abgebrochen.

Die Gebäude des erst zum Anfang des 16. Jahrhunderts in seiner heutigen
Gestalt errichteten **Ostflügels** beinhalten im Erdgeschoss noch fast die
gesamte Bausubstanz des östlichen Kreuzganges aus dem 13. Jahrhundert.
1714 erfolgte ein Umbau, bei dem der Kreuzgang in mehrere Räume aufge-
teilt wurde. Anstelle der Maßwerkfenster zum Kreuzhof setzte man Fenster-
und Türöffnungen mit barocken Gewänden ein. Einige teilweise erhaltene
bauzeitliche Fenstergewände des Kreuzganges mit Maßwerk sind vermutlich
1932 freigelegt worden. Das bisher in der Forschung auf die Mitte des 14.
Jahrhunderts datierte Maßwerk entstand nach den Untersuchungen jedoch
bereits um 1270 (Abb. 13). Die Datierung bezieht sich einerseits auf vergleichbare Steinmetzzeichen (vgl. Abb. 14) und andererseits auf die relativ
seltene, herzförmige Maßwerkform, die ebenso in den Fenstern von Chor

Abb. 13:
Die freigelegten
Maßwerkfenster
im Ostflügel, 1997

Abb. 14:

Zwei Steinmetz-
zeichen, die an
diesem Gewände
und am Chor der
Erfurter Domini-
kanerkirche vor-
kommen,
Zeichnung:
S. Bergman 1997

und Refektorium des Erfurter Dominikanerklosters vorkommen[39]. Eine enge Bindung der beiden Dominikanerklöster war schon allein durch ihren gemeinsamen Gründer gegeben. Weitere Vergleiche der Architektur und Steinmetzzeichen als Hinweis auf eine gemeinsame Bauhütte erfolgten bisher noch nicht.

Mit dieser Datierung wird die kontinuierliche Bauabfolge von Kirche und Klausur weiter bestätigt. Der östliche Kreuzgangflügel besaß nach Westen bauzeitlich nur die Höhe bis zum noch erhaltenen Traufgesims. Die heute im Gebäudeinneren liegende durchgehende Ostwand des Kreuzganges schloss diesen wohl ohne jegliche Öffnungen ab. Der Raum zwischen der nördlich gelegenen Sakristei und dem südlich gelegenen Haupteingang zur Klausur besaß offensichtlich bis um 1516 keine Bebauung. Schon Nicolai erkannte diese Tatsache und versuchte die Gestalt der Klosteranlage zeichnerisch zu

---

39 An dem zwischen 1266/69 und 1272 erbauten Chor der Erfurter Dominikanerkirche mit einem herzförmigen Maßwerkfenster fanden sich vergleichbare Steinmetzzeichen in mittlerer Höhe des Ostfensters des südlichen Seitenschiffs. Der erhaltene Ostflügel der Erfurter Klausur besitzt noch heute sein bauzeitliches Dachwerk aus den Jahren um 1280. Die im Erdgeschoss liegenden Fenster mit herzförmigem Maßwerk sind somit um 1276/77 zu datieren. Dazu: Johannes Cramer und Thomas Eissing: Dächer in Thüringen (Arbeitshefte des Thüringischen Landesamtes für Denkmalpflege. [9] 1996,2). Bad Homburg/Leipzig 1996, S. 98 und 29–32 sowie Tafel 2. Weitere in die Zeit vor 1280 datierte herzförmige Maßwerkformen sind im westlichen Kreuzgang des Erfurter Domes nachweisbar. Zu letzterem: Johannes Cramer, Manfred Schuller und Stefan Winghardt: Forschungen zum Erfurter Dom (Arbeitsheft des Thüringischen Landesamtes für Denkmalpflege. Neue Folge 20). Erfurt 2005, S. 94–100.

rekonstruieren. Allerdings bezog er die schon beim Bau der Aula nachgewie-
sene ehemalige Bebauung an der Südostecke der Klausur nicht mit ein[40].

Nach der Fertigstellung der Ostfassade der Klosterkirche und spätestens
mit dem Bau des östlichen Kreuzgangs um 1270 wurde die **Sakristei** über der
Allerheiligenkapelle aufgerichtet. Der Baukörper der Sakristei besteht wie das
Mauerwerk der darunterliegenden Kapelle aus dem bauzeitlich verputzten
Bruchstein des Rotliegendenkonglomerats und einer Architekturgliederung
aus Rhätsandsteinwerksteinen. Der Sakristeianbau stößt stumpf an die
Südostecke des platt geschlossenen und vollständig aus Werksteinen bestehenden Chores der Klosterkirche. Den in der Bauabfolge schon geplanten
Anbau der Sakristei zeigen die Einbauten in der Chorsüdwand des Kirchen-
innenraums. Der heute vermauerte bauzeitliche Zugang zur Sakristei mit dem
spitzbogigen Türgewände westlich der Sedilien-Bogennischen und eine Öffnung zur akustischen Verbindung in die Sakristei (Abb. 15) sind nach ihren
Profilierungen offensichtlich zeitgleich entstanden.

Die Untersuchungen ergaben weiterhin, dass die Sakristei bauzeitlich ein
Schleppdach bis unter die Traufe der Kirchensüdwand besaß. Die bauzeitliche Mauerhöhe der Südfassade der Sakristei konnte mit dem aufgesetzten
Mauerwerk aus der Zeit der Errichtung des östlichen Klausurflügels um 1516
dokumentiert werden. Der Befund zeigt auch, dass die mit der Sakristei
errichtete Kreuzgangostwand bis 1516 ohne Anbauten und Öffnung blieb.
Ein Absatz im Mauerwerk der Kreuzgangostwand zeigt die Höhe der bauzeit-

---

40 Nicolai, Dominikanerkloster 1935 (wie Anm. 11) S. 8.

lichen Deckenbalkenlage in 2,70 m über dem Fußboden. Der Abschluss mit einem Schleppdach zum Kreuzhof in Traufgesimshöhe ist sicher. Das mit dem Anbau der Gebäude an den östlichen Kreuzgang um 1516 vermauerte westliche Fenster der Sakristei (Abb. 16) besaß bei seiner Öffnung 1997 noch die Vergitterung des 13. Jahrhunderts. Während das östliche Fenster hinter der Ostwand des Ostflügels liegt, ist das westliche Fenster heute in dem an dieser Stelle eingefügten Treppenhaus wieder sichtbar. Die Rekonstruktionsskizze (Abb. 17) zeigt den Zustand der Südfassade von Sakristei und Allerheiligenkapelle mit Schnitt durch den Kreuzgangostflügel bis 1516.

Im Inneren wies die Sakristei mindestens zwei vorreformatorische Farbfassungen auf. Der Ost-West ausgerichtete und mit zwei kreuzgratgewölbten Jochen überdeckte Raum hat einen mittig gelegenen profilierten Gurtbogen und profilierte Gewölbedienste. Zur darunterliegenden Kapelle bestand eine Kommunikationsöffnung in Form einer mit Maßwerk durchbrochenen Öffnung im Fußboden[41]. Mit der Piscina (dem geweihten Ausgussbecken) und ihrem figürlichen Speier (Abb. 18), den Wandschränken und einem bemalten eisernen Türblatt besitzt sie noch viel von der wandfesten klosterzeitlichen

Abb. 16:
Das westliche Fenster
in der ehemaligen
Sakristeisüdfassade
von innen, 1998

Abb. 17:
Die Rekonstruktions
zeichnung der
Südfassade mit
Allerheiligenkapelle
und Sakristei

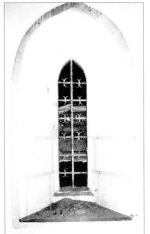

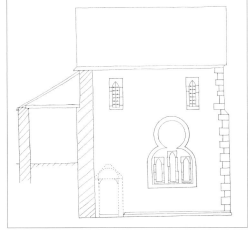

Ausstattung. Lediglich das Einbrechen einer großen rechteckigen Fensteröffnung nach Osten im 18. Jahrhundert verunklärt den bauzeitlichen Raumeindruck. Die Außenseite der Tür aus Eisenblech mit gotischen Schlössern und Beschlägen (Abb. 19) zeigt eine Darstellung der heiligen Elisabeth und Johannes des Täufers aus dem Jahre nach 1879, welche sich möglicherweise auf historische Befunde stützt.

---

41 Heute im Schlussstein des östlichen Gewölbejochs der Kapelle sichtbar.

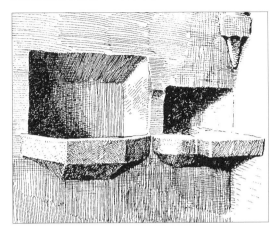

Abb. 18:
Die Piscina an der
inneren Sakristei-
ostwand, Zeichnung
von Hanns Bock in:
Nicolai, Dominika-
nerkloster 1935
(wie Anm. 10) S. 35

Abb. 19:
Das eiserne Tür-
blatt der Sakristei
von innen, 1997

Auf den Baukörper der ehemaligen **Klosterkirche** mit den Patrozinien der heiligen Elisabeth und Johannes des Täufers soll hier nicht weiter eingegangen werden, da er bis auf Teile des Chores nicht zum bauhistorischen Untersuchungsbereich gehörte. Zumindest kann nach den Ergebnissen der Untersuchung die Bauzeit der Kirche auf die Zeit zwischen um 1240 und um 1260 festgelegt werden. Damit wäre die Kirche eine der ältesten wenn nicht sogar die älteste, weitestgehend erhaltene Dominikanerkirche in Deutschland überhaupt[42]. Gleichzeitig kann sie als die erste in Thüringen errichtete Kirche in fast reinen gotischen Bauformen bezeichnet werden. Bisher ohne Vergleich ist ihre eigenwillige Ostfassade, deren erster Eindruck eher an ein Klausurgebäude denn an eine Kirche erinnert. Zu einem zentralen Osteingang in die Krypta wie in Eisenach konnte bisher ebenfalls keine Analogie gefunden werden. Die Dokumentation einiger Steinmetzzeichen erfolgte in zwei 1997 geöffneten nördlichen Obergadenfenstern und im oberen Bereich der Ostfassade der Kirche. Hier besteht noch Forschungsbedarf hinsichtlich der Vergleiche mit zeitgleichen Markierungszeichen. Die bisher erfassten Steinmetzzeichen des Erfurter Dominikanerklosters stammen erst aus der Zeit nach der Fertigstellung der Eisenacher Kirche.

---

42 Die Dominikanerkirche in Esslingen Baubeginn 1233 – Weihe 1268, in Regensburg um 1250 – um 1270 und in Erfurt Baubeginn um 1266/69. Dazu: NITZ, Predigerkloster 2003 (wie Anm. 23) S. 179 und Anm. 7.

4. 2. DIE BAUPHASE II UM 1345

Der Baukörper des in der Literatur stets als **Refektorium** bezeichneten Südwestflügels scheint auf Grund mehrerer bautypischer Merkmale Mitte des 14. Jahrhunderts erbaut worden zu sein. Die dendrochronologische Untersuchung erbrachte für den bauzeitlichen Sturz über der Innenleibung des obersten Giebelfensters ein Fälljahr von 1345. Das Gebäude wurde stumpf an die Südostecke des Klausurwestflügels angestellt. Die Pforte mit dem Lilienkreuz im Tympanon bildete damit die Verbindung zwischen dem Westflügel und dem bauzeitlichen Saal des Refektoriums im Erdgeschoss. Einer Nutzung dieses Raumes als Speisesaal der Mönche steht keiner der Befunde entgegen. Im östlichen Fenster der Südwand ist noch eine bauzeitliche Sitznische erhalten geblieben, angeblich der Sitz des Lektors[43]. Die Südfassade zeigt noch sämtliche bauzeitliche Fensteröffnungen und ist bis auf das abgetragene Ortgesims oberhalb der Anfängersteine erhalten geblieben. Bei der Sanierung ist diese Fassade dem ursprünglichen Zustand annähernd wiederhergestellt worden (Abb. 20).

Die Fensteröffnungen der Ost- und Westfassade baute man in jüngeren Bauphasen sämtlich um, das Gurtgesims wurde abgespitzt. In der Mitte des

Abb. 20:
Die Südfassade des
Refektoriums, 1998

Obergeschosses war ursprünglich ein Raum mit einer spitzbogigen Holztonne vorhanden, welche bis in das Dachgeschoss reichte. Das lange Kreuzstockfenster nach Süden und die bis zur Sanierung noch sichtbaren Putzflächen im Dachgeschoss zeigten die Größe der Holztonne an ihren Giebelseiten (Abb. 21). Östlich und westlich dieses mittig im Gebäude gelegenen und vom hölzernen Tonnengewölbe überspannten Raumes lagen offensichtlich Mönchszellen. Eine Analogie zu dieser Konstruktion des ausgehenden 14. Jahrhunderts ist im Kloster Lüne bei Lüneburg erhalten geblieben[44] (Abb. 22).

---

43 NICOLAI, Dominikanerkloster 1935 (wie Anm. 11) S. 32.

44 BINDING, GÜNTHER: Das Dachwerk auf Kirchen im deutschen Sprachraum. München 1991, S. 75, Abb. 81.

Eine weitere vergleichbare Konstruktion ist im Augustinerkloster in Gotha nachweisbar. Dort wie wohl auch in Eisenach diente der Raum als Dormitorium. Nach Norden stößt die Holztonne an den Fachwerkbau eines wohl 1489 eingebauten Treppenhauses an, welches in der Umbauphase von 1516 am selben Standort neu geschaffen wurde[45]. Die Einbauten der Zellen im Obergeschoss und die hölzerne Tonne im Dachgeschoss fielen einem Umbau im Jahre 1632/33 zum Opfer.

 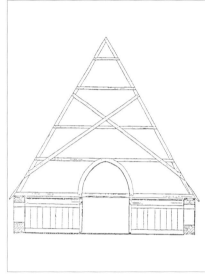

Abb. 21:
Die Putzfläche der Holztonne im Dachgeschoss nach Norden, 1996

Abb. 22:
Ein Schnitt durch den Südflügel der Klausurgebäude im Kloster Lüne bei Lüneburg, in: Binding, Dachwerk 1991 (wie Anm. 44) S. 75, Abb. 81

Vermutlich erfolgte mit dem Neubau des Refektoriums auch der Um- oder Neubau des Südflügels. Zumindest weist der Wandanschluss der Südwand des Südflügels keine Baunaht zur Ostwand des Refektoriums auf. In dem östlich an die Refektoriumsostwand anstoßenden Raum wurden bei den Untersuchungen spätmittelalterliche Wandputze sondiert, deren Oberfläche starke Schmauch- und Rußspuren aufwiesen. Der Wandputz fand sich besonders in zwei in der Ostwand des Refektoriums liegenden Wandnischen. Südlich dieser Nischen existierte eine heute vermauerte schmale Wandöffnung, die als Durchreiche interpretiert werden kann. Damit müsste an dieser Stelle die Klosterküche gelegen haben, was im Zusammenhang mit dem Refektorium auch folgerichtig wäre. Weitere klosterzeitliche Raumstrukturen konnten aufgrund mehrfacher Überformung der Bausubstanz im Südflügel nicht festgestellt werden.

---

45 SCHULZE, Untersuchungen 1996 (wie Anm. 1).

4. 3. Die Bauphase III zwischen 1512 und 1517

Die umfangreichste Baumaßnahme an den Klausurgebäuden erfolgte in den Jahren zwischen 1512 und 1517. Aus dieser Zeit ist uns auch die einzige Bauinschrift des Klosters überliefert. Diese befindet sich an der Erdgeschossostseite des **Refektoriums**. Das mittlere der drei repräsentativen Vorhangbogenfenster mit überkreuztem Stabwerk trägt die Inschrift (Abb. 23):

«An° M CCCC XII fr p» [fr – fratrum; p – praedicatorum].

Diese Bauinschrift zeigt den Beginn dieser Umbauphase am Refektorium an, welche nach dem umfassenden Um- und Neubau des Ost- und Südflügels und der Herstellung des Dachwerkes für letzteren im Jahre 1517 endete. Auch die Innenräume des Refektoriums wurden in dieser Zeit gänzlich umgebaut. So ist im Erdgeschoss ein Unterzug mit einer verbretterten, anthrazitfarbenen Holzbalkendecke eingebaut, auf der Ostseite des Saales eine Tür mit Kielbogensturz vom ebenfalls neu errichteten Kreuzgang her eingefügt worden. Im nördlichen Bereich des Refektoriums baute man im Ober- und Dachgeschoss den schon erwähnten Fachwerkeinbau eines Treppenhauses ab und errichtete ihn neu.

Wie schon bemerkt lag der Baubeginn des **Südflügels** ebenfalls um das Jahr 1512. Maßgeblich wurde in dieser Zeit dessen Nordwand völlig neu errichtet. Diese stößt mit ihren spätgotischen Maßwerkfenstern im Erdgeschoss und den Kielbogenfenstern im Obergeschoss stumpf an die Fassade des Ostflügels und an den Fassadenrest des Westflügels. Von den Kreuzgangfenstern sind durch den Anbau eines heute nicht mehr vorhandenen Treppenhauses auf der Hofseite (s. Abb. 3) lediglich zwei mittig gelegene, mit Fischblasenmaßwerk versehene Fenster erhalten geblieben (Abb. 24). Die

Abb. 23:
Das mittlere
Vorhangbogenfenster
in der Ostfassade des
Refektoriums mit
Bauinschrift, 2007

restlichen Maßwerke sind offensichtlich in der Umbauphase von 1632/33 ausgebrochen worden. Deren Fragmente fanden sich in der 1997 abgebrochenen Vermauerung zwischen südlichem und westlichem Kreuzgang. Die heutigen Maßwerke anstelle der 1632/33 beseitigten bestehen seit Anfang des 20. Jahrhunderts aus Betonabgüssen der zwei erhaltenen bauzeitlichen Maßwerkformen. Die Kielbogenfenster im Obergeschoss (Abb. 25) zeigen die Lage und Anzahl von Mönchszellen im Südflügel an. Ansätze von Trennwänden zwischen

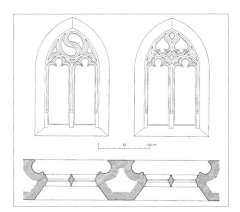

Abb. 24:
Die zwei erhaltenen
Maßwerkfenster des
südlichen Kreuz-
ganges, Aufriss
und Schnitt, in:
Scheerer, Kirchen
1910 (wie Anm. 5)
S. 121

Abb. 25:
Ein Kielbogen-
fenster im Ober-
geschoss der Ost-
flügelnordfassade
von innen, 1996

Abb. 26:
Die Nordfassade des
Südflügels, 2007

den zum Innenraum mit überkreuzten Stäben profilierten Fenstergewänden konnten nur vage ausgemacht werden. Inwieweit andere Raumstrukturen und Teile der Südfassade des Südflügels noch aus dieser oder einer älteren Bauphase stammen, war nicht zu klären. Das komplette Dachwerk mit liegendem Stuhl und geblatteten Kehlbalken und Kopfbändern wurde nach den dendrochronologischen Untersuchungen im Jahre 1517 aufgeschlagen.

Völlig überraschend war der Fund einer noch in großen Teilen erhaltenen **Holzstube im Dachgeschoss**. Unmittelbar nördlich des schon erwähnten Treppenhauses von 1489/1516 lag dieser Einbau in den sich überschneidenden Dachwerken von Südflügel, Westflügel und Refektorium. Der in Ständerbohlenbauweise mit senkrechten Bohlen und ganzem Spund errichtete Wohnraum besaß bei einer Höhe von 2,20 m einen Grundriss von 2,40 m x 2,40 m. Sowohl die bauzeitliche Feuerwand für den Standort eines Kachel-

ofens neben der Türöffnung als auch die Lage des Rauchfangs auf der
Außenseite der Südwand waren erhalten geblieben. Sämtliche Bohlen wiesen
eine profilierte Oberfläche auf und waren nicht farblich gefasst. Die
Belichtung des Raumes erfolgte bauzeitlich vermutlich durch ein nicht mehr
erhaltenes Fenster in einem Dacherker. Die Bauzeit der Holzstube kann mit
dem Umbau des Refektoriums und de Neubau des Südflügels bis 1517 belegt
werden. Die Reduzierung der Ost- und Nordwand sowie von Teilen der
Westwand erfolgte mit dem Abbruch des Westflügels 1632. Der Fund einer
Holzstube in einem Dachgeschoss dürfte in Thüringen bis auf Türmer-
wohnungen bisher ein Unikat sein. Eine Nutzung als Mönchszelle kann ange-
nommen werden.

In die Bauphase zwischen 1512 und 1517 gehört auch der Bau des **Ostflügels** der Klausur. Mit dessen Erweiterung nach Osten wurden die nach
Süden weisenden Fenster der Allerheiligenkapelle und der Sakristei vermauert. Den östlich an den Kreuzgangostflügel anschließenden Bereich überbau-
te man in der Flucht des nicht mehr nachvollziehbaren Gebäudes an der

*Abb. 27:
Die Westfassade des
Ostflügels, 1998*

Südostecke der Klausur mit der Klosterpforte. Durch den Niveauunterschied
zum Kreuzhof erhielt die Erweiterung des Ostflügels ein Kellergeschoss mit
einer Holzbalkendecke. Über dem erweiterten Grundriss wurde unter
Einbeziehung des Kreuzgangs das Erdgeschoss erbaut. In diesem ist möglicherweise der neue Kapitelsaal eingerichtet worden. In der ersten Hälfte des
19. Jahrhunderts waren in diesem Bereich noch Reste von Wandmalerei sichtbar, «eine Reihe menschlicher Füße und Beine»[46]. Das neue Obergeschoss
schloss mit der Wandhöhe der Sakristei ab. Im westlichen Bereich des Ober-

geschosses befanden sich nach einem Plan von 1806 zum Kreuzhof noch einige Mönchszellen[47]. Das gesamte Dachwerk des Ostflügels ist 1516 z.T. unter Zweitverwendung älterer Eichenhölzer als Kehlbalken, aus Tannenhölzern aufgeschlagen worden. Mit dem Abbund des Dachwerks über dem Südflügel wurden die Arbeiten in dieser Bauphase abgeschlossen.

4. 4. Die wichtigsten Bauphasen des 16./17. Jahrhunderts

Spätestens 1598/99 wurde die vermutlich schon nach 1525, aber mindestens seit 1543[48] profanierte Kirche zum Kornspeicher umgebaut. Dazu sind offensichtlich sämtliche bauzeitlichen Fensteröffnungen der Nord- und Südfassade vermauert und kleine quadratische Fensteröffnungen mit Werksteingewänden eingebaut worden. Der Abbruch des nördlichen Seitenschiffs erfolgte erst mit diesem Umbau, da auch hier mit der Vermauerung der Arkadenbögen die kleinen Fensteröffnungen des Schütthauses eingesetzt worden sind. Ein Hinweis zum Zeitpunkt der Abtragung des nördlichen Kreuzgangs liegt nicht vor. Donhof stellte in seinem östlichen Bereich den Einbau eines nachklosterzeitlichen Gewölbekellers fest[49]. Somit ist in diesem Bereich eine Wohnnutzung in der zweiten Hälfte des 16. Jahrhunderts zu vermuten. Die Niederlegung könnte damit ebenfalls in die Zeit um 1598/99 fallen. Auch die breite spitzbogige Toröffnung mittig in der Südfassade der Kirche stammt aus dieser Umbauphase. Das Innere der profanierten Kirche trennte man durch den Einbau von hölzernen Schüttböden entsprechend der neuen Fensteröffnungen in mehrere Ebenen. Das gesamte Dachwerk ist 1598/99 als Neubau erstellt worden[50].

Wie schon bemerkt erfolgte 1632 der vollständige Abbruch des Westflügels mitsamt dem östlich an das Gebäude angeschleppten westlichen Kreuzgang. Zeitgleich baute man das Obergeschoss des Refektoriums durch das Einziehen neuer Zwischenwände zu Wohnzwecken um. In diesem Zusammenhang ist der Übergang zur Stadtmauer errichtet worden. Die Fachwerkinnenwände bestehen fast ausschließlich aus zweitverwendeten Hölzern der abgebrochenen Bausubstanz. Das Dachwerk des Refektoriums wurde

---

46 Rein, Dominikanerkloster 1857 (wie Anm. 4) S. 16.

47 Thüringisches Hauptstaatsarchiv Weimar (ThHStAW), Eisenacher Archiv, Konsistorialsachen, Nr. 971 Umbau der Correctorratswohnung im Gymnasio zu Eisenach zu einer Bibliothek 1806.

48 In dieser Zeit wurde sie bereits als fürstlicher Kornspeicher genutzt. Vgl. Scheerer, Kirchen 1910 (wie Anm. 5) S. 108. 1557 war ein Teil im Westen der Kirche von der Stadt an einen profanen Nutzer verpachtet; vgl. Funkhänel, Actenstücke 1856 (wie Anm. 24) S. 222–225.

49 Donhof, Predigerkirche 1992 (wie Anm. 16).

50 Schulze, Untersuchungen 1996 (wie Anm. 1); Cramer/Eißing, Dächer 1996 (wie Anm. 39) S. 99.

komplett eingelegt und mit einer geringeren Steigung als Kehlbalkendach mit stehendem Stuhl neu errichtet. Außer der Verwendung von Bauhölzern mit dem Fälljahr 1631/32 konnte im Dachwerk die Zweitverwendung von Sparren des abgebrochenen Westflügels mit den Fälljahren 1256/58 nachgewiesen werden.

Wahrscheinlich ist in dieser Zeit auch der Baukörper des vermuteten Kapitelsaals an der Südwestecke der Klausur niedergelegt worden. Zumindest zeigen die bis 1877 genutzten und heute vermauerten Fensteröffnungen in der Erdgeschossostwand des Südflügels eine Bauform der späten Renaissance. Nach dem Abbruch des südöstlichen Baukörpers erhielt das Dachwerk des Ostflügels eine Abwalmung nach Süden.

Auf die durch die bauhistorischen Untersuchungen festgestellten weiteren Umbauphasen der Klausurgebäude in den Jahren 1704, 1714, 1806, 1818–1822, 1877/78 und im 20. Jahrhundert, sowie im Chor der Kirche in den Jahren 1879 und 1886–1889 soll im Rahmen dieses Beitrags nicht weiter eingegangen werden.

5. ZUSAMMENFASSUNG

Nach den bauhistorischen Untersuchungen ist das Predigerkloster zu Eisenach mit seiner überkommenen Baustruktur eines der am umfänglichsten erhaltenen Dominikanerklöster in Thüringen. Die der heiligen Elisabeth und Johannes dem Täufer geweihte Klosterkirche kann mit ihrer durch die Untersuchung nachgewiesenen, zwischen 1240 und 1260 entstandenen Architektur, als eine der ältesten erhaltenen Dominikanerkirchen im deutschsprachigen Raum bezeichnet werden. Gleichzeitig ist sie das erste in fast reiner gotischer Bauweise errichtete Gebäude Thüringens. Bisher ohne Analogie ist die eigenwillige Ostfassade der Kirche mit ihrem bauzeitlichen Eingang in die ebenso eigenwillige Krypta. Neue Erkenntnisse liegen zur Fassadengestaltung der an der Südostecke der Kirche befindlichen Allerheiligenkapelle mit der darüberliegenden Sakristei vor.

Die in massiver Bauweise errichteten Klausurgebäude entstanden zwischen 1255 und 1270. Aus dieser Zeit haben sich die Südostecke des Westflügels und der östliche Kreuzgang erhalten. In einer Bauphase um 1345 wurde das Refektorium als eigenständiger Neubau errichtet. In seinem Obergeschoß konnte die Lage des bauzeitlich mit einer Holztonne überwölbten Dormitoriums festgestellt werden. Zwischen 1512 und 1517 kam es zum Umbau des Refektoriums und zum partiellen Neubau des Klausurost- und Südflügels. Aus dieser Zeit haben sich die Vorhangbogenfenster in der Ostfassade des Refektoriums und fast die gesamte Nordfassade des Südflügels mit integriertem Kreuzgang erhalten. Des Weiteren besitzen Ost- und Südflügel ihre bauzeitlichen Dachwerke. Im westlichen Bereich des Dachwerks im Südflügel konnten Teile einer vermutlich als Mönchszellen genutzten Holzstube dokumentiert werden.

Neu ist ebenfalls die Datierung des Abbruchs mehrerer Klausurgebäude im Jahre 1632. Darunter fallen der Westflügel, der nördliche und westliche Kreuzgang und der vermutlich südöstlich gelegene Kapitelsaal. Einige durch diese Abbruch- und Umbauphase im Dachwerk über dem Refektorium zweitverwendete Sparren des ehemaligen Westflügels konnten auf das Fälljahr 1256/58 datiert werden und dienten damit maßgeblich zur Rekonstruktion der zeitlichen Bauabfolge von Kirche und Klausur. Letztendlich soll mit diesem Beitrag das Wissen um die Baugeschichte des Predigerklosters nach der Arbeit Scheerers vor fast 100 Jahren auf einen aktuellen Forschungsstand gebracht werden.

Der Belagerungskrieg um die Wartburg.
Die Kämpfe von 1306 bis 1308 um
die Landgrafschaft Thüringen[1]

Hilmar Schwarz

1. Einführung

In der Zeit um 1306/08 kulminierten die Versuche des Königtums, die Wettiner aus ihren mitteldeutschen Fürstentümern zu verdrängen. Die Geschichtsforschung hat jene Kämpfe und Geschehnisse zwar ausführlich untersucht, doch gehen die maßgeblichen Untersuchungen mindestens bis in die erste Hälfte des 20. Jahrhunderts zurück[2]. Unter den älteren Arbeiten stellt die Biographie Friedrichs des Freidigen von Franz Xaver Wegele von 1870 ist trotz etlicher Ungenauigkeiten und Fehlstellen noch immer die materialreichste und quellennächste Arbeit dar[3]. Neuere Darstellungen haben das Thema der Wartburgbelagerung zwar nicht ausgespart, sich aber letztlich auf jene älteren Darstellungen gestützt und nicht wesentlich Neues zutage gefördert[4].

Die Wettiner hatten sich nach dem Tode Heinrichs des Erlauchten (†1288) in innerfamiliären Kämpfen nachhaltig geschwächt. Mit der Landgrafschaft Thüringen, den Markgrafschaften Meißen und Lausitz und der

---

1 Gekürzte Fassung der Studie: Wartburg-Stiftung Eisenach, Archiv, Inv.-Nr. Ma 74, Hilmar Schwarz: Die Belagerung der Wartburg in den Jahren 1306 bis 1308. Eisenach 2006. [unveröffentlicht, computerschriftlich]; dort sind auch die Kämpfe der hier ausgelassenen Zeit von Mitte 1308 bis 1311 behandelt.

2 Maßgebliche ältere Darstellungen zu Thüringen 1306 bis 1308: Carl Polack: Die Landgrafen von Thüringen. Zur Geschichte der Wartburg. Gotha 1865, S. 287–299; Karl Wenck in Max Baumgärtel (Hrsg.): Die Wartburg. Ein Denkmal deutscher Geschichte und Kunst. Berlin 1907, S. 236–239, 705; Hertha Wagenführer: Friedrich der Freidige 1257–1323 (Historische Studien. 287). Berlin 1936, S. 57–92.

3 Franz X. Wegele: Friedrich der Freidige, Markgraf von Thüringen, und die Wetterau seiner Zeit (1247–1325). Nördlingen 1870, S. 265–308. Zur Entstehung des Buchs s. Alfred Wendehorst: Franz Xaver von Wegele. In: Gerhard Pfeiffer und Alfred Wendehorst. Fränkische Lebensbilder. Neue Folge der Lebensläufe aus Franken. 7. Bd. (Veröffentlichungen der Gesellschaft für Fränkische Geschichte. 7A). Würzburg 1977, S. 222–240, hierzu S. 228.

4 Hans Patze und Walter Schlesinger (Hrsg.): Geschichte Thüringens. Bd. 2.1. Hohes und spätes Mittelalter (Mitteldeutsche Forschungen. 48.2.1). Köln/Wien 1974, S. 65–71; Winfried Leist: Landesherr und Landfrieden in Thüringen im Spätmittelalter 1247–1349 (Mitteldeutsche Forschungen. 77). Köln/Wien 1975, S. 73–110; Gerd Bergmann: Ältere Geschichte Eisenachs von den Anfängen bis zum Beginn des 19. Jahrhunderts. Eisenach 1994, S. 122–132.

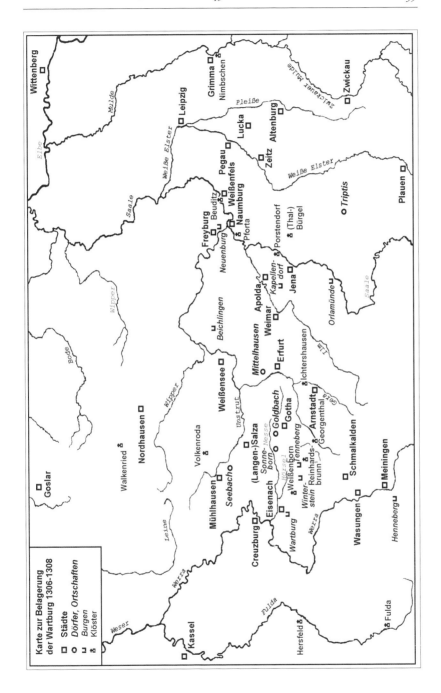

Karte zur Belagerung
der Wartburg 1306-1308

□ Städte
○ Dörfer, Ortschaften
⌐ Burgen
⚔ Klöster

Pfalzgrafschaft Sachsen als Reichslehen sowie der Pfandherrschaft über das Pleißenland geboten sie über einen vergleichsweise geschlossenen Herrschaftskomplex zwischen Werra und Oder. Das geschwächte wettinische Haus traf nach dem Interregnum in der Mitte des 13. Jahrhunderts auf ein wiedererstarktes Königtum, das von 1289/90 bis 1310 unter den Königen Rudolf von Habsburg (1273–1291), Adolf von Nassau (1291–1298), Albrecht von Habsburg (1298–1308) und Heinrich VII. von Luxemburg (1308–1313) die gesamte Region unter seine direkte Kontrolle bringen wollte.

Ein Blick auf die familiäre Situation des Hauses Wettin (s. genealogische Tafel im Anhang) ist unabdingbar für das Verständnis der politischen Vorgänge. Nach dem Tode Heinrichs des Erlauchten war als einziger einflussreicher Zweig jener des Sohnes Abrecht des Entarteten (1240–1314/15) übrig geblieben. Albrecht und seine beiden Söhne Friedrich der Freidige (1257–1322) und Dietrich (1260–1307), genannt Diezmann, sollten auch die um 1307 in Thüringen handelnden Wettiner werden, während die übrigen noch lebenden männlichen Familienmitglieder hierbei bedeutungslos blieben. In Schlesien lebte noch mit Friedrich ohne Land ein Neffe Albrechts des Entarteten, der ein Sohn seines Bruders Heinrich war, welcher eine schlesische Herzogstochter geheiratet hatte. Kaum Einfluss über seinen Wohnort Dresden hinaus hatte Heinrich Clem, «Markgraf von Dresden», ein Bruder Albrechts aus der dritten Ehe Heinrichs des Erlauchten.

Von Bedeutung war jedoch der Sohn Friedrichs des Freidigen, Friedrich der Lahme (1293–1215), der durch seine Jugend erst ab 1308 eingreifen konnte und in den folgenden Jahren zu einer wichtigen Stütze des Vaters wurde. Vor allem war er als ältester Sohn Friedrichs dessen designierter Nachfolger und über seine Mutter ein Bindeglied zu den Grafen von Tirol und Herzögen von Kärnten, die sich 1303 bis 1310 um die böhmische Krone bemühten und das Eingreifen der Wettiner beim südlichen Nachbarn förderten.

Agnes, die Schwester von Friedrich und Diezmann, hatte ins welfische Herzogshaus von Braunschweig geheiratet. Ihr Gatte Heinrich I. der Wunderliche von Braunschweig-Grubenhagen (1279–1322) sollte 1306/07 seinen Schwägern vor Eisenach zu Hilfe kommen. Schließlich hatten Albrecht der Entartete und Friedrich der Freidige sich in einer Art zeitlich versetzter Doppelhochzeit mit einem thüringischen Adelshaus verbunden. Albrecht heiratete in dritter und letzter Ehe 1290 Elisabeth aus der Familie der Herren von Orlamünde, die Witwe Ottos IV. von Lobdeburg-Arnshaugk. Deren gleichnamige Tochter wurde 1300 mit dem fast 30 Jahre älteren Friedrich vermählt. Beide Frauen befanden sich 1306/07 auf der Wartburg inmitten des Geschehens. Die familiären und dynastischen Beziehungen sollten die Auseinandersetzungen jener Jahre in hohem Maße beeinflussen.

2. Das Vorspiel. Der Kampf gegen Otto von Kirchberg im Jahre 1304 und die Entstehung des Thüringer Städtebundes

Den Wettinern stand nicht nur das Königtum gegenüber, sondern auch das Eigenstreben der Städte, die ihre Macht zunehmend in Städtebünden bündelten. In Thüringen bildete sich ein derartiger Städtebund aus den beiden Reichsstädten Mühlhausen und Nordhausen sowie Erfurt, das zwar dem Erzbischof von Mainz unterstand, durch seine wirtschaftliche Stärke jedoch zunehmend eigenständig agieren konnte. Die drei Städte begründeten mit vereinten Kämpfen in den Jahren 1304 bis 1306 ihr Bündnis[5], das bis über die Mitte des folgenden Jahrhunderts hielt. Zuerst bewährten sie sich im Feldzug gegen den Friedensbrecher Otto von Kirchberg[6]. Innerhalb eines vereinten Aufgebots zogen ihre Truppen sowie die der Stadt Jena gemeinsam im Mai 1304 gegen vier Kirchberger Burgen, die sie einnahmen und bis auf eine zerstörten. Drei dieser Burgen (Kirchberg, Windberg und Greifberg) befanden sich auf dem Hausberg bei Jena[7] und eine (Lehesten) abwärts der Saale bei

---

5　Cronica S. Petri Erfordensis moderna. Appendix III. Relatio de bellis Erfordensium a. 1303. 1304. In: Oswald Holder-Egger (Ed.): Monumenta Erphesfurtensia. Saec. XII. XIII. XIV. (Monumenta Germaniae Historica. Scriptores rerum Germanicarum in usum scholarum. [42]). Hannover/Leipzig 1899, S. 405–407, hierzu S. 406,1–27; Karl Herquet (Bearb.): Urkundenbuch der ehemals freien Reichsstadt Mühlhausen in Thüringen (Geschichtsquellen der Provinz Sachsen und angrenzender Gebiete. 3). Halle 1874, Nr. 548: Mai 1304; Werner Mägdefrau: Der Thüringer Städtebund im Mittelalter. Weimar 1977, S. 206 f.; Werner Mägdefrau: Thüringer Städte und Städtebünde im Mittelalter. Bad Langensalza 2002, S. 109.

6　Zum Feldzug gegen die Kirchberger 1304: Cronica S. Petri Erfordensis moderna a. 1072–1335. In: Oswald Holder-Egger (Ed.): Monumenta Erphesfurtensia. Saec. XII. XIII. XIV. In: Holder-Egger, Monumenta Erphesfurtensia 1899 (wie Anm. 5) S. 117–369, hierzu S. 326,34–327,7; Holder-Egger, Appendix III 1899 (wie Anm. 5) S. 405,32–407,22; Polack, Landgrafen 1865 (wie Anm. 2) S. 285 f.; Wegele, Friedrich 1870 (wie Anm. 3) S. 258–260; Hans-Ulrich Barsekow: Die Hausbergburgen über Jena und die Geschichte der Burggrafen von Kirchberg. Jena 1931, S. 40–45; Patze/Schlesinger, Geschichte 1974 (wie Anm. 4) S. 65; Leist, Landesherr 1974 (wie Anm. 4) S. 76–79; Mägdefrau, Städtebund 1977 (wie Anm. 5) S. 108 f.; Christina Wötzel: Die Erstürmung der Hausbergburgen über Jena 1304 – Auftakt für den gemeinsamen Kampf thüringischer Städte gegen die Burgen des Feudaladels. In: Bernd Wilhelmi (Hrsg.): Stadt und Kultur. Beiträge zur Geschichte Jenas und Thüringens im Feudalismus (Wissenschaftliche Zeitschrift der Friedrich-Schiller-Universität. Gesellschaftswissenschaftliche Reihe. 35, 1986, 3/4), S. 273–283, hierzu S. 274–277; Matthias Rupp: Die vier mittelalterlichen Wehranlagen auf dem Hausberg bei Jena. Jena 1995, S. 118 f.

7　Zu den Hausbergburgen vgl. Barsekow, Hausbergburgen 1931 (wie Anm. 6); Rupp, Hausberg 1995 (wie Anm. 6) insbes. 110–112; Thomas Bienert: Mittelalterliche Burgen in Thüringen. 430 Burgen, Burgruinen und Burgstätten. Gudensberg-Gleichen 2000, S. 134–136; Michael Gockel (Bearb.): Die deutschen Königspfalzen. Repertorium der Pfalzen, Königshöfe und übrigen Aufenthaltsorte der Könige im deutschen Reich des Mittelalters. Bd. 2. Thüringen. Göttingen 2000, S. 234–257.

Dornburg. Die Lage dieser Burgen und des Zentrums der Kirchberger, Kapellendorf, sowie eine entsprechende Urkunde[8] belegen, dass der Feldzug die Interessen der Erfurter sehr und die Belange der Mühlhäuser und Nordhäuser nur mittelbar betraf. Erfurt war zweifellos die treibende Kraft des Unternehmens gewesen und hatte das größte Kontingent gestellt.

Die Besitzungen der Burggrafen von Kirchberg mit Zentrum und Stammsitz Kapellendorf lagen vor allem östlich von Erfurt im Städtedreieck Weimar-Apolda-Jena[9]. Dadurch kontrollierten die Kirchberger wichtige Handelsstraßen[10], in Nord-Süd-Richtung die Kupferstraße und die Weinstraße sowie in West-Ost-Richtung die Hohe Straße oder Via regia und die Weimarische Straße.

Ein weiterer Konfliktpunkt dürfte die Kapellendorfer Münze[11] gewesen sein, die Erfurter Begehrlichkeiten geweckt hatte. Der Feldzug von 1304 markiert den Auftakt zur Beseitigung der Herrschaft der Kirchberger. Die Erfurter brachten nach und nach deren Besitzungen an sich, kauften schließlich 1348 die Stammburg Kapellendorf und erwarben 1352 deren Reichslehenschaft.

Obwohl die Beteiligung der anderen Städte bei der Belagerung weit geringer als die von Erfurt war und bei den Nordhäusern mehr symbolischer Art gewesen sein dürfte[12], überschritten die Städter nichtsdestotrotz den engen Gesichtskreis ihres territorialen Umfeldes und griffen im gegenseitigen, über-

---

8 CARL BEYER (Bearb.): Urkundenbuch der Stadt Erfurt. T. 1 (742–1320) (Geschichtsquellen der Provinz Sachsen und angrenzender Gebiete. 23). Erfurt 1889, Nr. 512; JACOBUS SCHWALM (Ed.): Constitutiones et acta publica imperatorum et regum. T. 4, 1 (Monumenta Germaniae Historica. Leges. 4,1). Hannover/Leipzig 1906, Nr. 1172: Gotha, d. 21.6.1304, Landgraf Albrecht versichert den Erfurtern seine Unterstützung bei der Belagerung der Burgen Lehesten, Greifberg, Kirchberg und Windberg.

9 Zu den Besitzungen der Kirchberger s. KARL MOSZNER: Die Wasserburg Kapellendorf. Ihre Geschichte und Baugeschichte (Tradition und Gegenwart. 19). Weimar 1986, S. 44 Abb. 4.

10 Zu den Straßen um Kapellendorf: MÄGDEFRAU, Städtebund 1977 (wie Anm. 5) S. 108 f.; CHRISTINA WÖTZEL: Kapellendorf und die Erfurter Burgenpolitik im 14. Jahrhundert. In: Aus der Vergangenheit der Stadt Erfurt. NF. 5(1988), S. 61–66, hierzu S. 62, Karte S. 63; ENNO BÜNZ: Adelsburg – Raubnest – Amtssitz. Die Wasserburg Kapellendorf in der mittelalterlichen Geschichte Thüringens. In: Jahrbuch der Stiftung Thüringer Schlösser und Gärten. Bd. 4 für das Jahr 2000. (2001), S. 39–50, hierzu S. 43.

11 Münzen der Kirchberger um 1180 bis 1320/25 vermutet WALTER HÄVERNICK: Die mittelalterlichen Münzfunde in Thüringen (Veröffentlichungen der Thüringischen historischen Kommission. Bd. IV). Jena 1955, S. 154; vgl. TORSTEN FRIED: Die Münzprägung in Thüringen. Vom Beginn der Stauferzeit bis zum Tode König Rudolfs von Habsburg 1138–1291 (Schriftenreihe der Numismatischen Gesellschaft Speyer. Bd. 41; Zeitschrift des Vereins für Thüringische Geschichte. Beiheft 31). Speyer/Jena 2000, S. 51 f., 163. In der Verkaufsurkunde der Burg Kapellendorf an Erfurt vom 10.11.1352 von König Karl IV. wird die Münzstätte neben dem Wochenmarkt und einem Marktzoll erwähnt: CARL BEYER, Urkundenbuch der Stadt Erfurt. T. 2 (Geschichtsquellen der Provinz Sachsen und angrenzender Gebiete. 24). Halle 1897, Nr. 396; vgl. WÖTZEL, Kapellendorf 1988 (wie Anm. 10) S. 61.

geordneten Interesse in ganz Thüringen ein, insbesondere gegen feindliche Burgen. In dieser Hinsicht sollte das Vorgehen gegen die Kirchberger ein Vorspiel zur Belagerung der Wartburg sein.

In anderer Hinsicht unterschied sich die Aktion von 1304 vom späteren Geschehen um Eisenach und die Wartburg, denn sie richtete sich nicht gegen den thüringischen Landgrafen. Vielmehr unterstanden diesem 1304 die beteiligten Truppen, die vom landgräflichen Marschall – angeblich Hermann von Goldacker[13] – angeführt wurden. Albrecht hatte sich offenbar in dieser Angelegenheit mit seinen Söhnen überworfen. Otto von Kirchberg war ein Lehnsmann Diezmanns, der nach einem zeitgenössischen Bericht die Verteidigung der Burg Kirchberg persönlich angeführt hat[14], was jedoch kaum zutreffen dürfte. Diezmann schloss zwar schon 1304/05 eine Art Waffenstillstand mit Erfurt[15], doch kam die endgültige Aussöhnung mit der Stadt und ihren Verbündeten sowie mit Burggraf Otto von Kirchberg erst im März 1307 zustande[16]. Wie dies sich in die Kämpfe um Eisenach und Wartburg einordnet, wird noch zur erörtern sein.

12　Carl Beyer, fortgesetzt von Johannes Biereye: Geschichte der Stadt Erfurt von der ältesten bis auf die neueste Zeit. T. 1. Bis zum Jahre 1664. Erfurt 1935, S. 71.

13　Zu Hermann (von) Goldacker vgl. Schwarz, Belagerung 2006 (wie Anm. 1) Anhang 1, S. 85–91.

14　Holder-Egger, Appendix III 1899 (wie Anm. 5) S. 407,6–9; vgl. Polack, Landgrafen 1865 (wie Anm. 2) S. 284; Wegele, Friedrich 1870 (wie Anm. 3) S. 260; Leist, Landesherr 1975 (wie Anm. 4) S. 78 f.

15　Wegele, Friedrich 1870 (wie Anm. 3) S. 441 Nr. 74; Beyer, UB Erfurt 1889 (wie Anm. 8) Nr. 515: 2. 1. 1305, Landgraf Albrecht bestätigt eine Vereinbarung des Landgrafen Diezmann d. J. mit der Stadt Erfurt; Leist, Landesherr 1975 (wie Anm. 4) S. 79.

16　– 10. 3. 1307, Landgraf Diezmann bekennt seine Aussöhnung mit der Stadt Erfurt und deren Verbündeten: Wegele, Friedrich 1870 (wie Anm. 3) S. 446 f. Nr. 79; J. E. August Martin (Hrsg.): Urkundenbuch der Stadt Jena und ihrer geistlichen Anstalten. Bd. 1. 1182–1405 (Thüringische Geschichtsquellen. 6. NF. 3). Jena 1888, Nr. 69; Beyer, UB Erfurt 1889 (wie Anm. 8) Nr. 531;
　　– 10. 3. 1307, Burggraf Otto von Kirchberg und seine Söhne bekennen die Aussöhnung mit der Stadt Erfurt und deren Verbündeten: Beyer, UB Erfurt 1889 (wie Anm. 8) Nr. 532; Herquet, UB Mühlhausen 1874 (wie Anm. 5) Nr. 576; Martin, UB Jena 1888 (wie Anm. 16) Nr. 68;
　　– 16. 3. 1306, Burggraf Otto von Kirchberg und seine Söhne bekennen die Aussöhnung mit Graf Hermann von Orlamünde, den Herren Albert und Hermann von Lobdeburg und den Städten Erfurt, Mühlhausen, Nordhausen und Jena: Wegele, Friedrich 1870 (wie Anm. 3) S. 447 f., Nr. 80; Herquet, UB Mühlhausen 1874 (wie Anm. 5) Nr. 577; Martin, UB Jena 1888 (wie Anm. 16) Nr. 70; Beyer, UB Erfurt 1889 (wie Anm. 8) Nr. 533.

3. Die Fuldaer Fürstenversammlung im Juli 1306
und die Stellung der Wettiner
Albrecht, Friedrich und Diezmann

Für den Juli 1306 berief König Albrecht eine Fürstenversammlung nach Fulda
ein. Die Anfang des 13. Jahrhunderts begonnene, aber bis über die Mitte des
14. Jahrhunderts mehrfach fortgesetzte Erfurter Peterschronik berichtet aus
dem selben Jahr von einem Brief der Eisenacher an den König, worin sie an
den Kauf Thüringens durch den Vorgänger König Adolf von Landgraf
Albrecht und an ihren Treueid gegenüber dem Reich erinnerten[17]. Die
Eisenacher strebten offenbar nach dem Vorbild von Mühlhausen und Nordhausen die Reichsunmittelbarkeit an, doch dürfte ihr Einfluss nicht ausge-
reicht haben, das Handeln eines Königs entscheidend zu bestimmen.

Die Versammlung von Fulda fällt in die Zeit nach dem Tode des in
Thüringen sehr engagierten Mainzer Erzbischofs Gerhard II. von Eppstein[18]
am 25. Februar 1305, als der Erzbischofsstuhl bis zur Ernennung des neuen
Inhabers Peter von Aspelt im November 1306 vakant blieb. Thüringen gehör-
te zur Mainzer Diözese, und Mainz besaß die Oberherrschaft über Erfurt und
zahlreiche thüringische Besitzungen. Ein Blick auf Territorien im heute
Mitteldeutschland genannten Raum – Mark Lausitz, Mark Meißen und
Pleißenland – verdeutlicht König Albrechts Ziele. Die Mark Lausitz hatte
Diezmann 1303 an das damals noch askanische Brandenburg verkauft, und
die askanisch-brandenburgischen Markgrafen Hermann und Woldemar be-
mühten sich auf jener Fuldaer Versammlung um die königliche Belehnung.
Doch König Albrecht beharrte auf dem Rückfall des Lehens an das Reich[19].

---

17 Holder-Egger, Cronica S. Petri 1899 (wie Anm. 6) S. 328, 20–29; vgl. Leist, Landesherr 1975
(wie Anm. 4) S. 83.

18 Zu Erzbischof Gerhard II. in Thüringen: Alfred Hessel: Jahrbücher des Deutschen Reichs
unter König Albrecht I. von Habsburg (Jahrbücher der deutschen Geschichte. [21]). München
1931, S. 162; vgl. Hans Patze: Erzbischof Gerhard II. von Mainz und König Adolf von Nassau.
Territorialpolitik und Finanzen. In: Hessisches Jahrbuch für Landesgeschichte. 13(1963) S.
83–140, hier zu 1294–1296 S. 117–130; Leist, Landesherr 1975 (wie Anm. 4) S. 75; nur zu 1303
bis 1304: Ernst Vogt (Bearb.): Regesten der Erzbischöfe von Mainz von 1289–1396. Abt. 1.
1289–1353. Leipzig 1913, Nr. 742, 756, 768, 775–778, 789, 790–794, 796–800, 815, 826, sowie
mit ungenauer Zeitbestimmung Nr. 849, 851–854, 857.

19 Hermann Krabbo (Bearb.): Regesten der Markgrafen von Brandenburg aus Askanischem Hause
(Veröffentlichungen des Vereins für Geschichte der Mark Brandenburg[8]). Leipzig/München
1910-1914, S. 542, Nr. 1992; Wilhelm Füsslein: Berthold VII. Graf von Henneberg. Ein
Beitrag zur Reichsgeschichte des XIV. Jahrhunderts. Um den bisher unveröff. 2. Teil erw.
Nachdr. der Ausg. von 1905 aus dem Nachlass hrsg. und eingel. von Eckart Henning
(Mitteldeutsche Forschungen. Sonderreihe: Quellen und Darstellungen in Nachdrucken. 3).
Köln/Wien 1983, S. 169 f.; vgl. Hessel, Jahrbücher 1931 (wie Anm. 18) S. 164.

Die Markgrafschaft Meißen war 1305 an das Reich zurückgefallen, nachdem sie an den König von Böhmen und von diesem an die Markgrafen von Brandenburg verpfändet worden war[20]. Begünstigt wurde dies durch Krankheit und Tod des böhmischen Königs Wenzel II. am 21. Juni 1305, womit neben dem Mainzer Erzbischof Gerhard II. ein zweiter gewichtiger Rivale des Königs um den Erwerb der wettinischen Fürstentümer ausfiel. Seine Ambitionen in der Mark Meißen unterstrich König Albrecht nochmals Ende Mai 1306, als er die Fuldaer und Hersfelder Lehen des 1291 verstorbenen Wettiners Friedrich Tuta, des einstigen Meißner Markgrafen, an seine eigenen Söhne überschreiben ließ[21]. Das Pleißenland, jenes von Kaiser Friedrich I. eingerichtete Reichsland um Altenburg und Chemnitz, hatte der amtierende König Albrecht um 1303/04 böhmischer Verwaltung entzogen und unmittelbar seiner Herrschaft unterstellt[22].

Die 1306 in Fulda verfolgte königliche Absicht, Thüringen dem Reich zu sichern, fügte sich offenbar in einen Plan ein, von der Werra bis zur Oder einen großen, geschlossenen Reichslandkomplex zu schaffen. Übrigens spricht für die geopolitische Realisierbarkeit des Plans, dass er bis auf die Lausitz Stück für Stück noch im gleichen Jahrhundert von den Wettinern verwirklicht werden konnte. Allerdings hatte Albrecht wohl einen viel größeren habsburgischen Hausmachtkomplex vom Oberrhein bis nach Böhmen und Österreich einschließlich Thüringens und Meißens im Auge[23].

Zur Fuldaer Fürstenversammlung erschien Landgraf Albrecht, wohingegen seine beiden Söhne Friedrich und Diezmann, die wichtigsten wettinischen Gegenspieler des Königs, fehlten. Während letztere ihren Einfluss in den vergangenen Jahren in Thüringen und im Osterland festigen und ausbauen konnten, hatte der alte Landgraf immer mehr an Boden verloren, befand sich in einer sehr schwachen Position und konnte den König unmöglich brüskieren.

Albrechts Urkunden aus den Vormonaten von 1305 und 1306 zeugen vor allem von Veräußerungen und Zugeständnissen. Sein Sohn Diezmann musste im Februar 1305 bei Bürgern von Mühlhausen und Nordhausen für Schulden des Vaters in Höhe von 250 Mark Silber bürgen[24]. Im Januar musste Albrecht

---

20 Zur Mark Meißen ans Reich: Leist, Landesherr 1975 (wie Anm. 4) S. 82.
21 Josef Rübsam: Heinrich V. von Weilnau, Fürstabt von Fulda (1288–1313). In: Zeitschrift des Vereins für hessische Geschichte und Landeskunde. NF. 9(1882), S. I–VIII und S. 1–207, hierzu S. 55 f., S. 176 Nr. 161: Gelnhausen, 25. 5. 1306; vgl. Wegele, Friedrich 1870 (wie Anm. 3) S. 269; Hessel, Jahrbücher 1931 (wie Anm. 18) S. 163; Wagenführer, Friedrich 1936 (wie Anm. 2) S. 56; Leist, Landesherr 1975 (wie Anm. 4) S. 82.
22 Zur direkten Unterstellung des Pleißenlandes 1303/04: Wegele, Friedrich 1870 (wie Anm. 3) S. 264; Wagenführer, Friedrich 1936 (wie Anm. 2) S. 56 f.; André Thieme: Die Burggrafschaft Altenburg. Studien zu Amt und Herrschaft im Übergang vom hohen zum späten Mittelalter. (Schriften zur sächsischen Landesgeschichte. 2). Leipzig 2001, S. 256.
23 Karlheinz Blaschke: Geschichte Sachsens im Mittelalter. Berlin ²1991, S. 271.

auf das verkaufte Dorf Marksuhl, ein Fuldaer Lehen, endgültig verzichten[25]. Im Mai 1306 war er zur Übergabe des Geleits von Eisenach nach Vacha und von Eisenach nach Hersfeld an das Kloster Fulda genötigt, da er die 400 Mark Silber nicht aufbringen konnte, die für die Schäden veranschlagt worden waren, die sein verstorbener Sohn Apitz verursacht hatte[26]. Im April überließ er dem Landgrafen Heinrich I. von Hessen (1256–1308) Lehen in der windischen Mark[27]. Ende Juli 1306 verkaufte er dem Abt von Fulda für 40 Mark einen Fischteich und schenkte zu seinem Seelenheil der Kirche von Fulda das Patronat über die Kirche von Sonneborn[28].

Albrechts Machtverlust muss sich in den Monaten vor dem Fuldaer Treffen enorm beschleunigt haben. Im Oktober 1303 hatte der Fuldaer Abt Heinrich V. von Weilnau (1288–1313) noch Interesse an einem zweijährigen Schutz- und Trutzbündnis mit dem Landgrafen[29]. Dieser hatte im Burgenkrieg vom Mai/Juni 1304 zumindest den Oberbefehlshaber gestellt. Noch Mitte März 1305 war er in der Lage, dem Herzog Albert von Braunschweig mit militärischen Mitteln entgegenzutreten[30]. Und im folgenden Monat regelte er in landgräflicher Befugnis den Verkauf von Gütern und Rechten des Klosters Ichtershausen[31].

Besonders in Eisenach, zusammen mit der Wartburg zu einem frühen Residenzort für Albrecht geworden, war sein Bedeutungsverlust sehr schmerzhaft. Anfang Februar 1306 übertrug er den Eisenachern wohl nicht ganz freiwillig eine (Verbrauchs-)Steuer, das so genannte Ungelt, welche zur Befestigung und zum Schutz der Stadt verwendet werden sollte, was in den noch im gleichen Jahr beginnenden Kämpfen sich gegen die wettinischen Wartburgherren kehrte. Wahrscheinlich planten die Stadtbürger bereits

---

24 Wegele, Friedrich 1870 (wie Anm. 3) S. 446 f., Nr. 79; Herquet, UB Mühlhausen 1874 (wie Anm. 5) Nr. 555: Gotha, 10.2.1305.

25 Rübsam, Weilnau 1882 (wie Anm. 21) Nr. 156: Wartburg, 20.1.1306.

26 Rübsam, Weilnau 1882 (wie Anm. 21) Nr. 160: 16.5.1306.

27 Otto Grotefend und Felix Rosenfeld (Bearb.): Regesten der Landgrafen von Hessen. Bd. 1: 1247–1328 (Veröffentlichungen der Historischen Kommission für Hessen und Waldeck. 6.1). Marburg 1929, Nr. 467: Wartburg, 23. 4. 1306. Mit der «windischen Mark» ist wohl ein von Slawen/Wenden besiedeltes Gebiet im hessisch-thüringischen Grenzraum gemeint.

28 Rübsam, Weilnau 1882 (wie Anm. 21) Nr. 167 und Nr. 168: jeweils Wartburg, 29. 7. 1306.

29 Rübsam, Weilnau 1882 (wie Anm. 21) Nr. 135: Eisenach, 18. 10. 1303.

30 Herquet, UB Mühlhausen 1874 (wie Anm. 5) Nr. 559: «in Lapide» (Burg Bischofstein, Gemeinde Lengenfeld, ca. 15 Kilometer westlich von Mühlhausen), 14. 3. 1304 Waffenstillstand zwischen Mannen des Herzogs Albrecht von Braunschweig und des Landgrafen Albrecht von Thüringen.

31 Wilhelm Rein (Hrsg.): Kloster Ichtershausen. Urkundenbuch, Geschichte und bauliche Beschreibung mit genealogischen und heraldischen Anmerkungen, Siegelabbildung und Grundriss (Thuringia sacra. 1). Weimar 1863, Nr. 131–133: jeweils Wartburg, 11. 4. 1305; Beyer, UB Erfurt 1889 (wie Anm. 8) Nr. 518–520.

damals eine Auseinandersetzung um den Status ihrer Stadt, denn ebenfalls 1306 erwarben sie vom Landgrafen die Stadtburg, um sie mit seiner Zustimmung abzureißen[32].

Die Bemerkung von Michelsen, Landgraf Albrecht habe zum Zeitpunkt des Fuldaer Fürstentags im Sommer 1306 nur noch wenig mehr als die Wartburg besessen[33], charakterisiert treffend seine damalige Lage. Die politische Schwäche und sein faktischer Rücktritt resultierten letztlich auch aus seinem fortgeschrittenen Alter. Seinerzeit erforderte die Herrschaftsausübung und -sicherung eine hohe persönliche Mobilität, die ein Mindestmaß an Gesundheit und Rüstigkeit erforderte. Auch wenn Landgraf Albrecht noch nicht über siebzig Jahre alt war, ist ein entsprechender Hinweis Bergmanns sicher richtig[34].

Der 1240 geborene Fürst[35] befand sich in der Mitte des siebten Lebensjahrzehnts, in dem damals noch weit eher als heute mit dem Ableben zu rechnen war. Eine Auswertung thüringischer Adelsgenealogien ergab für das 14. Jahrhundert einen Anteil der noch lebenden 60-jährigen männlichen Personen von etwas über 30 Prozent, der bei den 70-jährigen auf um 15 Prozent abnahm[36], d. h. über die Hälfte der 60-Jährigen starb im nächsten Jahrzehnt. Das im letzten Drittel des 14. Jahrhunderts von Johannes Rothe aufgeschriebene Eisenacher Rechtsbuch liefert bei der Einteilung des menschlichen Lebens in sieben Alter eine Bestätigung. Das siebte und letzte Lebensalter bis zum Tode, auch «Überalter», beginnt mit sechzig Jahren[37].

Die subjektive Lebenserwartung von Landgraf Albrecht lässt sich in jener Zeit aus der Schenkung des Patronatsrechts über die Sonneburger Kirche an die Fuldaer Kirche zu seinem Seelenheil erahnen[38]. Die Überlassung Thüringens auf Lebenszeit dürfte König Albrecht auf der Fürstenversamm-

---

32 Holder-Egger, Cronica S. Petri 1899 (wie Anm. 6) S. 328, 17–20.

33 Andreas Ludwig Jacob Michelsen: Die Landgrafschaft Thüringen unter den Königen Adolf, Albrecht und Heinrich VII. Eine urkundliche Mitteilung. In: Zeitschrift der Vereins für Thüringische Geschichte und Altertumskunde. 7(1870), S. 5–35, hierzu S. 24; Polack, Landgrafen 1865 (wie Anm. 2) S. 288; Wegele, Friedrich 1870 (wie Anm. 3) S. 271.

34 Bergmann, Eisenach 1994 (wie Anm. 4) S. 125.

35 Das Geburtsjahr 1240 von Landgraf Albrecht: Otto Posse (Hrsg.): Die Wettiner. Genealogie des Gesamthauses Wettin ernestinischer und albertinischer Linie. Leipzig/Berlin 1897, Taf. 4, Nr. 15; Detlev Schwennicke: Europäische Stammtafeln. NF. Bd. I,1: Die fränkischen Könige und die Könige und Kaiser, Stammesherzoge, Kurfürsten, Markgrafen und Herzoge des Heiligen Römischen Reiches Deutscher Nation. Frankfurt/M. 1998, Taf. 152.

36 Wartburg-Stiftung Eisenach, Archiv, Inv.-Nr. Ma 46, Hilmar Schwarz: Zu Lebensdaten des höheren thüringischen Adels im Mittelalter. Eisenach/Wartburg 1997. [unveröffentlicht, computerschriftlich], Tab. 13 und 14, S. 16.

37 Peter Rondi (Bearb.): Eisenacher Rechtsbuch (Germanenrechte. NF. Abt. Stadtsrechtsbücher. Bd. 3.). Weimar 1950, S. 44 f., § I,4,8.

38 Rübsam, Weilnau 1882 (wie Anm. 21) Nr. 168: Wartburg, 29. 7. 1306.

lung von Fulda 1306 wohl auch in der Hoffnung auf den baldigen Tod des Landgrafen zugestanden haben.

Der König hielt den Fürstentag im Juli 1306 zu Fulda [39] bei Abt Heinrich V. nicht nur wegen der thüringischen Frage ab. So vermittelte er am 6. Juli die Schlichtung der kriegerischen Auseinandersetzungen zwischen Herzog Albrecht von Braunschweig und Landgraf Heinrich von Hessen [40]. Den Markgrafen von Brandenburg verweigerte er, wie erwähnt, die beantragte Belehnung mit der Mark (Nieder-)Lausitz [41].

Gegen den anwesenden thüringischen Landgrafen Albrecht konnte sich König Albrecht auf den Verkauf der Landgrafschaft an seinen Vorgänger König Adolf von 1294 berufen [42]. Da König Adolf seinerzeit die gesamte Kaufsumme von 12.000 Mark Silber nicht aufbringen konnte, hatte er für je 2.000 Mark die beiden Reichsstädte Mühlhausen und Nordhausen verpfändet [43]. Im thüringischen Gerichtsort Mittelhausen überließ er am 4. Oktober

---

39 Zum Fuldaer Fürstentag vom Juli 1307: HOLDER-EGGER, Cronica S. Petri 1899 (wie Anm. 6) S. 329, 1–7; JOHANN FRIEDRICH BÖHMER (Bearb.): Regesta imperii inde ab anno MCCXLVI usque ad annum MCCCXIII. Die Regesten des Kaiserreichs unter Heinrich Raspe, Wilhelm, Richard, Rudolf, Adolf, Albrecht und Heinrich VII. 1246–1313. Stuttgart 1844, S. 244 vor Nr. 539; POLACK, Landgrafen 1865 (wie Anm. 2) S. 287 f., WEGELE, Friedrich 1870 (wie Anm. 3) S. 273-275; WENCK, Wartburg 1907 (wie Anm. 2) S. 236 f.; WAGENFÜHRER, Friedrich 1936 (wie Anm. 2) S. 57 f.; LEIST, Landesherr 1975 (wie Anm. 4) S. 82.

40 Zu Fulda am 6. 7. 1306 – Urkundenabdruck: HANS SUDENDORF (Hrsg.): Urkundenbuch zur Geschichte der Herzöge von Braunschweig und Lüneburg und ihrer Lande. T. 1: Bis zum Jahre 1341. Hannover 1859, Nr. 189 und 190; Regesten: BÖHMER, Regesta imperii 1844 (wie Anm. 39) S. 244, Nr. 540; GROTEFEND, Regesten Hessen 1929 (wie Anm. 27) Nr. 468-470; UTE RÖDEL [Bearb.]: Die Zeit Adolfs von Nassau, Albrechts von Habsburg, Heinrichs von Luxemburg 1292–1313 (Urkundenregesten zur Tätigkeit des deutschen Königs- und Hofgerichts bis 1451. 4). Köln/Weimar/Wien 1992, Nr. 365367; vgl. Wegele, Friedrich 1870 (wie Anm. 3) S. 274 f.

41 Siehe Anm. 19.

42 Zum Verkauf Thüringens im Jahre 1294: HOLDER-EGGER, Cronica S. Petri 1899 (wie Anm. 6) S. 308, 6–10; Chronici Saxonici Continuatio (Thuringica) Erfordensis a. 1227–1353. In: HOLDER-EGGER, Monumenta Erphesfurtensia 1899 (wie Anm. 5) S. 443–485, hierzu S. 466, 44–47; Abdruck der Urkunde mit Datierung auf den 23. 4. 1293: JOSEPH EUTYCH KOPP: Geschichte der eidgenössischen Bünde. Mit Urkunden. Bd. 3. Abt. 1. König Adolf und seine Zeit. J. 1292–1298 (Geschichten von der Wiederherstellung und dem Verfalle des heiligen römischen Reiches. 6). Berlin 1862, S. 278, Nr. 5, vgl. S. 86 f.; HEINRICH REIMER (Hrsg.): Hessisches Urkundenbuch. Abt. 2.1. 767–1300 (Publikationen aus den Königlich Preußischen Staatsarchiven. 48). Leipzig 1891, Nr. 734; vgl. WEGELE, Friedrich 1870 (wie Anm. 3) S. 170 f. setzt den Verkauf ins Jahr 1293; VINCENZ SAMANEK: Studien zur Geschichte König Adolfs. Vorarbeiten zu den Regesta imperii VI 2, (1292–1298) (Sitzungsberichte der Akademie der Wissenschaften in Wien, Philosophisch-Historische Klasse. 207,2). Wien/Leipzig 1930, S. 122 f.: Datierung auf den 23. 4. 1294; WAGENFÜHRER, Friedrich 1936 (wie Anm. 2) S. 38 f. ins Jahr 1294; PATZE, Gerhard II., 1963 (wie Anm. 18) S. 112: erste Hälfte des Monats April 1294; vgl. den Protest von Erzbischof Gerhard II. gegen den Verkauf Mainzer Lehen: VOGT, Regesten Mainz 1913 (wie Anm. 18) Nr. 857 nach April 1293.

1294 für die Pfandsumme von 2.000 Mark die Stadt Nordhausen dem Landgrafen Albrecht[44]. Im Gegenzug stellte der Landgraf am 7. Oktober 1294 den Nordhäusern in Aussicht, sie vom geleisteten Treueid zu entbinden, wenn sie in Jahresfrist jene 2.000 Mark aufbringen und zahlen würden[45]. Am Vortag hatte er am selben Ort eine auf die Stadt Mühlhausen zugeschnittene, ansonsten aber wortgleiche Urkunde für die andere Reichsstadt ausgestellt[46]. Beide sollten im Falle seines Todes an das Reich zurückfallen und nicht Albrechts Erben zugute kommen.

Dass Landgraf Albrecht die Pfandschaft über die zwei Städte kurz vor 1306 sehr wohl ausübte, berichten drei im Februar 1305 zu Gotha ausgestellte Urkunden. In der ersten musste Sohn Diezmann für Schulden des Vaters bei Heinrich von Mihla, dem derzeitigen Schultheißen von Gotha, und bei je zwei Mühlhäuser und Nordhäuser Bürgern einstehen[47]. In der zweiten Urkunde überließ Landgraf Albrecht aus der Pfandherrschaft resultierende Einkünfte aus Nordhausen dem Heinrich von Mihla und den beiden Nordhäusern[48], in der dritten entsprechende Einkünfte aus Mühlhausen wiederum Heinrich von Mihla sowie den beiden Mühlhäusern[49]. Der alte Landgraf verlieh also zur Schuldenzahlung die Pfandschaft weiter, was sicherlich die Bürger beider Städte bei ihrem Eingreifen 1307 um Eisenach vor Augen hatten.

Landgraf Albrecht besaß nicht nur in finanzieller und militärischer, sondern auch in rechtlicher Hinsicht in Fulda 1306 schlechte Karten. In der

---

43 Dies geht hervor aus dem Schiedsspruch vor Seebach am 25. 7. 1307, siehe Anm. 107 und 139; vgl. WAGENFÜHRER, Friedrich 1936 (wie Anm. 2) S. 39.

44 GÜNTER LINKE (Bearb.): Nordhäuser Urkundenbuch. T. 1. Die kaiserlichen und königlichen Urkunden des Archivs 1158–1793. (Urkunden und Regesten). Nordhausen 1936, Nr. 13: Mittelhausen, 4. 10. 1294.

45 GERHARD MEISSNER (Bearb.) und FRIEDRICH STOLBERG (Hrsg.): Urkundenbuch der Reichsstadt Nordhausen. T. 2: 1267 – 1703. Urkunden von Fürsten, Grafen, Herren und Städten. Nordhausen 1939, Nr. 3: Fahner, 7. 10. 1294.

46 HERQUET, UB Mühlhausen 1874 (wie Anm. 5) Nr. 430: Fahner, 6.10.1294; vgl. MICHELSEN, Mitteilung 1870 (wie Anm. 33) S. 12; EMIL KETTNER: Landgraf Friedrich der Freidige von Thüringen in seinen Beziehungen zu der freien Reichsstadt Mühlhausen i. Th. In: Mühlhäuser Geschichtsblätter. 6(1905/1906), S. 83 – 94, hierzu S. 85.

47 HERQUET, UB Mühlhausen 1874 (wie Anm. 5) Nr. 555: Gotha, 10. 2. 1304: Diezmann bürgt für 250 Mark Schulden Landgraf Albrechts bei Heinrich von Mihla, den Mühlhäuser Bürgern Cristian von Langula d. J. und Burghard Lenz und den Nordhäuser Bürgern Hermann gen. Calw von Weißensee und Heino Iuven.

48 HERQUET, UB Mühlhausen 1874 (wie Anm. 5) Nr. 556: Gotha, 12. 2. 1305: Landgraf Albrecht überlässt dem Heinrich von Mihla und den Nordhäuser Bürgern Hermann gen. Calw von Weißensee und Heino Iuven Einkünfte in der Stadt Nordhausen.

49 HERQUET, UB Mühlhausen 1874 (wie Anm. 5) Nr. 557: Gotha, 14. 2. 1305: Landgraf Albrecht überlässt dem Heinrich von Mihla und den Mühlhäuser Bürgern Cristian von Langula d. J. und Burghard gen. Lenz Einkünfte aus Mühlhausen.

Urkunde vom 9. Juli 1306 musste er die Übertragung seines Landes Thüringen an das Reich nach seinem Tode bestätigen und damit die Erbansprüche seiner Söhne als nichtig anerkennen[50]. Zur Verwirklichung der Regelung hatte er innerhalb von acht Tagen die Wartburg an zwei hochrangige Deutsche Ordens-Brüder zu übergeben. Damit zeigte sich auch in dieser Urkunde die enge Verbindung zwischen der Landgrafschaft und der Wartburg, die gewissermaßen das Symbol des Landes Thüringen war[51].

Angesichts der bis dahin äußerst spärlichen schriftlichen Überlieferung zur Bausubstanz der Wartburg ist die Formulierung im Urkundentext bemerkenswert, dass die Burg «mit den Türmen» genannt wird[52]. Wir erfahren hierbei, dass mehr als ein Turm vorhanden war.

Die Überantwortung der Wartburg an die beiden Brüder des Deutschen Ordens einerseits und ihre Belassung bei Landgraf Albrecht bis zu dessen Tode andererseits sollten geregelt werden, indem die beiden lediglich die Burg beaufsichtigen, aber keine Veränderung zugunsten oder ungunsten der königlichen oder der landgräflichen Seite zulassen sollten[53]. Die Auswahl der beiden Ordensherren mit «Ber. de Gepzenstein», Komtur von Speyer und Weißenburg[54] und «Helwicus de Goldbach»[55], Komtur in Rotenburg, hat sicher Wegele mit der Vermutung richtig interpretiert, dass ersterer dem König und der zweite dem Landgrafen persönlich bekannt und vertraut war.

Wegen seiner Herkunft, seines Lebenslaufs und des traditionell engen Verhältnisses zwischen dem Deutschen Orden und den thüringischen

---

50 Zur Urkunde zu Fulda, 9. 7. 1306: Abdruck bei Julius Ficker: Die Überreste des deutschen Reichs-Archives zu Pisa. Wien 1855, S. 56 f., Nr. 32; Jacobus Schwalm (Ed.): Constitutiones et acta publica imperatorum et regum. T. 4, 2 (Monumenta Germaniae Historica. [Leges]. 4,2). Hannover/Leipzig 1909, Nr. 1205; Teilabdruck in Karl H. Lampe (Hrsg.): Urkundenbuch der Deutschordensballei Thüringen. Bd. 1. (Thüringische Geschichtsquellen. Bd. 10. NF. 7). Jena 1936, Nr. 705a; Regest in Rübsam, Weilnau 1882 (wie Anm. 21) Nr. 164; inhaltliche Wiedergabe bei Michelsen, Mitteilung 1870 (wie Anm. 33) S. 23 f.

51 Zur weitgehenden Identifikation der Wartburg mit Thüringen vgl. Gerd Strickhausen: Die zentrale Bedeutung der Wartburg unter den Ludowingern (ca. 1073 bis 1247). In: Barbara Schock-Werner (Hrsg.): Zentrale Funktionen der Burg (Veröffentlichungen der Burgenvereinigung e. V. Reihe B: Schriften, Bd. 6). Braubach 2001, S. 87–98, hierzu S. 92; Hilmar Schwarz: Die Wartburg in den schriftlichen Quellen des 11. bis 13. Jahrhunderts. In: Günter Schuchardt (Hrsg.): Der romanische Palas der Wartburg (Bauforschung an einer Welterbestätte. Bd. 1). Regensburg 2001, S. 15–22, hierzu S. 18 f.

52 In der Urkunde vom 9. 7. 1306 (vgl. Anm. 51): «castrum nostrum Wartburg cum turribus eiusdem», «castrum et turres»; vgl. die Urkunde vom 11. 1. 1307 bei Anm. 94.

53 Vgl. Wenck, Wartburg 1907 (wie Anm. 2) S. 237 oben.

54 Vielleicht Bertold von Gebzenstein, der 1290 Landkomtur von Elsaß-Burgund war, vgl. Lampe, UB Ballei Thüringen 1936 (wie Anm. 50) Nr. 595, Anm. 1.

55 Zu Helwig von Goldbach vgl. Schwarz, Belagerung 2006 (wie Anm. 1) S. 16–18; eine Aufstellung wichtiger Lebensdaten des Deutsch-Ordens-Herrn Helwig von Goldbach bei Lampe, UB Ballei Thüringen 1936 (wie Anm. 50) Nr. 528, Anm. 3.

Landgrafenhäusern kann man davon ausgehen, dass die Wettiner dem Ordensherrn Helwig von Goldbach 1306 vertrauten. Seine Ernennung zum Mitverwalter der Wartburg war offenbar ein Zugeständnis König Albrechts und deutet die Verwurzelung des Hauses Wettin im Lande an. Hier tritt das Problem hervor, mit dem es die königliche Seite auch in der Mark Meißen und besonders im Osterland (vgl. Schlacht von Lucka) zu tun hatte: Trotz der momentanen Schwäche des alten Landgrafen Albrecht verfügten die Wettiner unter den Bewohnern und Amtsinhabern ihrer Länder über Akzeptanz und ein Beziehungsgeflecht, das von außen kaum zu beseitigen war und schließlich die Wiedererlangung der wettinischen Landesherrschaft ermöglichte.

4. Der Beginn des Belagerungskrieges um Eisenach und die Wartburg 1306 und der Wartburgvertrag vom 11. Januar 1307

Von Fulda kehrte Landgraf Albrecht in Erwartung eines Heereszugs zurück, den König Albrecht auf dem Fürstentag gegen die Landgrafensöhne nach Thüringen ab dem 1. August angekündigt hatte[56]. Noch vor Ende Juli tätigte der Landgraf auf der Wartburg als seiner Hauptburg zwei Schenkungen in Anwesenheit des Fuldaer Abtes Heinrich[57], der gerade noch als Gastgeber fungiert hatte und vielleicht mit Albrecht gemeinsam zur Wartburg gereist war. Albrecht konnte auf der Wartburg weiter schalten und walten, da sich das Geschehen durch den Tod des böhmischen Königs Wenzel III. am 4. August 1306 in dessen Land verlagerte und die Übergabe an die beiden Deutsch-Ordens-Herren unterblieb. Allerdings «nutzte» der Landgraf die Konstellation zur weiteren Aufgabe von Rechten, indem er Mitte August an den Landgrafen Heinrich von Hessen für 20 Mark Silber das Geleit vom hessisch-thüringischen Grenzpunkt des Seulingssees (Seulingswald) bis zum Nikolaikloster Eisenach und die Werra abwärts bis Breitenfurt verkaufte[58]. Bei der Straße von Eisenach zum Seulingswald handelte es sich um die sog. «Kurzen Hessen», über die sowohl Frankfurt/M. als auch Marburg erreichbar waren[59]. Landgraf Albrecht veräußerte dabei nicht nur das Geleit um Eisenach herum, sondern auch das durch die Stadt hindurch, denn das Nikolaitor lag am Ostrand des Stadtgebiets, und über die «Kurzen Hessen» kam man von Westen. Seine Stellung innerhalb der Stadt schwächte er durch die Hoheitsübertragung an einen fremden Landesherrn weiter und verschärfte damit zugleich die Gegnerschaft der Stadtbewohner.

---

56 Holder-Egger, Cronica S. Petri 1899 (wie Anm. 6) S. 329,4–8.
57 Wartburg, 29. 7. 1306 – siehe Anm. 27 und 38.
58 Grotefend, Regesten Hessen 1929 (wie Anm. 27) Nr. 471: Wartburg, 16. 8. 1306.

Der am 4. August 1306 in Olmütz (Olomouc) ermordete Wenzel III. war der letzte Herrscher der böhmischen Königsdynastie der Przemysliden. Der habsburgische König Albrecht wollte die Chance nutzen und die böhmische Krone seiner Familie sichern. Deshalb ließ er erst einmal von Thüringen ab und zog mit dem aufgestellten Heer in das weit größere und reichere Böhmen. Er konnte den gegnerischen Thronprätendenten Herzog Heinrich von Kärnten, einen Schwager des Markgrafen Friedrich des Freidigen, beiseite drängen und seinen ältesten Sohn Rudolf (um 1282–1307) am 22. August 1306 zum König von Böhmen wählen lassen.

In der entstandenen Atempause suchten sich die Wettiner miteinander zu arrangieren. Die Brüder Diezmann und Friedrich benannten gegen Ende November 1306 Landgraf Heinrich von Hessen d. Ä, Herzog Albrecht von Braunschweig und Graf Friedrich von Beichlingen als mögliche Schiedsrichter zur Behebung der zwischen ihnen offenen Streitfragen[60].

Exkurs: Überblick über die Kämpfe von 1306 bis 1308 vor allem anhand der Erfurter Peterschronik

Zwischen dem letzten Quartal 1306 und Mitte 1308 erfolgten die Kämpfe zwischen den Eisenachern und den wettinischen Wartburgherren mit wechselnden Belagerungen. Obwohl die wichtigsten Ereignisse und Ergebnisse überliefert sind, fehlt bisher ein schlüssiger Überblick über die zeitliche Abfolge. Die inhaltsreichste Schilderung findet sich in der Erfurter Peterschronik, die bei Auslassung der außerthüringischen Ereignisse folgendes berichtet[61]: Nach der Heirat am 16. Oktober 1306 [zwischen dem neuen böhmischen König Rudolf und Elisabeth, der Witwe seines Vorvorgängers Wenzel II.] sei der König von Böhmen gegen den Landgrafensohn Friedrich ins Osterland eingedrungen. Inzwischen belagerten die Eisenacher den Landgrafen Albrecht auf der Wartburg, wo großer Lebensmittelmangel herrschte. Dessen Söhne zogen alles zusammen, erhielten die Hilfe des herbeigerufenen Herzogs Heinrich von Braunschweig und versorgten die Wartburg.

59 Zum Straßenverlauf vgl. Hans Patze: Die Entstehung der Landesherrschaft in Thüringen. T. 1 (Mitteldeutsche Forschungen. 22). Köln/Graz 1962, S. 38; Bergmann, Eisenach 1994 (wie Anm. 4) S. 15.

60 Johann Georg Lebrecht Wilke: Ticemannus sive vita illustris Principis Theodorici, quondam iunioris Thuringiae Landgravii orientalis et Lusatiae Marchionis ad ductum diplomatum et historicorum optimorum conscripta. Leipzig 1754, Nr. 155: Urkunde Diezmanns, Pegau, 23. 11. 1306; Wegele, Friedrich 1870 (wie Anm. 3) S. 443 f., Nr. 77; Grotefend, Regesten Hessen 1929 (wie Anm. 27) Nr. 477.

61 Holder-Egger, Cronica S. Petri 1899 (wie Anm. 6) S. 329, 14–332, 10 und S. 333, 9–34 und S. 335, 14–18; vgl. Holder-Egger, Continuatio 1899 (wie Anm. 42) S. 473, 6 – 474, 14 und S. 475, 1–4.

Nun mussten die Eisenacher sich hinter ihren Stadtmauern verteidigen. Als Markgraf Friedrich von Meißen die Wartburg übertragen bekam, war dies für die Eisenacher und ganz Thüringen ein großes Unheil.

Im folgenden Jahre 1307 erhielten die Eisenacher die angeforderte Hilfe vom König, der während der vorösterlichen Fastenzeit den Ritter von Weilnau – unterstützt vom Fuldaer Abt – schickte. Dieser befestigte die Eisenacher Burg und beschoss durch ein Wurfgerät (Blide) mit Steinen die Wartburg. Mit Hilfe der Eisenacher belagerte er die Burg Winterstein, musste aber nach acht Tagen unverrichteter Dinge zurückkehren.

Nach vielen Zerstörungen in Thüringen wurde der königliche Hauptmann von Weilnau mit vier weiteren Kriegern von Mannen des Markgrafen umzingelt und gefangen zur Wartburg geführt. Im selben Jahr besiegten die Landgrafensöhne den königlichen Vogt, der das Osterland verwüstet hatte, in einem Gefecht bei der Stadt Lucka und machten viele Gefangene.

Nach dem Tod des böhmischen Königs, des Sohns des römischen Königs Albrecht, zog dieser zunächst im Juli 1307 mit einem großen Heer durch Thüringen und machte über Mittelsmänner zwischen sich und Friedrich, dem älteren Sohn des Landgrafen von Thüringen, Zugeständnisse wegen der im Krieg Gefangenen. In dieser Zeit kam der Mainzer Erzbischof Peter mit dem König nach Erfurt gezogen, wo er von Klerus und Volk ehrenvoll empfangen wurde und drei Tage im Peterskloster blieb. Um den Advent dieses Jahres herum starb Diezmann und wurde in Leipzig bei den Predigern bestattet. Der Bruder, Markgraf Friedrich, rief dessen Vögte zusammen und übernahm seine Gelder und das väterliche Erbe.

Zu Beginn des Jahres 1308 wiederholt die Peterschronik die letzten Bemerkungen nochmals ausführlicher: Friedrich rief die Vögte Diezmanns aus Thüringen und dem Osterland sowie viele andere Adlige dieser Länder durch briefliche Aufforderung zu sich und erlangte von ihnen vor dem 28. Februar auf dem Erfurter Petersberg das Versprechen, die Burgen und Befestigungen auszuliefern.

Etwa zur gleichen Zeit kam König Albrecht nach Eisenach und forderte die Adligen des Landes brieflich zum Beistand auf, doch diese waren heimlich auf die Seite Markgraf Friedrichs übergegangen. Den Eisenachern versprach der König Hilfe und plante, Truppen zu sammeln und gegen den Markgrafen und Thüringen zu führen. Dann zog er ins obere Rheinland und bereitete den Thüringenfeldzug vor, der für Ende Juni geplant war und den er den Adligen, Freien und Ministerialen Thüringens angekündigt hatte. Doch Anfang Mai 1308 wurde er von seinem Neffen Johannes ermordet.

Als die Eisenacher die Nachricht von dem Mord erhielten, fürchteten sie wohl Repressalien und übergaben nach Vermittlung durch Adlige des Landes die Stadt dem Landgrafen. Markgraf Friedrich unterwarf ganz Thüringen, das

Osterland und Meißen sowie die dortigen königlichen Städte wie Altenburg, Chemnitz, Zwickau und andere widerstandslos seiner Herrschaft.

Weiter zu:

4. Der Beginn des Belagerungskrieges um Eisenach und die Wartburg 1306 und der Wartburgvertrag vom 11. Januar 1307

Dieser Bericht der Erfurter Peterschronik lässt sich anhand weiterer chronikalischer und urkundlicher Nachrichten konkretisieren und erweitern, auch wenn dies nicht ganz leicht ist [62]. Nehmen wir den Handlungsfaden nach dem Fürstentag zu Fulda vom Juli 1306 nochmals auf und versuchen, den Beginn der Belagerung der Wartburg durch die Eisenacher Bürger näher zu bestimmen. Ende Juli 1306 fanden wir Landgraf Albrecht und den Fuldaer Abt Heinrich gemeinsam auf der Wartburg [63]. Der Abt unterstützte im folgenden Jahr seinen Verwandten, den königlichen Hauptmann von Weilnau, gegen die Wartburgherren. Ende Juli 1306 hatten die Eisenacher offenbar den Kampf noch nicht eröffnet. Das war auch Mitte August immer noch nicht der Fall, denn Albrecht konnte auf der Wartburg eine Verkaufsurkunde für den hessischen Landgrafen Heinrich und dessen Sohn Johann ausstellen [64]. Wahrscheinlich starteten die Eisenacher die Belagerung der Wartburg erst Ende November oder Dezember 1306, denn ein Dokument vom 27. November spiegelt den freien Zugang zur Burg wider [65]. An diesem Tag stellte der Vogt von Tenneberg, Heinrich von Arnstadt, einen Geleitbrief für die Bürger von Mühlhausen und ihre Gesandtschaft zur Wartburg aus, was bei einer belagerten Festung keinen Sinn ergeben hätte. Als seinen Herrn nennt der Vogt ausdrücklich den älteren Landgrafen Albrecht und nicht Diezmann, der sich am 26. Februar 1306 als Herr von Tenneberg bezeichnet hatte [66]. Wahrscheinlich herrschte damals Einvernehmen zwischen Vater und Sohn. Die Mühlhäuser jedenfalls befanden sich zu diesem Zeitpunkt nicht im bewaffneten Kampf gegen die Landgrafenfamilie [67].

---

62 Vgl. Leist, Landesherr 1975 (wie Anm. 4) S. 85, Anm. 78 zum Beginn des Belagerungskriegs 1306/07: «Leider läßt sich die recht wirre chronikalische Überlieferung nicht sicher zu den wenigen Urkunden in zeitlichen Bezug setzen.»

63 Am 29. 7. 1306, siehe Anm. 27 und 38.

64 Am 16. 8. 1306, siehe Anm. 58.

65 Wilke, Ticemannus 1754 (wie Anm. 60) Nr.: 29.[richtig: 27.] 11. 1306; Herquet, UB Mühlhausen 1874 (wie Anm. 5) Nr. 571: 27. 11. 1308; vgl. Carl Polack: Geschichte des Schlosses Tenneberg. In: Zeitschrift des Vereins für Thüringische Geschichte und Altertumskunde. 7 (1870), S. 145–210, hierzu S. 156; Leist, Landesherr 1975 (wie Anm. 4) S. 85, Anm. 79.

66 Siehe Anm. 83.

67 Gegen eine Beteiligung von Mühlhausen und den anderen Städten in der ersten Phase der Wartburg-Belagerung 1306 auch Wegele, Friedrich 1870 (wie Anm. 3) S. 278, Anm. 1.

Bis zum Wartburgvertrag vom 11. Januar 1307 verblieb den Eisenachern –
wenn unsere Interpretation des Geleitbriefs vom 27. November 1306 zutrifft
– lediglich anderthalb Monate zur Einschließung der Burg, was aus zwei
Gründen erstaunt. Erstens berichtet die Erfurter Peterschronik gleich doppelt
von der großen Lebensmittelknappheit auf der Wartburg[68]. Möglicherweise
überraschten die Eisenacher ihre Gegner, die keine Vorräte angelegt, sondern
auf die Versorgung aus der Stadt vertraut hatten. Zweitens sind anderthalb
Monate für die Gegenmaßnahmen der Landgrafensöhne recht kurz. Sie
hätten in diesem Zeitraum Truppen sammeln, ihren braunschweigischen
Schwager herbeirufen und seine Ankunft abwarten, vor Eisenach ziehen und
die Wartburg entsetzen müssen. Vielleicht hatten sie nach dem in Fulda
geplanten Einmarsch und angesichts der in Böhmen operierenden und jeder-
zeit in ihre Länder einfallbereiten königlichen Streitmacht zuvor bereits entsprechende Schritte eingeleitet.

Erst Johannes Rothe berichtet von der Einnahme und Zerstörung der
Frauenburg zwischen Eisenach und der Wartburg beim Ansturm der wettinischen und braunschweigischen Truppen mit 336 behelmten Rittern und
Edelmannen und von der Blockade aller Stadttore[69]. Ob in dieser Phase von
den Eisenachern vor den Mauern an der Südseite zur Wartburg hin ein vorge-
lagerter Graben mit Wall angelegt wurde[70], muss mangels chronikalischer
Belege Spekulation bleiben.

Außer der Schilderung der Erfurter Peterschronik wissen wir über die
Landgrafensöhne Friedrich und Diezmann aus den letzten Monaten des
Jahres 1306 nicht viel. Über Friedrich den Freidigen informiert als letztes
Zeugnis vor dem 11. Januar 1307 die Bestätigung eines Kaufbriefs für das
Kloster Ichtershausen von Ende August 1306 (ohne Ausstellungsort)[71]. Von
Diezmann wissen wir wenigstens, dass er sich – zeitlich nahe am Tenneberger
Geleitbrief vom 27. d. M. – am 23. November 1306 in Pegau, wo er Schieds-

---

68 Holder-Egger, Cronica S. Petri 1899 (wie Anm. 6) S. 329, 24 f. und 20 f.

69 [Rothe, Johannes]: Chronicon Thuringicum. Von Isenachis Begyn. In: Christian Schoettgen
und Georg Christoph Kreysig (Hrsg.): Diplomataria Et Scriptores Historiae Germanicae
Medii Aevi. Bd. 1. Altenburg 1753, S. 85–106, hierzu S. 101, A; Rochus von Liliencron
(Hrsg.): Düringische Chronic des Johann Rothe (Thüringische Geschichtsquellen. 3. Bd.). Jena
1859, S. 512 f., cap. 604; Adam Ursinus: Chronicon Thuringiae Vernaculum usque ad annum
M CCCCC. In: Johann Burchard Mencke: Scriptores rerum Germanicarum praecipue
Saxonicarum. T. III. Leipzig 1730, Sp. 1239–1356, hierzu Sp. 1304, C; Hermann Helmbold:
Geschichte der Stadt Eisenach. In: Georg Voss: Die Stadt Eisenach. (Paul Lehfeldt und Georg
Voss: Bau- und Kunstdenkmäler Thüringens. Heft 39. Großherzogtum Sachsen-Weimar-
Eisenach. Amtsgerichtsbezirk Eisenach). Jena 1915, S. 109–148, hierzu S. 122.

70 So Hugo Peter: Die alte Stadtbefestigung. Mit einem Lageplan und fünf Ansichten des alten
Eisenach (Beiträge zur Geschichte Eisenachs. 1). Eisenach ²1905, S. 32; Helmbold, Chronik
1915 (wie Anm. 69) S. 124; Bergmann, Eisenach 1994 (wie Anm. 4) S. 124.

71 Rein, Ichtershausen 1863 (wie Anm. 31) Nr. 140: 28. 8. 1306, vgl. Nr. 129 u. 139.

richter für eine Einigung mit seinem Bruder Friedrich benannte[72]. Offenbar bemühten sich in jenen Monaten die beiden Brüder um einen Interessensausgleich und um die Koordinierung ihrer militärischen Kräfte. Ob Diezmann persönlich vor Eisenach erschien, wie die Peterschronik behauptet[73], ist sehr fraglich[74]; eher dürfte er seinen Bruder mit einigen Bewaffneten oder auch nur moralisch unterstützt haben. Am 11. Januar 1307 war er sicherlich nicht auf der Wartburg anwesend, da er in dem so wichtigen Familienvertrag zwischen Albrecht und Friedrich weder erwähnt wird noch siegelt. Ende Dezember 1306 hielt er sich noch in Weißenfels auf[75].

Gegen Diezmanns Anwesenheit vor Eisenach spricht vor allem ein weiterer Vorgang. Königliche Truppen waren nach Mitte Oktober 1306 von Böhmen aus ins Osterland, Diezmanns Kernland, vorgedrungen[76] und standen am 5. November bei Geithain, am 10. bei Regis[-Breitingen] und am 13. bei Borna[77]. Der Misserfolg des Unternehmens lag sicherlich nicht nur an der drohenden Winterkälte[78], die erstens nicht besonders schlimm gewesen sein kann[79] und zweitens für die erfolgreichen wettinisch-braunschweigischen Truppen vor Eisenach ebenso hinderlich hätte sein müssen. Vielmehr trafen die Königlichen offenbar auf erhebliche einheimische Gegenwehr. Ohne die Gegenwart Diezmanns als Landesherr oder gar bei Abzug schlagkräftiger Mannschaften nach Eisenach hätte sich das Land schwerlich gegen eine immerhin königliche und somit keineswegs schwache Streitmacht behaupten können.

---

72 WILKE, Ticemannus 1754 (wie Anm. 60) Nr. 155: PEGAU, 23. 11. 1306; WEGELE, Friedrich 1870 (wie Anm. 3) S. 443, Nr. 77; GROTEFEND, Regesten Hessen 1929 (wie Anm. 27) Nr. 477; vgl. WAGENFÜHRER, Friedrich 1936 (wie Anm. 2) S. 58, Anm. 28.

73 HOLDER-EGGER, Cronica S. Petri 1899 (wie Anm. 6) S. 329, 22–29.

74 Gegen die Anwesenheit Diezmanns Ende 1306 vor Eisenach vgl. WEGELE, Friedrich 1870 (wie Anm. 3) S. 279, insbes. Anm. 2.

75 WILKE, Ticemannus 1754 (wie Anm. 60) Nr. 157: Weißenfels, 29. 12. 1306.

76 Zum Zug königlicher Truppen ins Osterland nach dem 16. 10. 1306: HOLDER-EGGER, Cronica S. Petri 1899 (wie Anm. 6) S. 329, 18–20; WEGELE, Friedrich 1870 (wie Anm. 3) S. 279; WENCK, Wartburg 1907 (wie Anm. 2) S. 237: im November 1306; GERHARD KAMMRAD: Die Ereignisse des Jahres 1307 in der meißnischen Frage, vornehmlich die sogenannte Schlacht bei Lucka (in Sachsen Altenburg). In: Zeitschrift des Vereins für Thüringische Geschichte und Altertumskunde. 29 NF. 21(1913), S. 41–124, hierzu S. 44 f.; HESSEL, Jahrbücher 1931 (wie Anm. 18) S. 172: im November 1306.

77 ALFONS HUBER: Beiträge zur älteren Geschichte Oesterreichs. In: Mitteilungen des Instituts für Österreichische Geschichtsforschung. MIÖG. 6(1885), S. 385–420, hierzu S. 401.

78 HOLDER-EGGER, Cronica S. Petri 1899 (wie Anm. 6) S. 329, 20 f.: «propter hiemen instantem» – «wegen des bevorstehenden Winters»; ebenso HOLDER-EGGER, Continuatio 1899 (wie Anm. 60) S. 473, 11 f. Die Truppen zogen also wegen des bevorstehenden Winters ab. Erst die späteren Geschichtsschreiber und die Literatur haben daraus einen extrem kalten Winter gemacht.

Eigentlich war Diezmann für die Nachfolge im Landgrafenamt bestimmt. Bereits 1293 hatte eine innerfamiliäre Regelung zu Triptis die Übertragung der Landgrafschaft Thüringen an ihn vorgesehen[80]. Noch 1305 und 1306 titulierte er sich als «jüngerer Landgraf von Thüringen» («Iunior Thuringie Landgravius»). Die maßgebliche Erfurter Peterschronik nennt zum Jahr 1307 Friedrich den «älteren Sohn des Landgrafen von Thüringen», Diezmann hingegen den «jüngeren Landgrafen von Thüringen»[81]. Nach Zerwürfnissen befand sich Diezmann spätestens 1306 wieder im Einvernehmen mit seinem auf der Wartburg lebenden Vater[82]. Er war inzwischen in den Besitz der Herrschaft und Burg Tenneberg gelangt, der nur knapp 20 Kilometer südöstlich von Eisenach entfernten Feste oberhalb von Waltershausen. Im Februar 1306 nannte er sie «unsere Burg» und sich «Herr von Tenneberg»[83]. Er hatte folglich diesen Erbteil seines wahrscheinlich 1305 verstorbenen Halbbruders Apitz übernommen[84]. Offenbar um die Jahreswende 1305/06 herum traf er mit dem Vater zusammen und regelte Dinge für die nähere Umgebung, denn Anfang Januar 1306 urkundete er in Eisenach für das nur etwa acht Kilometer südöstlich gelegene Wilhelmitenkloster Weißenborn unterhalb der Scharfenburg (heute zu Thal)[85]. Zwei Wochen darauf bedachte er das auch nicht so sehr weit entfernte Kloster Georgenthal[86]. Noch im Januar 1306 versicherte er

---

79 Rüdiger Glaser: Klimageschichte Mitteleuropas. 1000 Jahre Wetter, Klima, Katastrophen. Darmstadt 2001, S. 76, 84: Als besonders kalt ist zwar der Winter 1305/06 erwähnt, nicht aber der von 1306/07.

80 Zum Triptiser Vertrag vom 28. 9. 1293 vgl. Michelsen, Mitteilung 1870 (wie Anm. 33) S. 7–10; Wegele, Friedrich 1870 (wie Anm. 3) S. 174–178; Wagenführer, Friedrich 1936 (wie Anm. 2) S. 37 f.; Leist, Landesherr 1975 (wie Anm. 4) S. 55–57; Abdruck bei Ficker, Pisa 1855 (wie Anm. 50) S. 41–44, Nr. 18.

81 Holder-Egger, Cronica S. Petri 1899 (wie Anm. 6) S. 331, 2 f.: «Fridericum seniorem filium lantgravii Thuringie», S. 332, 5 f. «Theodericus iunior lantgravius Thuringie».

82 Wegele, Friedrich 1870 (wie Anm. 3) S. 261.

83 Wilke, Ticemannus 1754 (wie Anm. 60) Nr. 152: 26. 2. 1306 für Kloster Reinhardsbrunn: «castrum nostrum Tenneberg», «dominus in Tenneberg»; vgl. Berthold Schmidt (Hrsg.): Urkundenbuch der Vögte von Weida, Gera und Plauen, sowie ihrer Hausklöster Mildenfurth, Cronschwitz, Weida und z. h. Kreuz bei Saalburg. Bd.1. 1122–1356 (Thüringische Geschichtsquellen. 5 NF. 2.1.1). Jena 1885, Nr. 381; Johann Heinrich Möller: Urkundliche Geschichte des Klosters Reinhardsbrunn. Gotha 1843, S. 90 f.

84 Zum Erbe von Apitz und Tenneberg in den Händen von Diezmann vgl. Wegele, Friedrich 1870 (wie Anm. 3) S. 260 f.; Polack, Tenneberg 1870 (wie Anm. 65) S. 158; Sigmar Löffler: Geschichte der Stadt Waltershausen. Bd. 1, T. 1. Von den Anfängen bis zum Beginn des 17. Jahrhunderts. Einschließlich der Geschichte des Schlosses und des Amtes Tenneberg/Hrsg.: Lorenz G. Löffler. Erfurt/Waltershausen 2004, S. 68.

85 Wilke, Ticemannus 1754 (wie Anm. 60) Nr. 149: Eisenach, 9. 1. 1306; Wegele, Friedrich 1870 (wie Anm. 3) S. 442, Nr. 75; vgl. Schmidt, UB Vögte 1, 1885 (wie Anm. 83) Nr. 377.

86 Wilke, Ticemannus 1754 (wie Anm. 60) Nr. 99: Eisenach, 9.1.1306; vgl. Schmidt, UB Vögte 1, 1885 (wie Anm. 83) Nr. 378.

die Burgmannen und Bürger von Weißensee in Thüringen seiner Gnade[87]. Diezmann kümmerte sich in jener Zeit nicht nur um sein Zentrum Leipzig und Osterland, sondern er griff unmittelbar in die Belange innerhalb der Landgrafschaft Thüringen ein und begnügte sich nicht mit der Hoffnung auf ein späteres Erbe.

Umso mehr verwundert die Übergabe der Wartburg und damit Thüringens im Januar 1307 an Friedrich den Freidigen und nicht an Diezmann. Beginnend mit Johannes Rothe rankt die Sage[88] sich um einen angeblichen Handstreich Friedrichs, wonach sich Friedrich eine Nacht lang im so genannten Landgrafenloch mit seinen Mannen verborgen hielt, dann bei der Zisterne über die südliche Burgmauer stieg, seinen Vater überwältigte und bei allem im Einvernehmen mit der Schwiegermutter Elisabeth von Arnshaugk handelte. Rothe wollte hiermit wohl den Wortbruch Landgraf Albrechts gegenüber der in Fulda beim König gegebenen Verpflichtung zur Übergabe der Wartburg verschleiern[89]. Vielleicht hat die Sage einen weiteren historischen Kern, dass nämlich der Zuspruch der Stiefmutter Elisabeth und die familiäre Situation eher für Friedrich als für Diezmann gesprochen haben[90]. Friedrich der Freidige hatte 1300 die gleichfalls Elisabeth genannte Tochter seiner Stiefmutter Elisabeth von Arnshaugk geheiratet. Seine Gattin befand sich zu jener Zeit mit ihrer 1306 geborenen Tochter, wiederum einer Elisabeth, auf der Wartburg. Außerdem war Diezmann nach zehnjähriger Ehe im Alter von 45 Jahren bisher kinderlos geblieben, während Friedrich einen etwa elfjährigen Sohn aus erster Ehe besaß und mit seiner jungen, etwa 19-jährigen Frau auf weiteren (männlichen) Nachwuchs hoffen konnte[91]. Natürlich waren dies nicht die einzigen und nicht einmal die ausschlaggebenden Gründe für die Entscheidung zugunsten Friedrichs des Freidigen, aber beigetragen haben sie sehr wahrscheinlich.

---

87 WEGELE, Friedrich 1870 (wie Anm. 3) S. 443, Nr. 76: 26. 1. 1306; vgl. SCHMIDT, UB Vögte 1, 1885 (wie Anm. 83) Nr. 379.

88 ROTHE/LILIENCRON, Chronik 1859 (wie Anm. 69) S. 509, cap. 601; AUGUST WITZSCHEL: Sagen aus Thüringen (Kleine Beiträge zur deutschen Mythologie, Sitten- und Heimatkunde in Sagen und Gebräuchen aus Thüringen. 1). Wien 1866, S. 81 f., Nr. 74.

89 GERD BERGMANN: Landgraf Albrecht – der Entartete? In: Heimatblätter '94 des Eisenacher Landes. Zur Geschichte, Kultur und Natur. Marburg 1994, S. 104–106, hierzu S. 106.

90 Diese Vermutung auch bei JÖRG ROGGE: Herrschaftsweitergabe, Konfliktregelung und Familienorganisation im fürstlichen Hochadel. Das Beispiel der Wettiner von der Mitte des 13. bis zum Beginn des 16. Jahrhunderts (Monographien zur Geschichte des Mittelalters. 49). Stuttgart 2002, S. 43, Anm. 109.

91 In der Urkunde von 11. 1. 1307 (s. Anm. 94) wird ausdrücklich auf die Kinder von Friedrich dem Freidigen und seiner Gattin Elisabeth verwiesen: «marcgreuen Frideriche, das is vf vn vnde vffe di kint di he hat bi vnsir liebin tochter» – alles Erbe soll kommen auf «Markgraf Friedrich, das ist auf ihn und auf die Kinder, die er hat von unserer lieben Tochter».

Kommen wir nun zur Urkunde vom Januar 1307[92], die zu einem der folgenschwersten Hausverträge der Wettiner werden und nicht wenig zum Fortbestand ihrer Herrschaft über Thüringen beitragen sollte. Sie datiert auf den «achtzehnten Tag» («an deme achzenden tage») des Jahres 1307. Das neue Jahr zählte man damals nicht ab dem 1. Januar, sondern nach heutigem Verständnis ab dem 25. Dezember des Vorjahres[93]. Folglich müssen Übergabe der Burg und Abfassung des Dokuments am 11. Januar 1307 geschehen sein, wie einige Historiker bemerkt haben[94]. Trotzdem wurde das falsche Datum vom 18. Januar nach Wegele von 1870 übernommen[95] oder nicht problematisiert. Doch dann wäre das Datum mit dem 18. Tag des Januars oder den 15. Kalenden des Februars angegeben worden.

Landgraf Albrecht von Thüringen und Pfalzgraf von Sachsen bekennt, dass die Wartburg und sein gesamtes Erbe seinem Sohn Friedrich, dem Markgrafen von Meißen und Osterland, und nicht einem anderen wie dem Römischen König überkommen soll. Damit widerrief Albrecht die Übergabe vom Juli 1306 zu Fulda. Von der Aufsicht durch die beiden Deutsch-Ordens-Herren ist natürlich keine Rede mehr. Dafür nennt die Urkunde zwei Vertraute, denen die Wartburg übergeben werden soll: den bereits erwähnten Hermann (von) Goldacker[96] und Herrn Walther, den Kaplan sowohl von Albrecht als auch von Friedrich. Die Nennung des Kaplans Walther lässt die berühmte Nachricht über den Taufritt Friedrichs des Freidigen nach Tenneberg, weil angeblich kein Priester auf der Wartburg gewesen sei, fragwürdig erscheinen.

Der in der Urkunde «Her Walther» genannte Kaplan ist zweifellos identisch mit dem Magister und Protonotar (Schreibervorsteher) Walther am Hofe Markgraf Friedrichs des Freidigen[97]. Er ist von 1304 bis 1325 bezeugt, war später Kanoniker (1309) und Dompropst (1318) in Meißen, wurde von Friedrichs Nachfolger Friedrich dem Ernsthaften (1310–1349) übernommen und stieg 1325 zu dessen Kanzler auf.

---

92 Abgedruckt bei WEGELE, Friedrich 1870 (wie Anm. 3) S. 445 f., Nr. 78: datiert fälschlich auf den 18. 1. 1307, vgl. ebenda S. 280 f.

93 HERMANN GROTEFEND: Taschenbuch der Zeitrechnung des deutschen Mittelalters und der Neuzeit. Hannover [5]1922, S. 12.

94 Datierung des Wartburgvertrags richtig auf den 11. 1. 1307: OTTO POSSE: Die Hausgesetze der Wettiner bis zum Jahre 1486. Festgabe der Redaktion des Codex Diplomaticus Saxoniae Regiae zum 800-jährigen Regierungs-Jubiläum des Hauses Wettin. Leipzig 1889, S. 31, Anm. 1; WENCK, Wartburg 1907 (wie Anm. 2) S. 704 Anm. zu S. 237; LEIST, Landesherr 1975 (wie Anm. 4) S. 95, Anm. 1; WILFRIED WARSITZKA: Die Thüringer Landgrafen. Jena 2004, S. 268.

95 Datierung auf den 18. 1. 1307 übernommen: HESSEL, Jahrbücher 1931 (wie Anm. 18) S. 173; WAGENFÜHRER, Friedrich 1936 (wie Anm. 2) S. 59; BLASCHKE, KARLHEINZ: Der Fürstenzug zu Dresden. Leipzig/Jena/Berlin (1991), S. 86.

96 Zu Hermann (von) Goldacker s. SCHWARZ, Belagerung 2006 (wie Anm. 1) Anhang 1, S. 85–91.

97 Beispielsweise am 21. 8. 1308 in Meißen bei Markgraf Friedrich als letzter in der Zeugenreihe:

Die Urkunde spricht öfter vom «Haus» Wartburg, was im Spätmittelalter und in der frühen Neuzeit ein Terminus für «Burg» ist. Doch ist diese Bezeichnung ähnlich der Erwähnung von Haus und Türmen auf der Wartburg im Dokument vom 9. Juli 1306 in Fulda auch baugeschichtlich bemerkenswert[100]. Markgraf Friedrich bzw. die beiden Treuhänder Hermann Goldacker und Kaplan Walther sollen einen Hauptmann («houbitman»), der ein Biedermann in Treue und Ehre ist[101], auf der Wartburg einsetzen, womit ein Vorläufer des späteren Amtmanns[102] fassbar wird. In jener Zeit konnte Friedrich der Freidige bei seiner hohen Mobilität und dringenden Anwesenheit an anderen Orten unmöglich selbst die Aufsicht über die Wartburg wahrnehmen.

Der Wartburg-Vertrag von Januar 1307 wird in der bisherigen Forschung entweder übereinstimmend oder überhaupt nicht bewertet. Durch die Übergabe der Wartburg an Friedrich den Freidigen, der eine ihm ergebene Besatzung einsetzte, wurde der Verlust von Burg und Land verhindert und ein «Neubau des wettinischen Landesstaats»[103] ermöglicht. Die Einsetzung Friedrichs des Freidigen bedeutet andererseits die Ausschaltung Diezmanns als tatsächlich amtierenden Landgrafen von Thüringen. Über die faktische, allerdings nicht vertraglich eindeutig formulierte Abdankung des alten Landgrafen Albrecht herrscht in der Literatur Konsens[104].

Ob Diezmann tatsächlich ausgebootet worden war und den Vertrag nicht anerkannte, soll dahingestellt bleiben. Jedenfalls blockierte die Regelung nicht die gemeinsam mit Friedrich angestrengte Verteidigung der wettinischen Lande und den Sieg bei Lucka. Diezmanns früher Tod noch vor Ende des Jahres 1307 machte die Frage bald unwichtig. Der neuen Position des alten Landgrafen muss aber ausführlicher nachgegangen werden. Die vorherrschende Auffassung von einem sofortigen und nahezu vollständigen Rückzug aus der Landespolitik in den Lebensort Erfurt[105] überspitzt m. E. die tatsächliche Machtverschiebung.

«magistro Walthero nostro curiae protonotario» in: Ernst Gotthelf von Gersdorf: Urkundenbuch des Hochstifts Meissen. Bd. 1 (Codex diplomaticus Saxoniae Regiae. Hauptth. 2. Bd. 1.) Leipzig 1864, Nr. 342, zu seiner Aufnahme ins Meißner Domkapitel ebenda Nr. 345: Meißen, 26. 1. 1309 (hier falsch angegeben: 26. 8.).

98 Zu Magister Walther vgl. Brigitte Streich: Zwischen Reiseherrschaft und Residenzbildung. Der wettinische Hof im späten Mittelalter (Mitteldeutsche Forschungen. 101). Köln/Wien 1989, S. 186, 204 f., 589.

99 Siehe Anm. 51.

100 Wie Anm. 94: «di turme vnde das huiz zu Wartperc», «das huiz vnde di turme zu Wartperc».

101 Wie Anm. 94: «der ein biderman si, der sine truwe vnde sine ere gehaldin habe».

102 Vgl. zum Amtmann auf der Wartburg: Hilmar Schwarz: Die Vorsteher der Wartburg. In: Wartburg-Jahrbuch 1994. 3(1995), S. 58–84, hierzu S. 66–72.

103 Wagenführer, Friedrich 1936 (wie Anm. 2) S. 60.

104 Wegele, Friedrich 1870 (wie Anm. 3) S. 281; Wagenführer, Friedrich 1936 (wie Anm. 2) S. 60;

Zweifellos hatte sich seit Januar 1307 das machtpolitische Schwergewicht auf Friedrich den Freidigen verschoben[106], doch sein Vater Albrecht war keineswegs mit einem Schlag macht- und einflusslos geworden. Zu seinem weiteren Lebensweg muss den Ereignissen vorgegriffen werden, vor allem bis zu den Friedensschlüssen von 1310/11.

Obwohl Albrechts Urkundenausstellung mit dem Januar 1307 tatsächlich abbrach, zeugen Dokumente anderer Aussteller von seiner aktiven und passiven Anteilnahme an den Geschicken Thüringens. Zunächst finden wir ihn im Richterspruch der Fürsten vom 25. Juli 1307 vor Seebach (zwischen Mühlhausen und Salzungen) erwähnt, der über die Klage König Albrechts gegen den alten Landgrafen um die Pfandschaft von Mühlhausen und Nordhausen zu entscheiden hatte. Die Übergabe der Landgrafschaft an den Sohn Friedrich wurde hier ignoriert und Albrecht zum Verkauf der Landgrafschaft Thüringen ausdrücklich mit dem Titel «Landgraf» bezeichnet[107]. Sicher geschah dies nicht aus Unkenntnis, sondern Albrecht sollte gegen seinen landgräflichen Sohn ausgespielt werden. Wenn er zu diesem Zeitpunkt schon jegliches Gewicht verloren hätte, ergäbe dies keinen Sinn; Albrecht muss machtpolitisch und gesundheitlich noch präsent gewesen sein. Dem entsprach es, dass König Albrecht am 3. Februar 1308 von Eisenach aus dem alten Landgrafen versicherte, ihm bei entsprechender Rechtslage die Stadt Mühlhausen zu überlassen[108].

BLASCHKE, Fürstenzug 1991 (wie Anm. 95) S. 86; BERGMANN, Eisenach 1994 (wie Anm. 4) S. 124; WARSITZKA, Landgrafen 2004 (wie Anm. 94) S. 269.

105 POLACK, Landgrafen 1865 (wie Anm. 2) S. 292; WEGELE, Friedrich 1870 (wie Anm. 3) S. 281; WAGENFÜHRER, Friedrich 1936 (wie Anm. 2) S. 60; PATZE/SCHLESINGER, Geschichte 1974 (wie Anm. 4) S. 67: nach der Übergabe Thüringens an Friedrich den Freidigen «trat sein Vater nicht mehr in Erscheinung»; HANS PATZE: Landesherrliche «Pensionäre». In: HELMUT BEUMANN (Hrsg.): Historische Forschungen für Walter Schlesinger. Köln/Wien 1974, S. 272–309, hierzu S. 292; ROGGE, Herrschaftsweitergabe 2002 (wie Anm. 90) S. 47.

106 Erzählende Quellen zur Machtübergabe: HOLDER-EGGER, Cronica S. Petri 1899 (wie Anm. 6) S. 329,32–330,2; Oswald HOLDER-EGGER (Ed.): Cronica Reinhardsbrunnensis. In: Monumenta Germaniae Historica. Scriptores. Bd. 30. T. 1. Hannover 1896, S. 490–656, hierzu S. 647, 13–15; Historia Erphesfordensis anonymi scriptoris de landgraviis Thuringae. [Pistoriana]. In: JOHANNES PISTORIUS und BURKHARD GOTTHELF STRUVE (Ed.): Rerum Germanicarum scriptores. Regensburg ³1726. S. 1296–1365, hierzu S. 1337, cap. 81; Historia de landgraviis Thuringiae. [Eccardiana]. In: JOHANN GEORG ECCARD (Ed.): Historia genealogica principum Saxoniae superioris. Leipzig 1722, Sp. 351–468, hierzu Sp. 452,18–32; ROTHE/LILIENCRON, Chronik 1859 (wie Anm. 69) S. 509, cap. 601.

107 HERQUET, UB Mühlhausen 1874 (wie Anm. 5) Nr. 582 (Abdruck): vor Seebach, 25. 7. 1307 «dominus Albertus lantgravius lantgraviatum Thuringie»; SCHWALM, Constitutiones 4,1 1906 (wie Anm. 8) Nr. 227 (Abdruck); VOGT, Regesten Mainz 1913 (wie Anm. 18) Nr. 1132; RÖDEL, Königs- und Hofgericht 4, 1992 (wie Anm. 40) Nr. 380 (Regest mit ausführlicher deutscher Wiedergabe).

Während der zurückgetretene Landgraf in den beiden genannten Fällen lediglich Adressat von Verfügungen war, trat er kurz darauf bemerkenswert aktiv auf. In der Konfliktregelung Friedrichs des Freidigen mit der Stadt Eisenach am 22. Mai 1308 hat er nicht nur seine Zustimmung gegeben und den Sohn angeregt, sondern er war bei den Verhandlungen («Thedingen», mhd. tegedingen – verhandeln) in Eisenach persönlich anwesend und siegelte mit [109]. Dieser zweite Aspekt, dass nämlich Albrecht selbst in Eisenach weilte und am Rechtsakt mitwirkte, ist mitunter vernachlässigt worden [110]. Falls er wirklich bereits in Erfurt wohnte, hätte er seinen Wohnsitz verlassen müssen.

Abb. 2:
Der Taufritt nach
Tenneberg,
Holzschnitt von
August Gaber nach
dem Fresko Moritz
von Schwinds im
Landgrafenzimmer
der Wartburg
von 1854

Abt Heinrich von Fulda übertrug im Januar 1309 ausdrücklich auf Bitten des Landgrafen Albrecht von Thüringen die von diesem rechtmäßig innegehabten thüringischen und meißnischen Lehen seines Klosters an dessen Sohn Friedrich [111]. Zwischen Albrecht und Friedrich gab es in jenen Jahren offenbar kein Zerwürfnis, was einen ständigen Wohnsitz Albrechts und seiner Gattin in

108 Eduard Winkelmann (Hrsg.): Acta imperii inedita. Saeculi XIII et XIV. Urkunden und Briefe zur Geschichte des Kaiserreichs und des Königreichs Sizilien. Bd. 2. In den Jahren 1200–1400. Innsbruck 1885, Nr. 314: Eisenach, 3. 2. 1308: «illustris Albertus lantgravius Thuringie».

109 Christian Franciscus Paullini: Historia Isenacensis variis literis et bullis Caesarum, Pontificum, Principum, aliorumque ... illustrata et confirmata. Frankfurt/M. 1698, S. 73; Wilhelm Ernst Tentzel: Fridericvs fortis redivivvs hoc est vita et fata Friderici fortis sive admorsi landgravii Thvringiae marchionis Misniae. In: Johann Burchard Mencke (Hrsg.): Scriptores rerum Germanicarum praecipue Saxonicarum. T. II. Leipzig 1728, Sp. 885–1006, hierzu Sp. 953 f.; Wilke, Ticemannus 1754 (wie Anm. 60) Nr. 263: Eisenach, 22. 5. 1308: «mit gutem Willen vnd Geheiss vnsers lieben Vaters, Landgraffs Albrechts von Thüringen», «das gelobet Vnser Vater, wir vnd vnser lieber Sohn Friedrich ... besiegeln mit vnsern Insiegeln ... an diesen Thedingen».

110 Vgl. Wegele, Friedrich 1870 (wie Anm. 3) S. 296, Anm. 2; Wagenführer, Friedrich 1936 (wie Anm. 2) S. 70. Beide verweisen übereinstimmend auf die Vermittlung durch Landgraf Albrecht, nicht aber auf dessen Anwesenheit in Eisenach.

Erfurt zu diesem Zeitpunkt ziemlich unwahrscheinlich macht, denn seit Anfang 1309 trugen Landgraf Friedrich und Erfurt einen erbittert geführten Krieg aus. Dies fiel auch Wegele auf, doch nur um nach dem Gemütszustand des alten Landgrafen zu fragen[112]. Die Erfurter hätten mit Vater und Stiefmutter ihres Feindes hochkarätige Geiseln in den Händen gehabt.

Unzutreffend ist hingegen die Angabe von Burkhardt, wonach Landgraf Albrecht 1310 einen Vertrag mit der Stadt Erfurt geschlossen habe[113]. Seine letzte bekannte Urkunde stellte er als Landgraf 1312 in Erfurt aus[114]. Der zurückgetretene Landgraf dürfte mit seiner Gattin erst nach dem Friedensschluss von 1310[115] auf Dauer nach Erfurt gezogen sein, wo er seine letzte Lebenszeit verbrachte, im Jahre 1314 oder 1315 starb und im Dom begraben wurde[116].

5. Die Kämpfe des Jahres 1307 und der Umschwung zugunsten der Wettiner

Kehren wir zum Januar 1307 mit dem Wissen zurück, dass Landgraf Albrecht sicherlich die Verantwortung über die Landgrafschaft Thüringen seinem Sohn Friedrich übergeben hatte, jedoch noch einige Jahre weiter am politischen Geschehen teilnahm und seinen ständigen Wohnsitz noch nicht in Erfurt hatte. Die Reaktion des königlichen Lagers auf den Wartburgvertrag vom Januar 1307 ließ nicht allzu lange auf sich warten. Der Hauptmann von Weilnau[117] zog in der Fastenzeit (d. h. zwischen dem 8. Februar und dem 25. März) nach

---

111 Wegele, Friedrich 1870 (wie Anm. 3) S. 451, Nr. 83: 10. 1. 1309; Rübsam, Weilnau 1882 (wie Anm. 21) Nr. 206.

112 Wegele, Friedrich 1870 (wie Anm. 3) S. 308.

113 Karl August Hugo Burkhardt: Urkundenbuch der Stadt Arnstadt. 704–1495. (Thüringische Geschichtsquellen. Bd. 4. NF. Bd. 1.). Jena 1883, Nr. 77: Naumburg, 21. 8. 1310, Abkommen zwischen dem Rat der Stadt Erfurt und Landgraf Albrecht von Thüringen; diese Angabe ist aber auf Landgraf Friedrich zu korrigieren, vgl. Beyer, UB Erfurt 1889 (wie Anm. 8) Nr. 557; Meissner, UB Nordhausen 2, 1939 (wie Anm. 45) Nr. 7.

114 Wegele, Friedrich 1870 (wie Anm. 3) S. 457 f., Nr. 88: Erfurt, 21. 11. 1312; dieses Datum ist richtig, während der 23. 8. 1312 in S. 288, Anm. 1 falsch ist.

115 Beyer, UB Erfurt 1889 (wie Anm. 8) Nr. 559: Gotha, 17. 7. 1310, Friedensschluss zwischen Landgraf Friedrich und der Stadt Erfurt.

116 Zu letzten Jahren, Tod und Begräbnis von Landgraf Albrecht vgl. Karl Limmer: Entwurf einer urkundlich-pragmatischen Geschichte von Thüringen. Nicht Regenten-, sondern Landesgeschichte (Limmer: Bibliothek der Sächsischen Geschichte. 5). Ronneburg 1837, S. 237; Wegele, Friedrich 1870 (wie Anm. 3) S. 330, Anm. 2; Posse, Wettiner 1897 (wie Anm. 35) S. 52; Wenck, Wartburg 1907 (wie Anm. 2) S. 239 f.; Patze, Pensionäre 1974 (wie Anm. 105) S. 292 f.

117 Zum Hauptmann von Weilnau vgl. Wartburg-Jahrbuch 1996. 5(1997), S. 44; Wartburg-Jahrbuch 1998. 7(2000), S. 51–53.

Eisenach[118]. Ihn unterstützten fuldische Truppen bereits beim Heranziehen, sodann die Eisenacher und schließlich die Aufgebote des thüringischen Dreistädtebundes Erfurt, Mühlhausen und Nordhausen. Sie befestigten die Eisenacher Burg südlich der Wartburg und beschossen von dort aus mit einer Blide die Landgrafenfeste. Die Burg Metilstein nördlich der Wartburg nutzten sie ebenfalls zur Belagerung. Da diese Ereignisse in der Literatur bereits untersucht wurden[119], soll hier noch die zeitliche Einordnung erörtert werden. In dieser Phase erlangten die Gegner der wettinischen Burgbesatzung offenbar ein Übergewicht, das die Überführung von Gattin und Tochter durch Landgraf Friedrich den Freidigen von der Wartburg, eventuell nach Tenneberg, erzwungen haben könnte. Die Sage machte daraus den bekannten Taufritt. Dafür spricht auch, dass im Laufe des Jahres Friedrich nur noch an anderen Orten bezeugt ist, hingegen nicht mehr in der Nähe von Eisenach und der Wartburg.

Johannes Rothe steuerte u. a. auch die Nachricht vom Abholzen des Waldes zwischen Wartburg und Eisenach bei. Übrigens berichtet seine Weltchronik am ausführlichsten über den Belagerungskampf von 1306 bis 1308, bietet gleichwohl im chronologischen Ablauf aber ein auffälliges Durcheinander[120]. Zur Abholzung – vorausgesetzt Rothe ist hierin glaubwürdig – erfahren wir recht präzise, dass sie von den Eisenachern während der Anwesenheit des «Vogts des Königs» (also des Hauptmanns von Weilnau) vorgenommen wurde, damit niemand unbemerkt auf die Burg und von der Burg herunter käme[121]. Es war folglich die Zeit ihrer Übermacht nach dem Einreffen der königlichen Truppen unter Weilnau, als die Eisenacher sich einigermaßen frei im Gelände vor der Burg bewegen konnten, aber mit einem Angriff jetzt oder später rechnen mussten und den Wald zwischen der Wartburg und der Stadt deshalb beseitigen.

Der genaue Zeitpunkt von Weilnaus Aufenthalt innerhalb der Fastenzeit ist unbestimmt und der des Eingreifens der Städteaufgebote noch unbestimmter. Nach dem Wartburgvertrag vom 11. Januar 1307 wissen wir recht wenig über den Aufenthaltsort der Landgrafensöhne[122], doch sind wir nicht völlig ohne

---

118 Holder-Egger, Cronica S. Petri 1899 (wie Anm. 6) S. 330, 6–8.

119 Hilmar Schwarz: Das Modell einer Blide (mittelalterliches Wurfgerät). In: Wartburg-Jahrbuch 1995. 4(1996), S. 212–216, hierzu S. 215 f.; Manfred Beck und Hilmar Schwarz: Die Eisenacher Burg. In: Wartburg-Jahrbuch 1996. 5(1997), S. 35–66, hierzu S. 40–46.

120 Rothe/Liliencron, Chronik 1859 (wie Anm. 69) S. 504, cap. 587 – S. 523, cap. 614 zu 1306 bis 1308; vgl. Leist, Landesherr 1975 (wie Anm. 4) S. 85, Anm. 78.

121 Rothe/Liliencron, Chronik 1859 (wie Anm. 69) S. 509, cap. 601: «Do das die von Isenache vornomen, das Warpergk vorlorin was unde das lantgrave Albrecht gerumet hatte, do erschrocken sie ssere und zogen mit des koniges voiten zu stundt dor vor unde hiben den hagen nedir, das nymant mocht wedir uf adir kome, ...»; Rothe/Schoettgen, Chronicon 1753 (wie Anm. 69) S. 100, D: «Da hinwin dy von Ysenach den Hagin vmme Warperg».

122 Dies konstatiert auch Wagenführer, Friedrich 1936 (wie Anm. 2) S. 60.

Informationen. Insbesondere wissen wir einiges aus der ersten Märzhälfte über Diezmann. Er söhnte sich, wie auch sein Lehnsmann Otto von Kirchberg, am 10. März mit Erfurt und dessen Verbündeten wegen der Kirchberg-Fehde von 1304 aus[123]. Wahrscheinlich befand er sich, als er die Urkunde vom 10. März – die keinen Entstehungsort nennt – ausstellte, in Leipzig, seinem Zentrum des Osterlandes, denn am folgenden Tag, dem 11. März 1307, fertigte er dort für die örtliche Thomaskirche eine weitere Urkunde aus[124]. Die Aussöhnung mit den Erfurtern und offenbar auch mit den mit Erfurt verbündeten Mühlhäusern und Nordhäusern ist aufschlussreich, weil diese zu den Belagerern der Wartburg gehörten. Da Diezmann in jener Zeit gewiss nicht Vater und Bruder schädigen und hintergehen wollte, kann daraus geschlossen werden, dass ihre Truppen in der ersten Märzhälfte noch nicht die Wartburg belagerten, denn am 17. März 1307 stellte Diezmann in Weißenfels eine Urkunde für das Kloster Pforte aus[125].

Das Waffenbündnis königlicher Einheiten mit dem Aufgebot des Thüringer Städtebundes kam nicht von ungefähr. Aus schwacher Position heraus hatte sich König Albrecht von Habsburg nach seiner Königswahl von 1298 behaupten und durchsetzen können, weil er das Einvernehmen mit Städten und Städtebünden suchte und mit ihrer Hilfe die weltlichen und geistlichen Herren in Deutschland zügeln konnte. Besonders erfolgreich hatte er diese Verfahrensweise um 1301/02 im Oberrheingebiet angewandt[126].

In Thüringen glaubte König Albrecht, die Auseinandersetzung mit den Wettinern durch die Annäherung an die Mitglieder des Dreistädtebundes vorbereitet zu haben. Im Mai 1302 hatte er dem Rat von Mühlhausen zugesichert, dass sich gegen dessen Willen im Stadtgebiet kein Mönchsorden niederlassen dürfe[127]. Von Nürnberg aus versprach er im März 1305 dem Rat und der Stadt Erfurt, ihnen beim bevorstehenden Kriegszug keinen Schaden zuzufügen[128]. Und der Stadt Nordhausen hatte er auf dem Fuldaer Treffen vom Juli 1306 ihre Privilegien bestätigt[129].

---

123 Siehe Anm. 16.

124 WILKE, Ticemannus 1754 (wie Anm. 60) Nr. 152: Leipzig, 11.3.1307.

125 PAUL BOEHME (Bearb.): Urkundenbuch des Klosters Pforte. T. 1. Halbbd. 2: (1301 bis 1350) (Geschichtsquellen der Provinz Sachsen und angrenzender Gebiete. Bd. 33). Halle 1904, Nr. 421: Weißenfels, 17.3.1307.

126 HESSEL, Jahrbücher 1931 (wie Anm. 18) S. 97–105; BERNHARD TÖPFER und EVAMARIA ENGEL: Vom Staufischen Imperium zum Hausmachtkönigtum. Deutsche Geschichte vom Wormser Konkordat 1122 bis zur Doppelwahl von 1314. Weimar 1976, S. 329–331; EVAMARIA ENGEL: Albrecht I. 1298–1308. In: EVAMARIA ENGEL und EBERHARD HOLTZ (Hrsg.): Deutsche Könige und Kaiser des Mittelalters. Leipzig/Jena/Berlin 1989, S. 258–266, hierzu S. 261–264.

127 HERQUET, UB Mühlhausen 1874 (wie Anm. 5) Nr. 529: Frankfurt, 17. 5. 1302.

128 BEYER, UB Erfurt 1889 (wie Anm. 8) Nr. 516: Nürnberg, 8. 3. 1305.

129 BÖHMER, Regesta imperii 1844 (wie Anm. 39) S. 244 Nr. 539; LINKE, Nordhäuser UB 1, 1936 (wie Anm. 44) Nr. 14: Fulda, 3. 7. 1306.

Der Aktionskreis der Landgrafensöhne Friedrich und Diezmann verlagerte sich zwar seit spätestens Frühjahr 1307 von Eisenach und der Wartburg weg, doch beeinflussten ihre Aktionen weiterhin das dortige Geschehen. Die bereits im November 1306 zwischen den beiden Brüdern angebahnte Einigung[130] mündete gegen Ende April 1307 in einem Bündnisvertrag, der in Pegau – mitten in Diezmanns Osterland – abgeschlossen wurde[131]. Die Einigung kam wohl nicht zuletzt unter der Bedrohung durch den seit Spätherbst 1306 im wettinischen Lande zurückgelassenen und schweren Schaden zufügenden königlichen Heeresteil zustande. Eine Entfremdung während der Monate von Ende November 1306 bis Ende April 1307 konnten sich beide sicherlich nicht leisten.

Das Bündnis sollte Früchte tragen und den Sieg vom 31. Mai 1307 bei Lucka über die im Osterland stehenden Königlichen ermöglichen. Das für das Schicksal der wettinischen Landesherrschaften im mitteldeutschen Raum mitentscheidende Gefecht und die Begleitumstände zu untersuchen, würde den hiesigen Rahmen sprengen[132]. Angemerkt sei lediglich, dass der Erfolg offenbar nur mit Hilfe der einheimischen Bevölkerung und deren Aufgebot aus Adel, Städten und Landbevölkerung möglich war. Auch der Mitwirkung des bereits beim Entsatz der Wartburg um die Jahreswende 1306/07 verbündeten Schwagers Herzog Heinrich von Braunschweig kam eine große Bedeutung zu. Die Schlacht bei Lucka hatte das Kräfteverhältnis auch zugunsten der wettinischen Besatzung auf der Wartburg verändert. Die Gefangennahme des königlichen Hauptmanns von Weilnau und der stillschweigende, zeitlich nicht genau fassbare Abzug der Aufgebote von Erfurt, Mühlhausen und Nordhausen hingen sicher mit der Machtverschiebung infolge der Schlacht von Lucka zusammen. Friedrich der Freidige ließ die Erinnerung an diese Schlacht in einem Gemälde auf der Wartburg festhalten[133]. Die Sicherung der wettinischen

---

130 Vgl. Anm. 60 und 72.

131 WEGELE, Friedrich 1870 (wie Anm. 3) S. 448, Nr. 81: PEGAU, 25. 4. 1307, hingegen S. 284, Anm. 1: 23. 4. 1307; vgl. LEIST, Landesherr 1975 (wie Anm. 4) S. 86; ROGGE, Herrschaftsweitergabe 2002 (wie Anm. 90) S. 44: 25. 4. 1307. Diezmann tituliert sich als junger Landgraf von Thüringen, Albrecht wird als Markgraf von Meißen bezeichnet. Die beteiligten Personen aus dem Anhang beider Fürsten zu analysieren, wäre für das Geschehen wichtig, muss hier aber aus Platzgründen unterbleiben.

132 Vgl. WEGELE, Friedrich 1870 (wie Anm. 3) S. 284, Anm. 1; WAGENFÜHRER, Friedrich 1936 (wie Anm. 2) S. 61 f.; ROGGE, Herrschaftsweitergabe 2002 (wie Anm. 90) S. 45 f.: zwischen 21. und 31. 5. 1307.

133 Vgl. ROTHE/LILIENCRON, Chronik 1859 (wie Anm. 69) S. 542, cap. 635. Vielleicht wurde das Bild von dem «Hofmaler» gemalt, der in dem «Diener und Maler» Fritz Zorn von Saalfeld vermutet wird, den Landgraf Albrecht am 4. 6. 1301 auf der Wartburg mit Haus und Hof in Eisenach belehnte, s. WEGELE, Friedrich 1870 (wie Anm. 3) S. 434, Nr. 66; vgl. KARL HERMANN FUNKHÄNEL: Ein Hofmaler des Landgrafen Albrecht? In: Zeitschrift des Vereins für Thüringische Geschichte und Altertumskunde. 7(1858), S. 488 f.; ROGGE, Herrschaftsweitergabe 2002 (wie Anm. 90) S. 46.

Herrschaft durch die Verbindung zwischen Lucka und der Wartburg war ihm und sicherlich auch anderen Zeitgenossen bewusst und die Erinnerung daran sollte bei den Nachkommen wach gehalten werden.

Am 3. Juli 1307, also nur einen reichlichen Monat nach der Schlacht bei Lucka, starb der erst im Vorjahr zum böhmischen König gewählte Königssohn Rudolf[134]. Die Regelung der Thronfolge entlastete sicherlich die Wettiner in Thüringen und im Osterland. Doch die in der Literatur vorgetragene Meinung, Böhmen habe erneut die Wettiner gerettet, die sonst von der königlichen Übermacht erdrückt worden wären[135], ist einmal mehr eine Überspitzung, die dem Gang der Ereignisse nicht gerecht wird.

Mit dem vorbereiteten Truppenaufgebot rückte König Albrecht nämlich tatsächlich in Thüringen ein. Von Frankfurt/M. brach er am 7. oder 8. Juli 1307 auf[136] und marschierte offenbar entlang der Hohen Straße/Via regia, deren Haupttrasse über Eisenach-Erfurt-Leipzig führte. Bald war er in Fulda, wo er gegen Unterstützung in Böhmen den beiden brandenburgischen Markgrafen Hermann und Woldemar die ein Jahr zuvor an gleicher Stelle[137] verweigerte Belehnung mit der Niederlausitz zusagte[138].

Unter seinem Einfluss und sicherlich in seiner Anwesenheit tagte am 25. September 1307 ein Fürstengericht vor Seebach, zwischen Langensalza und Mühlhausen[139]. Unter Leitung des Landgrafen Ulrich von Niederelsaß verfügte es im Namen des Königs, dass Landgraf Albrecht von Thüringen, sollte er die Landgrafschaft Thüringen noch weiter widerrechtlich einbehalten, die Reichsstädte Mühlhausen und Nordhausen als Pfand herauszugeben habe. Außerdem und vor allem wurde der Landgraf zur Überstellung der Landgrafschaft an das Reich aufgefordert und damit eine Korrektur des Wartburgvertrags vom Januar 1307 verlangt. Jedoch war der Urteilsspruch weder ein Ultimatum noch eine Kapitulationsaufforderung, sondern zeugte von gewisser

---

134 Zum Tod Rudolfs z. B. Hessel, Jahrbücher 1931 (wie Anm. 18) S. 175.

135 Wagenführer, Friedrich 1936 (wie Anm. 2) S. 63.

136 König Albrecht ist seit Juni im Feldlager vor Frankfurt, vgl. Böhmer, Regesta imperii 1844 (wie Anm. 39) S. 248 vor Nr. 579–582, am 7. 7. 1307 noch bei Frankfurt – ebenda Nr. 582, am 8. 7. 1307 bei Friedberg i. d. Wetterau – ebenda Nr. 583; vgl. Hessel, Jahrbücher 1931 (wie Anm. 18) S. 176, Anm. 288a; Leist, Landesherr 1975 (wie Anm. 4) S. 87.

137 Siehe Anm. 19.

138 Krabbo, Regesten Brandenburg 1910 (wie Anm. 19) Nr. 2025, 2038; Füsslein, Berthold VII. 1905/83 (wie Anm. 19) S. 169, Anm. 2; Hessel, Jahrbücher 1931 (wie Anm. 18) S. 177; vgl. Leist, Landesherr 1975 (wie Anm. 4) S. 87 f., Anm. 96.

139 Herquet, UB Mühlhausen 1874 (wie Anm. 5) Nr. 582: im Lager vor Seebach, 25. 7. 1307; Schwalm, Constitutiones 4,1 1906 (wie Anm. 8) Nr. 227; Vogt, Regesten Mainz 1913 (wie Anm. 18) Nr. 1132; Rödel, Königs- und Hofgericht 4, 1992 (wie Anm. 40) Nr. 384; vgl. Wegele, Friedrich 1870 (wie Anm. 3) S. 287, Anm. 1; Kettner, Beziehungen 1905/06 (wie Anm. 46) S. 34; Leist, Landesherr 1975 (wie Anm. 4) S. 88.

Kompromisssuche und Taktieren. Unter einer überwältigenden königlichen Besetzung Thüringens wäre sicher ein anderes Ergebnis zustande gekommen.

König Albrecht hielt sich am 30. Juli 1307 immer noch bei Langensalza[140], ca. 25 Kilometer nordöstlich von Eisenach, auf. Wahrscheinlich war er im Laufe des Monats durch Eisenach und dann nach Nordosten[141] gezogen, auf jeden Fall aber in der Nähe der Wartburg und Eisenachs gewesen. Bemerkenswerterweise unternahm er trotz angeblicher großer militärischer Stärke keinen Versuch, den Belagerungskampf um die für Thüringen so wichtige Wartburg zu seinen Gunsten zu entscheiden. Als Erklärung drängt sich auf, dass er für eine erfolgreiche Operation doch nicht genügend Truppen und Kriegsgerät mit sich führte.

Übergroße Eile kann kaum der Grund für den Vorbeizug an der Wartburg gewesen sein, denn der König blieb noch einige Wochen im Lande. Noch am 11. August befand er sich im Feldlager vor Naumburg[142], wo er den Deutsch-Ordens-Brüdern in Wallhausen den Ausbau einer Königsherberge im nahen Nordhausen auftrug. Ebenfalls im August 1307 weilte er im unweit gelegenen Kloster Pforte und hatte das landgräfliche Brüderpaar zu Verhandlungen geladen, doch zeigte deren Fernbleiben, wie wenig der König Herr des Handelns war[143]. Er hielt sich mit seinen Truppen etwa anderthalb Monate[144] in Thüringen auf. Wenn schon nicht zur militärischen Niederwerfung oder gar Beseitigung der wettinischen Herrschaft, so hätte die Zeit indes für heftigere Schläge gereicht, doch erfolgten diese nicht. Im Gefolge des Königs befand sich der neue Mainzer Erzbischof Peter von Aspelt (1306–1320), der zwischendurch nach Erfurt kam, hier freundlich aufgenommen wurde, sich huldigen ließ und dann wieder zum königlichen Tross zurückkehrte[145].

140 BÖHMER, Regesta imperii 1844 (wie Anm. 39) S. 249, Nr. 584: Bei Langensalza, 20. 7. 1307, darauf verweisen die Folgenden: VOGT, Regesten Mainz 1913 (wie Anm. 18) Nr. 1135, Anm. 2; WEGELE, Friedrich 1870 (wie Anm. 3) S. 22, Anm. 3, macht daraus mit Berufung auf Böhmer am 10. 7. 1307 in Langensalza.

141 Zu Straßen von Eisenach nach Langensalza s. WOLFGANG EBERHARDT: Thüringer Altstraßen und Wege im Mittelalter zwischen Eisenach – Gotha – Bad Langensalza – Großvargula (Kleine Geschichte des Landes zwischen Werra und Hörschel. Bd. 3). Bad Langensalza 2003, S. 13–52.

142 WINKELMANN, Acta imperii 1885 (wie Anm. 108) Nr. 312: im Lager bei Naumburg, 11. 8. 1307.

143 Zum angestrebten Treffen in Kloster Pforte vgl. BOEHME, UB Pforte 1904 (wie Anm. 125) Nr. 561: Mitte August 1307; HESSEL, Jahrbücher 1931 (wie Anm. 18) S. 177; WAGENFÜHRER, Friedrich 1936 (wie Anm. 2) S. 66, Anm. 13; LEIST, Landesherr 1975 (wie Anm. 4) S. 88, Anm. 102. Zum Feldzug König Albrechts durch Thüringen und Osterland im Juli/August 1307 sowie den angestrebten Verhandlungen mit Friedrich dem Freidigen vgl. HOLDER-EGGER, Cronica S. Petri 1899 (wie Anm. 6) S. 330,32–331,5.

144 WAGENFÜHRER, Friedrich 1936 (wie Anm. 2) S. 66: «reichlich vier Wochen».

145 Zum Aufenthalt von Erzbischof Peter in Erfurt s. HOLDER-EGGER, Cronica S. Petri 1899 (wie Anm. 6) S. 331,6–11; VOGT, Regesten Mainz 1913 (wie Anm. 18) Nr. 1135, vgl. Nr. 1127, 1129; WEGELE, Friedrich 1870 (wie Anm. 3) S. 289, Anm. 1.

Selbst mit dem mächtigen Erzbischof an der Seite erreichte der König mit seinem Thüringenfeldzug vom Juli bis Ende August/Anfang September 1307 keine dauerhafte Lösung. Bezüglich des Belagerungskampfes zwischen der Wartburg und der Stadt Eisenach hatte sein Erscheinen offenbar nichts verändert. Die Waage neigte sich wohl immer mehr zugunsten der Wartburgbesatzung, doch blieb ein labiles Gleichgewicht erhalten und war eine Entscheidung noch nicht gefallen.

Inzwischen lief die Entwicklung auch in Böhmen am König vorbei. Am 15. August 1307 wurde Heinrich von Kärnten zum böhmischen König ausgerufen[146], der sich bis zu seiner Verdrängung durch die Luxemburger gegen Ende 1310 behaupten konnte. Unterstützt wurde er von seinem Schwager Friedrich dem Freidigen, der selbst nach Böhmen eilte und am 1. September 1307 in Prag mit Heinrich einen Bündnisvertrag abschloss[147].

König Albrecht marschierte mit seinem Heer Ende August/Anfang September 1307 in Böhmen ein[148]. Sein Durchmarsch ähnelte dem durch Thüringen, denn ohne Kampf und ohne ein erkennbares Ergebnis erreichte er nach Mitte Oktober österreichisches Heimatgebiet[149].

Markgraf Friedrich hielt sich wohl gar nicht sehr weit vom königlichen Lager entfernt im östlichen Grenzraum Thüringens auf, denn nach Mitte August 1307 weilte er in Weißenfels und stellte für das vor der Stadt gelegene Kloster Beuditz eine Urkunde aus[150]. Ob er allerdings tatsächlich bereits am 11. September 1307 in Porstendorf bei Jena für das Kloster Bürgel urkundete[151], soll dahingestellt bleiben. Denn noch am 1. [und 10.[152]] September 1307

---

146 Zum Beispiel LIPPERT, Meissen 1889 (wie Anm. 147) S. 1; HESSEL, Jahrbücher 1931 (wie Anm. 18) S. 176.

147 Die Urkunde des eigentlichen Vertrags ist nicht erhalten, aber eine begleitende Verpflichtung von Markgraf Friedrich von Meißen, abgedruckt bei WOLDEMAR LIPPERT: Meissen und Böhmen in den Jahren 1307–1310. In: Neues Archiv für Sächsische Geschichte und Altertumskunde. 10 (1889), S. 21 f., Beilagen Nr. 1: Prag, 1.9.1307, vgl. S. 3 Anm. 8; HESSEL, Jahrbücher 1931 (wie Anm. 18) S. 176, Anm. 288; WAGENFÜHRER, Friedrich 1936 (wie Anm. 2) S. 67, Anm. 16.

148 Das Eintreffen König Albrechts von Thüringen in Böhmen: LIPPERT, Meissen 1889 (wie Anm. 147) S. 2: König Albrecht rückte im September in Böhmen ein; HESSEL, Jahrbücher 1931 (wie Anm. 18) S. 177: Ausgangs des Monats August; WAGENFÜHRER, Friedrich 1936 (wie Anm. 2) S. 66: gleichzeitig mit Friedrich dem Freidigen.

149 Zum Durchmarsch König Albrechts durch Böhmen vgl. HESSEL, Jahrbücher 1931 (wie Anm. 18) S. 178.

150 CHRISTIAN SCHOETTGEN und GEORG CHRISTOPH KREYSIG (Ed.): Diplomataria et Scriptores Historiae Germaniae medii aevi. T. 2. Altenburg 1755, S. 391, Nr. 65: Weißenfels, 19. 8. 1307.

151 PAUL MITZSCHKE: Urkundenbuch von Stadt und Kloster Bürgel. T. 1. 1133–1454 (Thüringisch-sächsische Geschichtsbibliothek. Bd. 3). Gotha 1895, Nr. 135: Porstendorf, 11. 9. [1307]. Die Jahresangabe ist erschlossen.

152 WAGENFÜHRER, Friedrich 1936 (wie Anm. 2) S. 67, Anm. 16 nach JOSEPH EMLER: Regesta diplomatica nec non epistolaria Bohemiae et Moraviae. T. 2. Annorum 1253–1310. Prag 1882, Nr. 2142 oder 2150.

hielt er sich in Prag auf. Im November gelang ihm mit der Wiedergewinnung der Stadt Freiberg ein äußerst wichtiger Erfolg. Am 19. November 1307 regelte er die Erneuerung des Rates der Stadt[153] und bestätigte am 24. November ihre Rechte und Privilegien[154]. Freiberg lieferte mit seinem Silber das Münzmetall und war für die Finanzen der Markgrafschaft Meißen und aller wettinischer Länder äußerst wichtig, weshalb es bei den Teilungen bis ins 16. Jahrhundert hinein gemeinsamer Besitz blieb.

Der landgräfliche Bruder Diezmann konzentrierte sich in der zweiten Jahreshälfte 1307 offensichtlich auf das Osterland, vielleicht fast nur auf Leipzig, wohin die wenigen Nachrichten deuten, während Aktivitäten darüber hinaus nicht bekannt sind. Er starb am 10. Dezember 1307; spätere Geschichtsschreibung erfand einen Anschlag beim Gottesdienst in Leipzig[155], wo er in der Predigerkirche (Paulinerkirche) bestattet wurde[156].

Sein Bruder Friedrich der Freidige vereinte Ende des Jahres 1307 die Gesamtinteressen des wettinischen Hauses. Das zurückliegende Jahr hatte sich für ihn mit den folgenden Ergebnissen ungewöhnlich erfolgreich[157] gestaltet:

- Im Vertrag vom 11. Januar 1307 übertrug ihm der Vater rechtlich verbindlich die Wartburg und faktisch die Landgrafschaft Thüringen.
- Die Einigung mit dem Bruder Diezmann und der gemeinsame Sieg am 31. Mai 1307 bei Lucka über die königlichen Besatzungstruppen sollten dauerhaft die wettinische Landesherrschaft sichern.
- Mit der Gefangennahme des königlichen Hauptmanns von Weilnau entwickelte sich der Kampf um Wartburg und Eisenach zu Gunsten von Landgraf Friedrich.
- Der Gegenschlag des Königs nach Thüringen vom Juli und August 1307 blieb erfolglos.
- Mit dem neuen böhmischen König Heinrich von Kärnten konnte Anfang September 1307 ein Bündnis geschlossen werden.
- Mit Freiberg wurde im November 1307 der wichtigste Standort in der Markgrafschaft Meißen wiedergewonnen.

---

153 WILKE, Ticemannus 1754 (wie Anm. 60) Nr. 160; HUBERT ERMISCH (Hrsg.): Urkundenbuch der Stadt Freiberg in Sachsen. T. 1. 1183–1542 (Codex diplomaticus Saxoniae regiae. 2.12). Leipzig 1883, Nr. 57: Freiberg, 19. 11. 1307; zur Wiedergewinnung Freibergs vgl. WAGENFÜHRER, Friedrich 1936 (wie Anm. 2) S. 67 f.

154 WILKE, Ticemannus 1754 (wie Anm. 60) Nr. 161; ERMISCH, UB Freiberg 1883 (wie Anm. 153) Nr. 58: Freiberg, 24. 11. 1307; SCHMIDT, UB Vögte 1, 1885 (wie Anm. 83) Nr. 395; vgl. THIEME, Burggrafschaft 2001 (wie Anm. 22) S. 262, Anm. 612.

155 Umfangreiche Zusammenstellung der Quellen zum Tod Diezmanns bei WEGELE, Friedrich 1870 (wie Anm. 3) S. 290 f., Anm. 2; gegen einen Mordanschlag vgl. JOHANNES G. HARTENSTEIN: Über den Ursprung der Legende von Markgraf Diezmanns Ermordung in der Thomaskirche zu Leipzig (1307). In: Neues Archiv für Sächsische Geschichte. 59 (1938) 2, S. 236–243.

6. Die Kämpfe des Jahres 1308
zwischen den Wettinern und der Stadt Eisenach
bis zum Friedensschluss im Mai

Zu einem Erfolgsjahr sollte ebenfalls 1308 werden. Bereits in der ersten
Jahreshälfte gelang es Friedrich dem Freidigen, zwei anstehende Probleme im
Wesentlichen zu lösen: erstens die Anhänger des Bruders Diezmann auf seine
Seite und zur Huldigung zu bringen und zweitens den Belagerungskrieg um
Eisenach und Wartburg zu seinen Gunsten zu beenden.

Zu Jahresbeginn trugen König Albrecht und Markgraf Friedrich einen
Wettkampf um die Anhängerschaft des verstorbenen Diezmann aus, den
Friedrich deutlich für sich entscheiden konnte. Seine Aufforderung an die
Parteigänger seines Bruders, nach Erfurt zu kommen und sich ihm anzu-
schließen, wie es die Erfurter Peterschronik beschreibt[158], war offenbar erfolg-
reich[159]. Die Mehrheit oder zumindest ein Übergewicht des Adels und der
Dienstmannen aus Thüringen und dem Osterland stellte sich auf seine Seite
und sicherte ihm die Burgen und festen Plätze zu. Die Chronik datiert das
Treffen im Kloster auf dem Petersberg zu Erfurt vor dem 28. Februar 1308,
doch lässt es sich urkundlich genauer bestimmen. Am 4. Februar 1308 bestätigte Friedrich, der den «Landgrafen von Thüringen» an die Spitze seiner
Titulatur stellte[160], dem Kloster Marienthron zu Nimbschen bei Grimma den
Bergzehnt für die Metallgewinnung[161]. Obwohl das Schriftstück nur einen
kleinen Einblick in seine Tätigkeit in Erfurt gewährt, dokumentiert es ein
genaues Datum und Friedrichs Herrschaftsansprüche auf das Osterland, dessen nach Leipzig wichtigste Stadt Grimma offenbar fest in seiner Hand war.

---

156 Die St.-Pauli-Kirche des Prediger- oder Dominikanerklosters zu Leipzig wurde später Univer-
sitätskirche, die 1968 einem Universitätsneubau weichen musste. Die hölzerne, polychrome
Grabstatue Diezmanns aus seiner einstigen Grabtumba ist erhalten.

157 Wagenführer, Friedrich 1936 (wie Anm. 2) S. 64: «das Jahr 1307 das Schicksalsjahr in
Friedrichs Leben».

158 Holder-Egger, Cronica S. Petri 1899 (wie Anm. 6) S. 333, 9–21.

159 Wegele, Friedrich 1870 (wie Anm. 3) S. 292; Wenck, Wartburg 1907 (wie Anm. 2) S. 239
Mitte, S. 704 Anm. zu S. 239; Wagenführer, Friedrich 1936 (wie Anm. 2) S. 68 f.; Leist,
Landesherr 1975 (wie Anm. 4) S. 73–110.

160 Seitdem führte Friedrich den Titel des Landgrafen von Thüringen am Anfang seiner Titulatur,
vgl. Wegele, Friedrich 1870 (wie Anm. 3) S. 292, nicht erst ab Mai 1308, wie Wagenführer,
Friedrich 1936 (wie Anm. 2) S. 70 f. meint.

161 Abdruck bei Gottfried Immanuel Grundig und Johann Friedrich Klotzsch (Hrsg.):
Sammlung vermischter Nachrichten zur Sächsischen Geschichte. Bd. 10. Chemnitz 1775,
S. 238–240; Regest und Auszug bei Ludwig Schmidt (Hrsg.): Urkundenbuch der Stadt
Grimma und des Klosters Nimbschen (Codex diplomaticus Saxoniae Regiae. Hauptth. 2. Bd.
15). Leipzig 1895, Nr. 305: Erfurt, 4. 2. 1308.

Zur gleichen Zeit weilte König Albrecht in Eisenach, wohin er von Nürnberg aus über Münnerstadt und Wasungen gezogen war[162]. Sein Aufenthalt lässt sich durch Urkunden vom 30. Januar und 3. Februar 1308 zeitlich präzisieren. Am 30. Januar verlieh er der hennebergischen Stadt Wasungen die gleichen Rechte wie die der Reichsstadt Schweinfurt[163]. Mit seiner Einladung an die Adligen und Vögte des Landes scheiterte er, weil die Adressaten heimlich zum neuen Landgrafen übergetreten waren[164]. Er war der Jahreszeit gemäß mit schwacher militärischer Begleitung unterwegs und unternahm keine kriegerischen Aktionen. In den Belagerungskampf gegen die Wartburg griff er nicht ein, obwohl zu jener Zeit wahrscheinlich sein Hauptmann von Weilnau und andere seiner Kriegsmannen im Kerker der Burg schmachteten. Auf seine gegenwärtige Schwäche und den daraus resultierenden Zwang zum Taktieren deuten zwei sich z. T. widersprechende Urkunden vom 3. Februar 1308 zum Status von Mühlhausen. In der einen räumte er die Übergabe an den Landgrafen Albrecht von Thüringen ein, wenn dieser sein besseres Recht gegenüber dem Reich rechtskräftig dokumentieren könne[165]. In der anderen bestätigte er ohne Erwähnung des thüringischen Landgrafen, aber mit der Anrede «unseren treuen Mühlhäuser Bürgern» diesen alle Rechte und Privilegien, die bereits seine Vorgänger als Kaiser und Könige der Römer gewährt hatten[166].

Trotz des Fehlschlags strebten die Eisenacher weiter nach seiner Hilfe, die der König auch versprach, indem er mit einem starken Heer zurückkehren und gegen den Markgrafen Friedrich und um das Land Thüringen kämpfen wollte[167]. Er zog ins Rheinland ab, wurde aber am 1. Mai 1308 von seinem Neffen ermordet, so dass es nicht mehr zu dem für Juni angesagten Feldzug[168] nach Thüringen kam. Vom Gegenspieler Friedrich dem Freidigen hört man bis

---

162 König Albrecht Anfang Januar in Nürnberg vgl. Hessel, Jahrbücher 1931 (wie Anm. 18) S. 180, Anm. 312 und 313; im Januar 1308 in Münnerstadt und Wasungen vgl. Rübsam, Weilnau 1882 (wie Anm. 21) Nr. 183 und 184.

163 Wilke, Ticemannus 1754 (wie Anm. 60) Nr. 162: Eisenach, 30. 1. 1308; Karl Schöppach (Hrsg.): Hennebergisches Urkundenbuch. T. 1. Die Urkunden des gemeinschaftlichen Hennebergischen Archivs zu Meiningen von DCCCXXXIII bis MCCCXXX. Meiningen 1842, Nr. 64; Füsslein, Berthold VII. 1905/83 (wie Anm. 19) S. 173, Anm. 5.

164 So schon die Erfurter Peterschronik, Holder-Egger, Cronica S. Petri 1899 (wie Anm. 6) S. 333, 26, zum Eisenach-Aufenthalt König Albrechts insgesamt S. 333, 22–34.

165 Winkelmann, Acta imperii 1885 (wie Anm. 108) Nr. 314: Eisenach, 3. 2. 1308; Schwalm, Constitutiones 4,1 1906 (wie Anm. 8) Nr. 228; Rödel, Königs- und Hofgericht 4, 1992 (wie Anm. 40) Nr. 387; vgl. Wagenführer, Friedrich 1936 (wie Anm. 2) S. 69.

166 Herquet, UB Mühlhausen 1874 (wie Anm. 5) Nr. 588: Eisenach, 3. 2. 1308 «fideles nostri cives Mulhusenses»; Leist, Landesherr 1975 (wie Anm. 4) S. S. 89, Anm. 109.

167 Holder-Egger, Cronica S. Petri 1899 (wie Anm. 6) S. 333, 28–34; vgl. Wegele, Friedrich 1870 (wie Anm. 3) S. 293; Füsslein, Berthold VII. 1905/83 (wie Anm. 19) S. 173; Wagenführer, Friedrich 1936 (wie Anm. 2) S. 69.

168 Holder-Egger, Cronica S. Petri 1899 (wie Anm. 6) S. 334, 3–6.

Mitte Mai 1308 ebenso wenig wie über den Belagerungskrieg zwischen Eisenach und der Wartburg.

Aber ein Zugeständnis, das weder von der Lokal-, noch von der Landesgeschichtsschreibung bisher gewürdigt wurde, könnte die Situation erhellen. Bischof Philipp von Eichstätt (1306–1322) gewährte als Kanzler des Mainzer Stuhls am 5. Februar 1308 von Eisenach aus vorbehaltlich der Zustimmung des Erzbischofs der Kapelle des Zisterzienserklosters Johannistal vor Eisenach einen Ablass von 40 Tagen[169]. Bischof Philipp stellte die Ablassurkunde nur zwei Tage nach den beiden königlichen Urkunden vom 3. Februar aus und gehörte zum königlichen Gefolge, denn er war nicht nur Vertreter des Mainzer Erzbischofs, sondern überdies ein enger Ratgeber, angeblich sogar der Beichtvater, von König Albrecht[170]. Ein 40-Tage-Ablass diente in jenen Jahren häufig zur Sanierung von Kirchen- und Klosteranlagen.

Dem besagten Kloster Johannistal wurden im August 1308, den Ereignissen um die Wartburg sei einmal vorausgegriffen, zwei weitere Ablassurkunden verliehen, die jene vom Februar 1308 näher erklären. Der Mainzer Weihbischof Berthold von Henneberg gewährte in Stellvertretung Erzbischof Peters am 14. August der Zisterzienserkirche Johannistal bei Eisenach einen Ablass von 40 Tagen für alle diejenigen, die zum Bau («fabrica seu structura») beitragen würden[171]. Am 17. August 1308 wiederholte der Erzbischof selbst in Erfurt, offenbar als Beglaubigung der vorigen Urkunde, den 40-Tage-Ablass für die Kapelle Johannistal zu deren Wiederherstellung («wegen des hohen Alters sind die Wände fast zu Einsturz geneigt»)[172], die nicht aus eigenen Mitteln zu bewerkstelligen war.

Offenbar war am 5. Februar 1308 ebenfalls eine solche nachträgliche Bestätigung durch den Erzbischof vorausgesetzt worden. Vor allem zeigen die beiden Dokumente vom August, dass die Klosterkirche sich in einem desolaten baulichen Zustand befand. Mit hoher Wahrscheinlichkeit kann man vermuten, dass nicht nur altersbedingte Schäden aufgetreten waren, zumal der Baukörper nicht älter als ein halbes Jahrhundert sein konnte, denn das Kloster war in den 1250er Jahren gegründet worden[173]. Vielmehr dürften die Kämpfe

---

169 Vogt, Regesten Mainz 1913 (wie Anm. 18) Nr. 1153: Eisenach, 5. 2. 1308.

170 Böhmer, Regesta imperii 1844 (wie Anm. 39) S. 249, Nr. 582: Bischof Philipp als Beichtvater König Albrechts; zu Bischof Philipp vgl. Andreas Bauch: Philipp von Ratsamhausen Bischof von Eichstätt. In: Fränkische Lebensbilder. Neue Folge der Lebensläufe aus Franken. Bd. 7 (Veröffentlichungen der Gesellschaft für Fränkische Geschichte. Reihe 7A). Würzburg 1977, S. 1–11, insbes. S. 6; Kurt Ruh, u. a. (Hrsg.): Die deutsche Literatur des Mittelalters. Verfasserlexikon. Bd. 7. Berlin, u. a. 1989, Sp. 605–610.

171 Vogt, Regesten Mainz 1913 (wie Anm. 18) Nr. 1202: 14. 8. 1308.

172 Paullini, Historia 1698 (wie Anm. 109) S. 72; Vogt, Regesten Mainz 1913 (wie Anm. 18) Nr. 1203: Erfurt, 17. 8. 1308 «ex antiquorum longitudine dierum ad lapsum casus sunt parietes inclinati».

der letzten beiden Jahre am Kloster nicht spurlos vorbeigegangen sein. Es lag nur wenige hundert Meter von der Wartburg entfernt in einem Seitental östlich der von Eisenach nach Süden führenden Straße. Nach späteren Berichten sollen Friedrich der Freidige und Heinrich von Braunschweig bei der Entlastung der Wartburg Anfang 1307 aus Sonneborn kommend durch das Johannistal gezogen sein[174]. Auch beim Ausbruch zum Taufritt nach Tenneberg soll Friedrich der Freidige am Sengelsbach entlang durch das Johannistal geritten sein[175].

Einen Ablass für die Sanierung der Kirche des Johannistaler Klosters im August 1308 zu verleihen, machte durchaus Sinn, denn im Mai hatten die Wettiner und die Eisenacher ihre gegenseitigen Kämpfe beendet und sich arrangiert, worauf noch zurückzukommen ist. Wenn dann noch der Erzbischof von Mainz mit der Regelung offenbar einverstanden war, hatten sich die wohl einflussreichsten Kräfte der Region mit der Lage einverstanden erklärt und so war für die nächste Zeit mit friedlichen Verhältnissen zu rechnen, in denen das Kloster vor den Stadtmauern Eisenachs in Ruhe baulich wieder hergestellt werden konnte. Welchen Sinn aber machte ein Ablass für die Restaurierung Anfang Februar 1308, als die Kontrahenten in Erfurt (Wettiner) und in Eisenach (König Albrecht) sich scheinbar unversöhnlich gegenüberstanden und neue Kriegshandlungen in der Umgebung drohten? Ohne die Frage schlüssig beantworten zu können, deutet m. E. einiges auf eine baldige, insgeheim vorbereitete Friedenslösung zwischen beiden Lagern. Die überraschend schnelle und offenbar unblutige Einigung des neuen Landgrafen Friedrich mit Eisenach im Mai und mit dem Mainzer Erzbischof Peter Mitte September 1308 dürfte sich bereits angebahnt haben. Insofern kann der Ablass

---

173   Otto Dobenecker (Hrsg.): Regesta diplomatica necnon epistolaria historiae Thuringiae. Bd. 3. (1228–1266). Jena 1925, Nr. 2061, 4. 9. 1252, Sophie, Witwe des Herzogs von Brabant – Gründungsurkunde des Klosters, Nr. 2425: Zeitz, 3. 3. 1256, Bischof Dietrich II. von Naumburg zur Grundsteinlegung; vgl. Joseph Kremer: Beiträge zur Geschichte der klösterlichen Niederlassungen Eisenachs im Mittelalter (Quellen und Abhandlungen zur Geschichte der Abtei und Diözese Fulda. 2). Fulda 1905, S. 116 f.; Alois Holtmeyer: Cisterzienserkirchen Thüringens (Beiträge zur Kunstgeschichte Thüringens. 1. Bd.). Jena 1906, S. 111; Bergmann, Eisenach 1994 (wie Anm. 4) S. 83 und 85.

174   Von Sonneborn am Sengelsbach entlang (der durch das Johannistal fließt) zur Frauenburg vor Eisenach: Rothe/Liliencron, Chronik 1859 (wie Anm. 69) S. S. 513, cap. 604; vgl. Rothe/ Schoettgen, Chronicon 1753 (wie Anm. 69) S. 100, A; Johann Bange: Thüringische Chronick oder Geschichtsbuch. Mühlhausen 1599, S. 118; daraus machen: Peter, Stadtbefestigung 1905 (wie Anm. 70) S. 30: von Sonneborn über Melborn und die Weinstraße, durch den Sengelsbach, am Karthause und Frauenburg vorüber; Helmbold, Chronik 1915 (wie Anm. 69) S. 122: von Sonneborn über Rothenhof die Weinstraße hinauf und dann ins Johannistal zur Frauenburg.

175   Bei Rothe zum Taufritt durch das Johannistal: Rothe/Liliencron, Chronik 1859 (wie Anm. 69) S. 511, cap. 603.

vom 5. Februar 1308, bisher für die Kämpfe um Eisenach und Wartburg unbeachtet geblieben, erheblich dazu beitragen, das weitere örtliche Geschehen zu erhellen.

Am 1. Mai 1308 ermordete Johann von Habsburg im Erbstreit seinen Onkel (Vatersbruder) König Albrecht, womit eine mehr als halbjährige Thronvakanz bis zur Wahl Heinrichs von Luxemburg Ende November begann. Friedrich der Freidige nutzte diese Zeitspanne zum Ausbau seiner Macht in den wettinischen Landen. Er begann mit der Klärung der Verhältnisse um Wartburg und Eisenach, was die Bedeutung dieses Doppelstandorts als Schlüssel für die Herrschaft über Thüringen und darüber hinaus weiter unterstreicht. Die Eisenacher gaben mit dem Tod von König Albrecht ihre Ambitionen auf Reichsunmittelbarkeit auf und handelten über Adlige des Landes die Übergabe an Markgraf Friedrich aus[176]. Von nochmaligen Kämpfen zwischen der Wartburgbesatzung bzw. anderen wettinischen Truppen und den Eisenachern ist in den Quellen keine Rede mehr.

Am 21. Mai 1308 hielt sich der neue Landgraf im Lager vor Eisenach auf und bestätigte einen Verkauf an das Kloster Volkenrode[177]. Er kam mit einem militärischen Aufgebot («in expeditione») und in Begleitung thüringischer Grafen und eigener Ministerialen. An seiner Seite werden am 21. Mai sowie in einer Urkunde vom folgenden Tage genannt: Abt Hermann von Walkenried (bis 1309), die Grafen Dietrich von Honstein d. Ä., Friedrich von Beichlingen d. Ä., Günther von Schwarzburg und Günther von Käfernburg, Friedrichs Ministerialen Konrad Schenk von Nebra, Ludwig von Blankenhain, Hermann von Spangenberg, Günter und Friedrich von Salza sowie Hermann von Heilingen. Als er am 22. Mai 1308 in Eisenach eingezogen war und seinen Erfolg in einer Urkunde festhielt[178], nahm er alles andere als Rache. Der Vater Albrecht und der Sohn Friedrich waren anwesend, an den Verhandlungen

---

176 Holder-Egger, Cronica S. Petri 1899 (wie Anm. 6) S. 335, 14–18; Holder-Egger, Continuatio 1899 (wie Anm. 60) S. 475, 1–4.

177 Schoettgen/Kreysig, Diplomataria 1, 1753 (wie Anm. 69) S. 785, §. 91: «in castris in expeditione juxta civitatem Ysenache», 21. 5. 1308; vgl. Wegele, Friedrich 1870 (wie Anm. 3) S. 296, Anm. 2; Wagenführer, Friedrich 1936 (wie Anm. 2) S. 69, Anm. 35.

178 Paullini, Historia 1698 (wie Anm. 109) S. 73 (Abdruck); Tentzel, Fridericus Admorsis 1728 (wie Anm. 109) Sp. 953 f. (Abdruck); Wilke, Ticemannus 1754 (wie Anm. 60) Nr. 163: Eisenach, 22. 5. 1308 (Abdruck); Limmer, Entwurf 1837 (wie Anm. 116) S. 242 f. mit deutscher Teilübersetzung; Karl Friedrich von Strenge und Ernst Devrient (Hrsg.): Die Stadtrechte von Eisenach, Gotha und Waltershausen (Thüringische Geschichtsquellen. NF. 6). Jena 1909, Nr. 11 (Regest); Wegele, Friedrich 1870 (wie Anm. 3) S. 296 f., Anm. 2; Wagenführer, Friedrich 1936 (wie Anm. 2) S. 70, Anm. 37; Leist, Landesherr 1975 (wie Anm. 4) S. 91; Gerd Bergmann: Kommunalbewegung und innerstädtische Kämpfe im mittelalterlichen Eisenach (Eisenacher Schriften zur Heimatkunde. 36). Eisenach 1987, S. 36; Bergmann, Eisenach 1994 (wie Anm. 4) S. 129 f.

beteiligt und besiegelten mit. Albrecht wird ausdrücklich als Ratgeber bei dem Ausgleich erwähnt, ebenso auch die Tatsache, dass die Eisenacher vorher gehört und respektiert wurden.

Die Bürger von Eisenach huldigten dem «Landgrafen Friedrich von Thüringen», der sie seinerseits bei ihren Rechten und in ihrer Ehre beließ. Der Wiederaufbau der Stadtburg «Klemme» durch die Eisenacher wird im Schriftstück nicht gefordert, war jedoch vielleicht Gegenstand der mündlichen Absprachen und ist in späteren Chroniken bezeugt[179]. Offenbar nutzte der Landgraf das momentane Übergewicht, um seinen von der Stadt zu zahlenden Jahreszins, die «Jahrbede», von 100 unter Landgraf Albrecht auf 200 Mark zu verdoppeln[180].

7. Versuch einer Periodisierung des Burgen- und Belagerungskriegs um die Wartburg und Eisenach vom November/Dezember 1306 bis Mai 1308

Der Belagerungskrieg um die Wartburg und die Stadt Eisenach dauerte mit unterschiedlicher Intensität und wechselnden Kräfteverhältnissen etwa ein und ein halbes Jahr von November/Dezember 1306 bis Mai 1308. Die einzelnen Phasen sind bisher in der Literatur erstaunlicherweise nirgends systematisch herausgearbeitet und übersichtlich dargestellt wurden, obwohl viele Einzelaspekte häufig benannt worden sind. Deshalb soll trotz aller ungeklärten Fragen und unscharfen Datierungen im Folgenden der Versuch einer derartigen Periodisierung gemacht werden.

---

179 Zum Wiederaufbau der «Klemme» s. Pistoriana, 1726 (wie Anm. 106) S. 1338, cap. 83; Rothe/Liliencron, Chronik 1859 (wie Anm. 69) S. 521 f., cap. 613; zur Klemme in den Kämpfen von 1306/08 vgl. Schwarz, Belagerung 2006 (wie Anm. 1) S. 48–54.

180 Friedrich Ortloff: Das Rechtsbuch Johannes Purgoldts. Nebst statuarischen Rechten von Gotha und Eisenach (Sammlung deutscher Rechtsquellen. Bd. 2). Jena 1860. Neudruck Aalen 1967, S. 15: «Willkühr der Stadt Eisenach» – eine Codifizierung des Geschossrechts der Stadt Eisenach nach dem Eisenacher Rechtsbuch des Johannes Purgold, S. 345: «Der stadt Eyssennach wilkore. 1. Unsers hern iherlichen zinssz, den er hadt in disser stadt Eissennach, das seindt 200 lottige marck gewonliches silbers; weil das die alden handtfesten, die landgrafft Albrecht gegeben hadt, nicht mehr denn 100 marck silbers benennen, so ist es doch also herkommen von landtgraff Fridrich seym sohne ...»; vgl. Wenck, Wartburg 1907 (wie Anm. 2) S. 239, S. 704 zu S. 239; Hermann Helmbold: Geschichte der Stadt Eisenach mit einem volkskundlichen Anhang. Eisenach 1936, S. 29; Bergmann, Eisenach 1994 (wie Anm. 4) S. 130; zu Johannes Purgoldt: Stadtschreiber und Bürgermeister von Eisenach, stellte 1503/04 ein Rechtsbuch zusammen, vgl. Kurt Ruh (Hrsg.): Die deutsche Literatur des Mittelalters. Verfasserlexikon. Bd. 7. Berlin u. a. ²1989, Sp. 917 f.

1. Phase

Die Eisenacher eröffneten gegen Ende des Jahres 1306 die Belagerung der Wartburg, als klar wurde, dass die im Juli 1306 in Fulda vereinbarte Übergabe der Wartburg an Treuhänder des Königs Albrecht durch Landgraf Albrecht hintertrieben wurde. Die Eckdaten, zwischen denen die Eisenacher ein deutliches Übergewicht besaßen und Landgraf Albrecht auf der Wartburg wegen Lebensmittelmangels in Schwierigkeiten geriet, markieren der Tenneberger Geleitbrief vom 27. November 1306 und der Wartburgvertrag vom 11. Januar 1307.

2. Phase

Markgraf Friedrich von Meißen und Herzog Heinrich von Braunschweig-Grubenhagen rückten mit ihren Truppen vor Eisenach, zerstörten die Frauenburg, versorgten die Wartburgbesatzung mit Nahrung und kehrten damit allem das Kräfteverhältnis ins Gegenteil um. Die Eisenacher mussten hinter ihren Stadtmauern Schutz suchen, während das Umland von den Wettinern beherrscht wurde. Das Eintreffen der Verbündeten fand somit wohl kurz vor Abschluss des Wartburgvertrags vom 11. Januar 1307 statt, in dem der alte Landgraf die Geschicke der Wartburg und damit der Landgrafschaft Thüringen an seinen Sohn Friedrich übertrug. Diese Phase des Übergewichts der Wartburgherren gegenüber der Stadt Eisenach endete wohl mit dem Eintreffen von Reichstruppen unter dem Hauptmann Weilnau.

3. Phase

In der dritten Phase wechselte das Übergewicht wieder auf die Seite der Eisenacher, die von königlichen und fuldischen Truppen unter dem Hauptmann von Weilnau sowie von Aufgeboten des thüringischen Drei-Städte-Bundes (Erfurt, Mühlhausen und Nordhausen) unterstützt und zeitweilig zu Nebenakteuren wurden. Der Beginn dieser Phase ist mit dem Eintreffen von Weilnaus in der Fastenzeit vom 8. Februar bis 25. März 1307 nur ungenau zu bestimmen. Die städtischen Aufgebote griffen sicher erst nach ihrer Aussöhnung mit Friedrichs Bruder Diezmann vom 11. und 16. März 1307 ein. Friedrich zog unter diesen Bedingungen ab und nahm Frau und Tochter mit, was den Hintergrund zur Sage vom Taufritt nach Tenneberg abgab. Trotz Besetzung der Eisenacher Burg und Nutzung der Burg Metilstein gelang dem antiwettinischen Lager keine totale Einschließung der Wartburg, wie der Ausbruch Friedrichs, außerhalb der Wartburg agierende wettinische Truppen und fehlende Nachrichten über erneute Versorgungsnot auf der Burg anzeigen.

4. Phase

Die dritte Phase mit einer Überlegenheit der antiwettinischen Koalition aus königlichen und städtisch-thüringischen Aufgeboten ging in ein unklares, labiles Gleichgewicht über, in dem keiner den anderen besiegen konnte. Der Anfang dieser vierten Phase ist kaum zu datieren, doch verschob sich mit dem wettinischen Sieg bei Lucka (31. Mai 1307), mit der Gefangennahme des königlichen Hauptmanns und mit dem Abzug der Kontingente von Erfurt, Mühlhausen und Nordhausen – spätestes mit dem Ende der Sommer- bzw. der Feldzugssaison – das Kräfteverhältnis immer mehr zugunsten der wettinischen Wartburgherren.

5. Phase

Die abschließende fünfte Phase lässt sich im Gegensatz zu den vorigen ziemlich genau zwischen dem Tod König Albrechts am 1. Mai 1308 und dem Vertragsabschluss des neuen Landgrafen Friedrich mit den Eisenachern am 22. Mai 1308 bestimmen. Nach der Ermordung des Königs ging es nur noch um die Modalitäten der Beendigung des anderthalbjährigen Belagerungskampfes. Durch Vermittlung thüringischer Adliger konnten ein letzter Waffengang vermieden und eine friedliche Regelung erreicht werden. Die Wettiner sicherten sich die Herrschaft über die die Landgrafschaft Thüringen symbolisierende Wartburg und wurden durch Huldigung von den Eisenachern als Stadtherren anerkannt. Obwohl die Eisenacher ihr Hauptziel, wie Mühlhausen und Nordhausen eine freie Reichsstadt zu werden, nicht erreichten, gingen sie letztlich nicht als Verlierer, sondern als geachteter Partner aus den Kämpfen hervor.

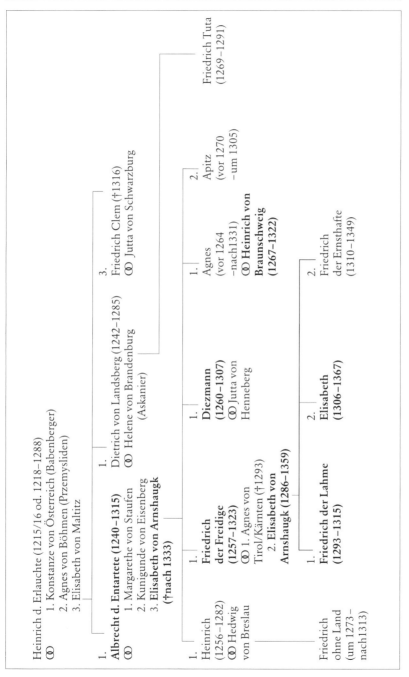

Anhang:
Die Wettiner
um 1306.
Genealogische
Tafel

[Hervorgehoben
die 1306 bis 1308
involvierten
Personen]

Zur Rezeption des Elisabethstoffes durch den thüringischen Sagensammler und Märchendichter Ludwig Bechstein[1]

Heinrich Weigel (†)

Im Zusammenhang mit dem 800. Geburtstagsjubiläum der hl. Elisabeth von Thüringen (1207–1231) widmet sich der Beitrag dem Sagensammler und Märchendichter Ludwig Bechstein (1801–1860) und seiner Beziehung zu der Heiligen. Dabei rücken die beiden Wirkungsstätten des ungleichen Paars – die Wartburg für Elisabeth und Meiningen für Bechstein – immer wieder ins Blickfeld.

Der Elisabethstoff in Sagen und Dichtungen

Der Dichter fühlte sich als berufener Vermittler volksläufiger Stoffe und chronikalischer Überlieferungen Thüringens[2] in spätromantischer Art und in selbstgefundener Wiedergabeweise[3] bereits in seinem frühen Werk «Der Sagenschatz und die Sagenkreise des Thüringerlandes» (1835–1838). Er bezeichnete dieses Werk als «Gabe eines treuen Dichters»[4] und fühlte ein hochgestimmtes Sendungsbewusstsein.

Der ihm geschichtlich wichtigste thüringische Ort war die Wartburg, die ihn am stärksten berührende Gestalt die hl. Elisabeth. Mit beiden eröffnete er sein Werk, beide liebte er zeitlebens. Schriftstellerische Darstellungen sind

---

1 Der Verfasser verstarb plötzlich am 17. April 2007. Eine bereits gelieferte Fassung seines Beitrags für das Wartburg-Jahrbuch wollte er nochmals überarbeiten. In seinem Sinne wurde versucht, bereits mündlich und schriftlich erwogene Angaben einzuarbeiten.

2 Bechstein schrieb am 7. 2. 1835 an Storch: «Ich nehme auch die historischen Sagen auf von den alten Landgrafen, von Elisabeth, Bonifazius, und anderen. Schon hier bietet sich eine reiche Fülle ... die Hauptsagen sind doch bekannt, und eine ziemliche Literatur steht mir zu Gebote.» – Goethe-Schiller-Archiv Weimar (im Folgenden GSA), Bechstein 023; Schmidt-Knaebel, Briefe 2000 (wie Anm. 8) S. 29 hieraus Zitat, S. 213 StB 12.

3 Bereits im Oktober 1834 hatte Bechstein Storch mitgeteilt: «... ich theile die Sagen mit ohne Ausschmückung, kurz, volksthümlich, ohne Schilderung der Natur und Gegend, ohne Bilder.» In: GSA, Bechstein 023 (wie Anm. 2); Schmidt-Knaebel, Briefe 2000 (wie Anm. 8) S. 28 hieraus Zitat, S. 213 StB 9. Und am 20. 1. 1835 äußerte er: «Ich theile das Land in Kreise ein ...; den ersten bilden Eisenach und die Wartburg.» In: GSA, Bechstein 023 (wie Anm. 2); Schmidt-Knaebel, Briefe 2000 (wie Anm. 8) S. 28 hieraus Zitat, S. 213 StB 11.

4 Ebenfalls im Brief vom 7.2.1835 (wie Anm. 2) schreibt Bechstein: «Der Umschlag wird in Arabeskenumrankung kleine Vignetten, Ansichten thüringischer Burgen pp. bringen; und so mag denn das Land die Gabe seines treuen Dichters, der hier aber nur ein bescheidener Botaniker in dem Zauberhain der Sage ist, freundlich aufnehmen.»

von 1829 bis 1859 nachweisbar: 1829 schrieb er das sechsstrophige Gedicht «Elisabeths Rosen»[5], und 1835 gestaltete er nach Johannes Rothes «Chronicon Thuringiae» (Abdruck bei Mencke 1728)[6] im ersten Teil des o. g. Werkes den «Sagenkreis von Eisenach und der Wartburg» mit 42 zumeist chronikalischen Sagen bzw. Legenden[7]. Davon beinhalten 15 Sagen das Leben, die Wunder und die Vertreibung der Elisabeth. Die Hamburger Germanistin Susanne Schmidt-Knae-
bel[8] schrieb dazu: «Die frühe heimat-
liche Volkssage ... hat den Charme des ersten Herantretens an ein Lebens-
werk, und die Vorworte sprechen die gleiche begeisterte Sprache wie die Eingangsgedichte», und weiter: «Die Sagenserie um die hl. Elisabeth und den Landgrafen Ludwig ist ein Beispiel für eine größere Länge und eine sowohl formale als auch inhaltliche Vernetzung»[9] im Vergleich zu späte-
ren Sagensammlungen. Gemeint sind die Ausweisung von Sagenkreisen, «die sich wie milde Planeten um das leuchtende Sonnenbild eines Helden»

Abb. 1:
Ludwig Richter:
Das Rosenwunder
der heiligen Elisabeth

ziehen, wie um «mehrere Landgrafen, die heilige Elisabeth» oder «die Eintheilung nach Gebieten, um doch nöthige Ruhepunkte und Uebersichten zu gewinnen»[10] sowie die vorangestellte kennzeichnende Erläuterung und

---

5   Es ist die lyrische Fassung der Legende vom Rosenwunder; siehe Anhang und Anm. 99.

6   Der Titel des «Chronicon Thuringiae» lautet: Monachi Isenacensis, vulgo Johannis Rothe Chronicon Thuringiae ... In: Johann Burchard Mencke: Scriptores rerum Germanicarum praecipue Saxonicarum. T. II. Leipzig 1728, Sp. 1633–1824.

7   Ludwig Bechstein (Hrsg.): Die Sagen von Eisenach und der Wartburg, dem Hörseelberg und Reinhardsbrunn (Der Sagenschatz und die Sagenkreise des Thüringerlandes. 1. Teil). Hildburghausen 1835, Nr. 7–22, S. 41–83 zu Elisabeth und Ludwig IV.

8   Susanne Schmidt-Knaebel war an der Universität Hamburg Germanistin und Linguistin mit dem Schwerpunkt der sprachwissenschaftlichen Analyse von kleinen literarischen Texten. Zuletzt veröffentlichte sie zu unserem Thema: Susanne Schmidt-Knaebel: «Man muß doch jemand haben, gegen den man sich ausspricht». Ludwig Bechsteins Briefe an Dr. Ludwig Storch. Aachen 2000; Susanne Schmidt-Knaebel: Kommentar zu Ludwig Bechsteins Deutschem Sagenbuch. Unter besonderer Berücksichtigung der intertextuellen Bezüge (Quellen und werkinterne Parallelen). 2 Bde. Aachen 2004.

9   Schmidt-Knaebel, Kommentar 2, 2004 (wie Anm. 8) S. 596. Es sind die Motto-Strophe «Thüringen, Du holdes Land! / Wie ist mein Herz Dir zugewandt!» von Ludwig Storch und Bechsteins 120-versiges Eingangsgedicht «Thüringen».

Abb. 2:
Die hl. Elisabeth
mit dem Kreuz-
wunder,
Holzschnitt nach
Zeichnung von
Adolf Ehrhardt,
aus Bechstein,
Sagenbuch 1853
(wie Anm. 11)
nach S. 396

häufige verbindende Vor- bzw. Rückblicke zwischen den einzelnen Sagen.

Der Elisabethstoff mit der personellen Dominanz der Elisabeth und ihrer Wunder (Bechstein prägte sogar den Begriff «Heiligensage» oder «Wundersage»), in seiner thematischen Geschlossenheit wie eine Vita und im romantischen Grundcharakter der Legende, bot Bechstein das bestmögliche Material für seine Bearbeitung in spätromantischer Weise.

Nach dieser ersten typischen eigenständigen und größtenteils flächendeckenden Sagensammlung folgten 1853 sein «Deutsches Sagenbuch», in dem der Elisabethstoff eine zentrale Stellung einnimmt[11], und 1858 das «Thüringische Sagenbuch» mit der letzten Prosa-Darstellung des Elisabethstoffes[12]. Hinzu kamen Gedichte wie «Elisabeths Rosen» in zwei Fassungen[13] und «Elisabethenbrunnen», die beide in seinem lyrischen Vermächtnis für die Wartburg, nämlich dem 1859 erschienenen Werk zum «Schloß Wartburg», enthalten sind[14].

Bechstein hat in allen drei Editionen die Sagen der Wartburg, also über die Jahrhunderte tradierte historisch-chronikalische Überlieferungen, zum Ausgangspunkt genommen. Sie waren ihm so vertraut und sogar insofern «heilig», als er ihre Inhalte nicht veränderte bzw. «weiterdichtete» und immer mit Anteilnahme und Verve erzählte. «Zentralgestalten» sind stets die Landgrafen, Elisabeth, Sophia[15] und Margarethe[16].

Der angebliche Abschied zu Meiningen

Bechstein übernahm die auf seine Heimatstadt zugeschnittene Legende, Landgraf Ludwig habe sich von Elisabeth endgültig erst in Meiningen zum Kreuzzug verabschiedet[17]. Im Band seines Sagenschatzes zu Henneberg von 1837 berichtet er vom Abschied am Johannistag (24. Juni 1227) in Meiningen, wo Ludwig seiner Gattin als Schicksalsanzeiger einen Ring übergab und Elisabeth deshalb an diesem Ort zu seinem Gedächtnis eine Kapelle erbauen ließ, wohin nach ihrem Tode eine große Wallfahrt führte[18]. Bechstein erzählt

---

10 Bechstein, Sagenschatz 1835 (wie Anm. 7) S. 17.

11 Ludwig Bechstein: Deutsches Sagenbuch. Leipzig 1853, Elisabeth-Sagen Nr. 463–465, S. 394–398, des Weiteren eine Bildkomposition von Adolf Ehrhardt.

12 Ludwig Bechstein: Thüringer Sagenbuch. Bd. 1. Coburg 1858, Nr. 91–100, S. 155–185.

13 Siehe Anhang und Anm. 99.

14 Ludwig Bechstein: Schloss Wartburg. In Liedern und Romanzen gefeiert. Leipzig 1859, S. 9–11.

15 Sophia (1224–1275). Die Tochter der hl. Elisabeth sicherte ihrem Sohn Heinrich I. das ludowingische Erbe und die Herrschaft in Hessen.

16 Margarethe (1237–1270). Tochter des Kaisers Friedrich II. und Gattin des wettinischen Landgrafen Albrecht (1240–1314).

17 Zur Legende vgl. Kai Lehmann: Abschied Ludwigs von Elisabeth – in Schmalkalden oder Meiningen? In: Meininger Heimatklänge. Ausgabe 2. 2007, S. 2–3.

hier eine Passage aus der Meininger Stadtchronik des Johann Sebastian Güthe (1628–1677) zu 1227[19] nach und übernimmt den Anfang von Ludwigs Abschiedsrede bis auf unbedeutende Umstellungen sogar wörtlich: «Liebes Elisabethlein, herzallerliebstes Gemahl, Du mein edelster Schatz, Du Spiegel aller Ehren und Tugend, merke das Bild dieses Ringes; wenn ich dir Botschaft sende, sollst Du an diesem Zeichen erkennen, ob es von mir kommt, oder nicht, und dadurch sollst Du auch erfahren, ob ich lebendig oder todt bin.» Eine entsprechende Abschiedsrede kommt sowohl bei Dietrich von Apolda, Friedrich Ködiz und Johannes Rothe vor. Die Übergabe des Rings geht auf eine 1233 entstandene Ballade zurück[20], die gegen Mitte des 13. Jahrhunderts auch in der Marburger Elisabethkirche sowohl auf dem Elisabethschrein als auch auf einem Glasfenster abgebildet ist.

Welche Kapelle Elisabeth gebaut haben soll – Güthe legt die Wallfahrt ins Jahr 1236[21]–, ist unbekannt. Bereits bei Güthe war sie 1676 «nunmehro einge-rissen und verwüstet.» Georg Brückner (1800–1881) bestätigte in seiner Landeskunde von 1853 den Verfall der Kapelle und die unbekannte Lage, ver-mutete sie indes dicht bei der Sakristei der Stadtkirche[22]. Immerhin akzeptier-te Brückner den Abschied von Meiningen wie auch der Maler Wilhelm Lindenschmidt um 1840 in einem Gemälde auf Schloss Landsberg bei Meiningen.

Die Lokalsage fand zwar um Meiningen und darüber hinaus etwas Verbreitung[23], konnte sich jedoch nicht durchsetzen. Historisch glaubhaft und allgemein anerkannt ist die Begebenheit für Schmalkalden, von wo am

---

18 Ludwig Bechstein (Hrsg.): Die Sagen aus Thüringens Vorzeit, von den drei Gleichen, dem Schneekopf und dem thüringischen Henneberg (Der Sagenschatz und die Sagenkreise des Thüringerlandes. 3. Teil). Meiningen 1837, S. 205f., Nr. 48.

19 Johann Sebastian Güthe: Poligraphia Meiningensis, Das ist/ Gründliche Beschreibung/ Der Uhr-alten Stadt Meiningen. Gotha 1676, S. 148.

20 Die Ballade ist abgedruckt bei Paul Alpers: Das Wienhäuser Liederbuch. In: Niederdeutsches Jahrbuch. Jahrbuch des Vereins für niederdeutsche Sprachforschung. 49/50(1943/47), S. 1–40, hierzu S. 29 f.; Peter Kaufhold: Das Wienhäuser Liederbuch (Kloster Wienhausen. 6). Wienhausen 2002, S. 151–153, zum Ring die Absätze 10 und 11; vgl. zur Datierung auf 1233 Ludwig Wolff: Zur Ballade vom Landgrafen Ludwig und der heiligen Elisabeth. In: Niederdeutsches Jahrbuch. Jahrbuch des Vereins für niederdeutsche Sprachforschung. 49/50(1943/47), S. 47–55.

21 Güthe, Poligraphia 1676 (wie Anm. 19) S. 149.

22 Georg Brückner: Landeskunde des Herzogthums Meiningen. Teil 2. Die Topographie des Landes. Meiningen 1853, S. 115f.; vgl. Ed. Doebner: Geschichte der Stadt Meiningen. In: Georg Voss: Amtsgerichtsbezirk Meiningen. (Die Stadt Meiningen und die Landorte). Bd. 1. Kreis Meiningen (P. Lehfeldt und G. Voss: Bau- und Kunst-Denkmäler Thüringens. Heft 34. Herzogtum Sachsen-Meiningen). Jena 1909, S. 25–106, hierzu S. 32.

23 Unkritisch übernommen bei Doebner/Voss, Meiningen 1909 (wie Anm. 22) S. 32; Hans Patze (Hrsg.): Thüringen (Handbuch der historischen Stätten. 9). Stuttgart ²1989, S. 270.

24. Juni 1227 das Kreuzzugsaufgebot aufbrach, wie der Augenzeuge Kaplan Bertold berichtete[24]. Endgültig trennten sich die Gatten bei Friedrich Ködiz erst jenseits der Grenzen des Landes[25] und bei Johannes Rothe bereits in Schmalkalden[26]. Die meisten anderen Geschichtsschreiber und Elisabethbiographen übernahmen eine von beiden Versionen. Allerdings ließ die bis ins Mittelalter zurückgehende Nachricht, Elisabeth habe ihren Gatten nach Schmalkalden noch ein bis zwei Tage begleitet[27], einiges offen. Auf dem Wege durch den westlichen Thüringer Wald nach Süden war Schmalkalden die letzte größere Ortschaft in ludowingischem Besitz. Meiningen hingegen war eine Exklave des Bischofs von Würzburg und spätestens um 1225 als Lehen in den Händen der Henneberger[28]. Wenn Bechstein die Meininger Version ganz selbstverständlich übernahm, sprach in ihm nicht nur der Lokalpatriot, sondern vor allem der auf Erbaulichkeit und Anschaulichkeit erpichte Erzähler, der noch nicht zur quellenkritischen Analyse vorgedrungen war.

Unmittelbare Kontakte zur Wartburg

Bechstein trug sich erstmalig 1825 in ein «Stammbuch» genanntes Gästebuch der Wartburg ein[29], verehrte schon damals die noch ruinöse Anlage und begriff sie als «die thüringische und zugleich deutscheste Burg» und Martin Luther mit seiner Übersetzung des Neuen Testaments als «Lichtfigur» in ihrer Geschichte. Beim ersten offiziellen dienstlichen Besuch am 30. Mai 1841 hatte Bechstein den Kommandanten der Wartburg, Bernhard von Arnswald

---

24 Oswald Holder-Egger (Ed.): Cronica Reinhardsbrunnensis. In: Monumenta Germaniae Historica. Scriptores. Bd. 30. T. 1. Hannover 1896, S. 490–656, hierzu S. 611, Zeile 1 f.

25 Heinrich Rückert (Hrsg.): Das Leben des heiligen Ludwig, Landgrafen in Thüringen, Gemahls der heiligen Elisabeth. Nach der lateinischen Urschrift übersetzt von Friedrich Ködiz von Saalfeld. Leipzig 1851, IV. 9. S. 57.

26 Rochus von Liliencron (Hrsg.): Düringische Chronik des Johann Rothe (Thüringische Geschichtsquellen. 3). Jena 1859, S. 367 f. cap. 449; Martin J. Schubert und Annegret Haase (Hrsg.): Johannes Rothes Elisabethleben (Deutsche Texte des Mittelalters. 85). Berlin 2005, S. 90–92 Vers 2215–2283 und S. 94 Vers 2337 f.

27 Zum Beispiel Karl Wilhelm Justi: Elisabeth die Heilige. Landgräfin von Thüringen und Hessen. Nach ihren Schicksalen und ihrem Charakter dargestellt. Marburg ²1835, S. 85; Franz Xaver Wegele: Die hl. Elisabeth von Thüringen. In: Historische Zeitschrift.5(1861), S. 351–397, hierzu S. 383.

28 Otto Dobenecker (Hrsg.): Regesta diplomatica necnon epistolaria historiae Thuringiae. Bd. 2 (1152–1227). Jena 1900, Nr. 2194; Günther Wölfing: Meiningens Entwicklung zur Stadt. In: Beiträge zur Stadtgeschichte Meiningens (Südthüringer Forschungen. 17). Meiningen 1982, S. 16–50, hierzu S. 25 f.

29 Wartburg-Stiftung Eisenach, Archiv, Wartburger Stammbuch Bd. 9 (13. 1. 1825 – 6. 5. 1827), S. 66 zwischen 3. und 4. September 1825.

(1807–1877), kennen gelernt. Im Auftrag seines Landesherrn Bernhard II. Erich Freund war Bechstein von Meiningen aus mit dem Landbaumeister August Wilhelm Doebner (1805–1871) und dem Historienmaler Wilhelm Lindenschmit (1806–1848) auf der Burg, «um die Bauten u. Alterthümlichkeiten der Wartburg genau in Augenschein zu nehmen»[30]. Beide waren mit Aufbau und Ausgestaltung von Schloss Landsberg befasst.

Zwischen dem Kommandanten und dem Sagensammler entwickelte sich eine lebenslange Freundschaft[31], welche die geistige Hingabe Bechsteins an die Wartburg, ihre Geschichte und die Landgräfin Elisabeth in höherer, vertiefter Form bewirkte: «Ich habe die Burg immer geliebt, aber seit wir uns droben fanden, hat sie für mich ein ungleich höheres, schöneres Interesse genommen»[32], sowie «Jetzt tragen wir geistige Steine zum geistigen Wartburgbau», wie es Hans von der Gabelentz 1938 überlieferte[33]. Das enge Verhältnis und die Sammlung von Wartburgzeugnissen bezeugen 195 erhaltene Briefe, die Bechstein bis kurz vor seinen Tod an seinen Freund Bernhard von Arnswald auf der Wartburg richtete, wo sie bis heute liegen[34].

Krankheiten von Frau und Kindern, die unruhigen Zeiten mit allgemeinem Mangel und Störungen im Verhältnis zu seinem Freund Ludwig Storch[35] lähmten Bechsteins Aktivitäten im Blick auf die Wartburg Ende der 1840er Jahre ein wenig. Storch war seit 1830 Bechsteins Vertrauter und engster Freund. Wegen grundlegender Auffassungen in politischer Beziehung – Storch war begeisternder Redner auf revolutionären Veranstaltungen in Gotha – und Querelen wegen ihres Verhältnisses als Schriftsteller und Verleger entzweiten sich beide um 1850. Hinzu traten die revolutionären Ereignisse, über die Bechstein am 21. Mai 1848 an Arnswald seine Sorgen äußerte: «Wenn das Republikenfeuer um sich frißt, so sind unsere Fürsten

---

30　So im Rapport von Arnswald in: Wartburg-Stiftung Eisenach, Archiv, Kommandantenakten, K 2, 1841, vgl. Transkription: Abschrift des von Burghauptmann v. d. Gabelentz erstellten Auszuges aus den Akten der Kommandantur der Wartburg vom Jahre 1841, S. 4.

31　Heinrich Weigel: «Ich habe die Burg immer geliebt, aber seit wir uns droben fanden, hat sie für mich ein ungleich höheres, schöneres Interesse genommen ...» Die Freundschaft zwischen Bernhard von Arnswald und Ludwig Bechstein. In: Günter Schuchardt (Hrsg.): Romantik ist überall, wenn wir sie in uns tragen. Aus Leben und Werk des Wartburgkommandanten Bernhard von Arnswald. Regensburg 2002, S. 153–164, hierzu S. 153 f.

32　So in Briefe Bechsteins an Arnswald (wie Anm. 34) Hs 90, 5. 11. 1846.

33　Hans von der Gabelentz: Ludwig Bechstein. Des Thüringer Dichters und Heimatforschers Briefe an Bern. v. Arnswald. In: Thüringer Fähnlein. 7(1938)9, S.297–311, hier S. 297, ohne Datierung und Quellenangabe in der Einleitung zu Briefeditionen. Gabelentz standen damals Materialien/Unterlagen zur Verfügung, über die wir heute nicht mehr verfügen können.

34　Wartburg-Stiftung Eisenach, Archiv, Briefe Ludwig Bechsteins an Bernhard von Arnswald, innerhalb des Bestandes Hs 55–241.

35　Ludwig Storch (14. 4. 1803 Ruhla – 5. 2. 1881 Kreuzwertheim), (Mode-)Schriftsteller, Lyriker in Hochdeutsch und Mundart sowie Verleger.

samt und sonders, besonders die kleineren, in Kürze beseitigt, und ihre treuen Diener natürlich bei der Masse schwarz angeschrieben. Es kann daher auch mir recht gut in die Hände gehen [36], daß ich plötzlich brotlos werde, und meine Habe in zerstörende Räuberhände fällt. Wohin nun etwas von Silber, Seltenheit und Kunstschätzen bergen, ehe der Sturm losbricht? Kannst DU nichts aufnehmen? Es fehlt ja wohl nicht auf der Burg an Gewölben, und sie selbst ist, wie auch die politische Gestaltung sich wandle, unbedroht.» [37]

Die Verehrung der hl. Elisabeth teilte Bechstein auch mit dem (Erb-) Großherzog Carl Alexander [38], der beispielsweise in einem Brief von der Wartburg vom 13. November 1844 [39] an Hans Christian Andersen [40] die Gebäude der Wartburg beschrieb und dabei bemerkte: « ... die dritte Reihe [gehört] den Gemächern, wo die heilige Elisabeth von Thüringen still ihren Segen spendete, ein Segen, der in frommen Stiftungen [41] bis heute in Eisenach fortlebt.» [42] Der Gedanke der Wohltätigkeit, der für das fürstliche Haus, insbesondere die Frauen, ein leitender war, wurde gewiss auch aus dem Vorbild Elisabeths gespeist [43]. Carl Alexander gab seiner 1851 geborenen Tochter den Namen Elisabeth [44].

Als dessen Vater Carl Friedrich, Gatte der Maria Pawlowna, am 8. Juli 1853

---

36 «geschehen», «passieren» – wohl bildlich, als würde sich ihm etwas förmlich aufdrängen. Bechstein gebraucht auch gern «behändigen» im Sinne von «einhändigen». Die Hand fungierte in der Sprache bei vielen symbolischen Handlungen.

37 Briefe Bechsteins an Arnswald (wie Anm. 34) Hs 105, 21. 5. 1848.

38 Carl Alexander (24. 6. 1818 Weimar – 5. 1. 1901 Weimar) war seit dem 8. 7. 1853 Großherzog. Er ist als Freund der Wissenschaften und Künste und Wiederhersteller der Wartburg in die Geschichte eingegangen.

39 Freundliche Mitteilung im Brief vom 14. 3. 2007 von Frau Dr. Angelika Pöthe (Jena), die an dieser wie an anderen Stellen wichtige Hinweise zu Carl Alexanders Verhältnis zur einstigen Landgräfin gab.

40 Hans Christian Andersen (1805–1875), der dänische Märchendichter, war seit 1833 viel auf Reisen, 1844 auch in Weimar bei Carl Alexander. 1858 entstand sein Märchen «Die Nachtmütze des Hagestolzen», das in Thüringen und auf der Wartburg spielt, wobei «schließlich die heilige Elisabeth auftritt, um dem unglücklichen Anton, der ein Leben ohne Liebe verbrachte, Trost und Frieden zu bringen.» – Angelika Pöthe: Carl Alexander. Mäzen in Weimars «Silberner Zeit». Köln/Weimar/Wien 1998, S. 75.

41 Das um 1226 unterhalb der Wartburg von Elisabeth gegründete Armen- und Krankenhaus soll vor das Eisenacher Georgentor verlegt und später zum Hospital St. Annen umbenannt worden sein, das in Form des Alten- und Pflegeheims St. Annen oder St. Annen-Stifts fortexistiert. Auch das eingegangene Hospital St. Spiritus am Ende des Ehrensteigs wurde auf Elisabeth zurückgeführt.

42 Ivy York Möller-Christensen und Ernst Möller-Christensen (Hrsg.): Mein edler, theurer Großherzog! Briefwechsel zwischen Hans Christian Andersen und Großherzog Carl Alexander von Sachsen-Weimar-Eisenach (Grenzgänge. 2). Göttingen 1998, S. 17, Carl Alexander an Andersen, Wartburg den 13. November 1844.

43 Brief Carl Alexanders an Michelangelo Caetani Herzog von Sermoneta vom 14. 3. 1854. Thürisches Hauptstaatsarchiv Weimar, HAA XXVI, No. 1060b, darin der Ausspruch: «Die

verstarb, schrieb Bechstein Mitte Juli 1853 im Blick auf eine stärkere persönliche Einbindung in die Beratungen zur Wartburg-Restaurierung an Arnswald: «Es wird nun nur von dem gnädigen Herrn selbst abhängen, ob er mir auch ein Wirken für die Burg an- und zuweisen will.» [45] Trotz großer Bemühungen Arnswalds in dieser Beziehung und trotz unaufdringlicher und meist sinnvoller Angebote Bechsteins blieb er nur einer unter zahlreichen Mitausgestaltern der Wartburg und wurde nicht «der Wartburgpoet», wie es 1907 August Trinius hochgestimmt behauptete [46].

Die Sammlung von Exponaten zur Wartburg und zur hl. Elisabeth

Bechstein war ein passionierter Sammler, der natürlich Anbieter, Auftragnehmer, Zwischenhändler und Abnehmer brauchte. Er interessierte sich für die unterschiedlichsten Exponate, tauschte oder verkaufte, aber vorrangig Dubletten. Dabei verfolgte er aber anfänglich weniger eingegrenzte Zielstellungen, sondern häufte einfach auf, was ihn ansprach, was er vielleicht einmal ergänzen könnte und woran er insgesamt Freude und Kenntniszuwachs fand: «Nicht um zu sammeln, sammeln die Vereine, sondern um an und von dem Gesammelten zu lernen, und hier gewinnt selbst ein anscheinend geringfügiger Gegenstand Werth und Bedeutung.» [47] Er sammelte beinahe wahllos und zu seinem Vergnügen, erweiterte die «Objektpalette» ständig und handelte als Sammler wie ein Spieler. In diesem Sinne äußerte er sich 1856: «Jede Sammelneigung ist ein Spiel, das den Geist des Sammlers auf die angenehmste Weise beschäftigt, und sehr häufig mehr als ein Spiel, sie kann zum Träger einer Wissenschaft werden.» [48]

Er häufte die Stücke aber auch an, um durch Tausch Neues erwerben zu können. Dabei plante er nicht den Aufbau einer Sammlung, sondern verspekulierte sich öfter und bedauerte, dass seine Verbindlichkeiten bzw. Schulden den Wert der Objekte insgesamt ausgleichen könnten, wenn sie denn «en Masse» abzusetzen wären. Erst ab 1850 brachte er insofern eine gewisse

---

Wartburg lehrt uns, was und wie wir glauben sollen». Er bezieht sich in erster Linie auf die protestantische Tradition. Es ist aber schon bemerkenswert, daß er die katholische Tradition ausdrücklich gelten lässt. – Freundlicher Hinweis von Frau Dr. Angelika Pöthe (Jena).

44 Elisabeth (Weimar 29. 3. 1851 – Wiligrad 10. 7. 1908).

45 Briefe Bechsteins an Arnswald (wie Anm. 34) Hs 163, 16. 7. 1853.

46 August Trinius (1851–1919) war Schriftsteller und wurde als «Thüringer Wandersmann» bekannt. Er schrieb bei Max Baumgärtel (Hrsg.): Die Wartburg. Ein Denkmal deutscher Geschichte und Kunst. Berlin 1907, S. 641: «Zum Wartburg-Poeten wurde Ludwig Bechstein».

47 Vgl. Ludwig Bechstein: Wanderungen durch Thüringen. Leipzig 1838, S. 32.

48 Ludwig Bechstein: Die Autographensammlung. In: Die Wissenschaften im 19. Jahrhundert. Ihr Stand und die Resultate. Sondershausen 1856, S. 215.

Ordnung in das Aufgehäufte, indem er einzelne Sparten bevorzugte. Im Laufe seines Lebens wurde er zu einem äußerst engagierten privaten Kunsthändler und erwarb dabei autodidaktisch beachtliche Fachkenntnisse, kam aber nie aus finanziellen Sorgen und einer «Schuldenfalle» heraus. Die Wartburg musste für ihn als «handelnden Sammler» eine besondere Bedeutung gewinnen.

Schon im ersten erhaltenen Arnswald-Brief vom 28. Juli 1842 bot er als Mittelsmann ein Harnisch-Vorderstück und drei Helme als Tauschobjekte an[49]. Am 9. Februar 1843 nannte er zum ersten Mal einen Schweinfurter Teppich[50], den «die Erbgroßherzogin[51] ankaufen und ihrem Gemahl zum Geschenk machen möge, der ihn dann der Wartburg stiftet»[52]. Im Brief vom 9. August 1846 berichtete Bechstein von einer Reihe geschnitzter Heiligenbilder «in halber Lebensgröße, doch hinten hohl», die er für den Verein[53] ankaufen und nach Meiningen holen wolle, «dabei eine sehr schöne Hlg. Elisabeth, welche sich herrlich auf die Wartburg eignen würde. – Die Figuren sind aus der letzten Zeit[54]. Ich will sie dem Verein zuordnen und sie ein wenig restaurieren lassen.»[55]

Die genannte Elisabeth-Statue muss aber auch Erbgroßherzog Carl Alexander bei einem Besuch bei Bechstein in Meiningen kennengelernt haben. Herzog Bernhard II. Erich Freund von Sachsen-Meiningen (17. 12. 1800 – 3. 12. 1882) war seit dem Tode seines Vaters 1803 Regent unter Vormundschaft seiner Mutter und übernahm am 17. Dezember 1821 selbstständig die Regierung; man feierte demnach im Dezember 1846 in Meiningen sein 25. Regierungs-Jubiläum. Hierbei lernte Bechstein Carl Alexander kennen, wie er Arnswald am 12. Januar 1847 schrieb: «Beim Jubiläum unseres Herzogs war S.K.H. der Erbgroßherzog auch hier und ließ mich zu sich entbieten. Da wurde dann endlich die persönliche Bekanntschaft gemacht. Er hielt eine sehr gnädige Anrede an mich, fragte viel, und die Wartburg blieb nicht unberührt ...»[56]

Seine Idee der künstlerischen Ausgestaltung der Wartburg mit vorgesehenen Sammlungen bekräftigte Bechstein dann am 25. April 1847: «Noch habe ich meine hübsche Hl. Elisabeth, altdeutsch, aus der Schule des Veit Stoß,

---

49 Briefe Bechsteins an Arnswald (wie Anm. 34) Hs 55, 28. 9. 1842.
50 Zu diesem Tierkreisteppich s. Anm. 71.
51 Sophie Luise (8. 4. 1824 – 23. 3. 1897 Weimar) war die Tochter König Wilhelms II. der Niederlande und heiratete am 8. 10. 1842 den Erbgroßherzog Carl Alexander.
52 Briefe Bechsteins an Arnswald (wie Anm. 34) Hs 61, 9. 2. 1843.
53 Am 14. 11. 1832 gründete Bechstein den «Hennebergischen Alterthumsforschenden Verein zu Meiningen», dem er bis 1859 vorstand.
54 Vermutlich ist Anfang des 19. Jahrhunderts gemeint.
55 Briefe Bechsteins an Arnswald (wie Anm. 34) Hs 84, 9. 8. 1846.
56 Briefe Bechsteins an Arnswald (wie Anm. 34) Hs 92, 12. 1. 1847.

aber mein Würzburger Freund[57] warf schon Liebesaugen darauf. Ich möchte die Elisabeth jedoch gar zu gern auf Wartburg sehen. Was gibst Du dafür? Ich meine Tauschsachen, Waffen, Rüstzeug. Meine Heilige ist 4 Fuß hoch, der vor ihr kniende lahme Bettler 2. Es ist eine sinnige Gestalt, nur an der Nase und am Kopfe ein wenig verletzt, was leicht zu ergänzen ist. Sie hat um den Kopf ein weißes Schleiertuch gewunden, ihr Mantel aus Gold, mit roter Kutte, ihr Kleid ist grün.»[58] Die vier Fuß hohe Elisabethstatue, die – bei in Thüringen üblichen etwa 29 cm für einen Fuß – nahezu 1,20 m hoch war, beschreibt und bietet er nochmals am 20. Mai 1847 bei Arnswald an: «Ich bin wie ein Frauenzimmer. Immer Postscripte. Ich wollte nur noch Dir mittheilen, daß ich ohnlängst ein altes geschriebenes Gebetbuch einer Nonne erwarb, mit eingeklebten, alten Holzschnitten, und darin ein sehr poetisches Gebet an die Hl. Elisabeth, die ich natürlich behalten will. Auch bekam ich einen ururalten Holzschnitt aus der Zeit von 1450/60, die Hl. Elisabeth darstellend, wie sie einen Lahmen begabt[59]. Merkwürdigerweise wird sie so am häufigsten dargestellt.

Desgleichen erhielt ich ein großes Schnitzbild, 4 Fuß hoch, dieselbe Darstellung. Ich werde es erneuern lassen. Das wäre 'was für die Wartburgkapelle. Die Heilige trägt einen weißen Schleier malerisch um das Haupt gewunden, grünes Gewand, goldener Überwurf mit grünem Unterfutter, in der Linken eine Schüssel mit Brot und Trauben. Mit der Rechten reicht sie dem lahmen Bettler, der gegen sie klein gehalten ist, ein Brötchen. Billig gebe ich dies' seltene, alte Bild aber nicht her. Sie kann erst auch bei mir ein Wunder thun für die Verehrung, die ich ihr zolle, und wenn ich sie gekleidet[60], kann sie auch noch bleiben. Eine Liebe ist der anderen werth.»[61] Danach erwähnt Bechstein die angebotene Plastik nicht mehr, als hätte er sie doch nach Würzburg gegeben, was aber aus Briefen 1850/51 an den dortigen Domdechanten Georg Benkert[62] nicht hervorgeht.

Wenig später berichtet er Arnswald von einem «Halsband der Heil. Elisabeth, oder einem Stück davon, bestehend aus sehr roh bearbeiteten Granatteilchen, welche auf eine äußerst feste Kittmasse aufgesetzt sind, ziem-

---

57 Dies war Franz Georg Benkert (25. 9. 1790 Nordheim v. d. Rhön – 20. 5. 1859 Coburg), Domdechant in Würzburg, der auch im Meininger Raum «visitierte und vigilierte», Historiker und Herausgeber katholischer Zeitschriften.

58 Briefe Bechsteins an Arnswald (wie Anm. 34) Hs 98, 25. 4. 1847.

59 Wir empfinden diese antiquierte Formulierung nicht allein als damals durchaus gebräuchliche Wendung, sondern bewusst gewählte Variante des ursprünglichen Inhalts von «geben», nämlich «etwas mit der Hand einem hinreichen, der es in Empfang nimmt und in dessen Besitz es dadurch übergeht», also «vorbehaltlos schenken», «aus Liebe weiterreichen».

60 Vielleicht so zu verstehen: «erneuert», «restauriert», «jemanden schön machen».

61 Briefe Bechsteins an Arnswald (wie Anm. 34) Hs 99, 20. 5. 1847.

62 Wie Anm. 57.

lich kunstlos, und doch schön. Sie hat dieses Halsband dem Ritter Kurt von Vargula[63], dessen noch ungedruckte Korrespondenz mit Eina von Sommerthal[64], berühmten Andenkens, in meinen Händen ist, für diese, seine Verlobte geschenkt.»[65]

In dieser Zeit war Bechstein aber sammlerisch durchaus aktiv. Seinem Freund Adolf Bube[66], Archivsekretär und Direktor des Kunstkabinetts in Gotha, listete er Exponatgruppen seiner Sammlungen auf, aus denen er verkaufen würde, um Außenstände aus noch unbezahlten Lieferungen zeitweise verschmerzen und außerdem endlich Schulden tilgen zu können. Einer der unbequemsten, direkt anmaßenden «Sammelfreunde» Bechsteins war Graf Wolf von Ütterodt aus Wenigenlupnitz bei Eisenach. Dieser leistete nur Teilzahlungen, bat mehrfach um Rücknahme oder Rücktausch, entschied sich nur zögerlich, klagte über fehlende Mittel und hielt nicht Wort. Häufig gingen die «Geschäfte» über Arnswald, dem Bechstein sein Herz ausschüttete, ihn in seine Verärgerung einbezog und dergestalt unverdient nervlich belastete.

Anderseits unterstützte Bechstein den Verleger Theodor Oswald Weigel[67] in Leipzig für dessen «Autographen-Prachtalbum» und schloss mit ihm sofort beglichene Geschäfte ab, die seine Finanzen zumindest etwas verbesserten. Allerdings setzte er einen Teil der Erlöse sofort wieder zum Ankauf neuer Exponate ein. Im Dezember 1850 schrieb er an Georg Benkert[68], wobei er die umfänglichste Einschätzung seiner damaligen Sammlung in Briefwechseln abgab: «Meine Kunstsammlung habe ich eigentlich nicht verkauft, nur einen Teil derselben, das Beste habe ich behalten, es ging trotz aller schlechten Zeiten und Prophezeiungen ganz leidlich, und ich konnte eine freiwillige milde Gabe an das Armenhaus pp. erübrigen. Ich mußte Raum gewinnen und hatte zu viel. Jetzt habe ich noch die treffliche Holzschnittsammlung, die Pergamentmalereien, die Autographen, die Kupfermünzen und manches andere Liebe und Schöne, z. B. alle Geschenke aus Freundeshänden, deren Zahl an sich groß ist, und ich bin mit diesem Besitz zufrieden.»[69]

---

63 Ein Ritter Kurt von Vargula ist unbekannt.
64 Eine Eina von Sommerthal ist unbekannt.
65 Briefe BECHSTEINS an ARNSWALD (wie Anm. 34) Hs 100, 28. 6. 1847.
66 ADOLF BUBE (23. 9. 1802 Gotha – 17. 10. 1873 Gotha) war Archivsekretär am großherzoglichen Oberkonsistorium, Direktor des Kunstkabinetts, Leiter der naturhistorischen Sammlung und des Chinesischen Kabinetts in Gotha, Schriftsteller und Archäologe. Nebst BENKERT (s. Anm. 57) füllte er die «Freundeslücke» nach der Trennung BECHSTEINS von STORCH.
67 THEODOR OSWALD WEIGEL (5. 8. 1812 Leipzig – 2. 7. 1881 Hosterwitz) war Sproß eines renommierten Leipziger Verleger-Familienunternehmens; er selbst betätigte sich als Verleger, Kunsthistoriker und Kunst-Buchhändler. In seinem Verlag erschien: LUDWIG BECHSTEIN: Mythe, Sage, Märe und Fabel im Leben und Bewußtsein des deutschen Volkes. 3 Tle. (Das deutsche Volk dargestellt in Vergangenheit und Gegenwart zur Begründung der Zukunft. 14–16). Leipzig 1854–1855.
68 Siehe Anm. 57.

Die Weimarer Hofdame, Musikerin und Schriftstellerin Adelheid von Schorn (1841–1916) kam vom Herrensitz ihrer Mutter in Ostheim[70] in jener Zeit häufig nach Meiningen und konnte zum 100. Geburtstag Bechsteins 1901 in der «Frankfurter Zeitung» über sein Haus einen illustrativen Bericht abgeben: «Das Bechstein'sche Haus war nach und nach zu einem Museum geworden. Ich erinnere mich noch des Eindrucks, den ich als Kind von ihm bekam, als ich mit meiner Mutter, Henriette von Schorn, geb. von Stein, die mit Bechstein befreundet war und ihn jedesmal besuchte, wenn sie nach Meiningen kam, das merkwürdige Haus betrat. Über den Türen waren Sprüche gemalt, in allen Ecken waren alte Sachen angebracht, und wenn man Bechsteins Studierzimmer betrat, glaubte man, in das Allerheiligste eines Magiers zu kommen. Retorten und Humpen aller Art, Bilder und Schnitzereien von allen Sorten hingen und standen umher. Harnische und Waffen, Medaillen und Münzen, Bücher und Pergamente, Autographen und Inkunabeln. Und was er nur von Altertümern hatte auftreiben können, war da aufgespeichert. Nur der Hausherr selbst machte durchaus keinen unheimlich-magischen Eindruck, ein freundlicher, behäbiger Mann, im langen, meist pelzbesetzten Schlafrock, trat Einem mit strahlender Herzlichkeit entgegen ...»

Mehrfach ist 1849 von dem «Tierkreisteppich»[71] die Rede, den er 1847 am liebsten auf der Wartburg «hinter einem Thronsessel für Landgraf und Landgräfin gesehen hätte»[72], wenngleich er seine Freunde Catharina und Wilhelm Sattler[73] in Schweinfurt sogar um den denkbaren Verkauf in Franken bat. Im Januar 1850 «will er den Teppich auf der Wartburg haben, denn da gehört er hin»[74], und am 3. Februar teilt er Arnswald erfreut den Abschluss des Geschäftes mit: «Der Betrag aus Weimar langte an, und ist Gott Lob, diese Angelegenheit endlich und ganz im Reinen.»[75]

Eine Auktion, an der sich Bechstein beteiligte, was bereits im Brief an Benkert ersichtlich ist[76], «lief ganz gut ab», wie er in einem Brief vom Dezem-

---

69   Brief BECHSTEINS an GEORG BENKERT vom 9. 12. 1850 in: INGEBORG UNTERHALT-SCHÜLER: Briefe Ludwig Bechsteins an Franz Georg Benkert aus den Jahren 1850 bis 1858. In: Jahrbuch 1994 des Hennebergisch-Fränkischen Geschichtsvereins. Bd. 9, S. 177–205, hier S. 191.

70   Die Mutter der ADELHEID VON SCHORN war mit HENRIETTE VON SCHORN (1807–1869) eine geborene Freiin von Stein zu Nord- und Ostheim und Ostheim eine Exklave des Großherzogtums Sachsen Weimar und Eisenach.

71   Tierkreisteppich, niederdeutsch, Ende 14. Jahrhundert, Wolle und Leinen gestickt, Höhe 204 cm, Breite 153 cm, Wartburg-Stiftung Eisenach, Kunstgewerbe/Textilien, Inv.-Nr. KT 2.

72   Briefe BECHSTEINS an ARNSWALD (wie Anm. 34) Hs 104, 26. 11. 1847.

73   CATHARINA (1789–1861) und WILHELM SATTLER (1784–1859) waren Schweinfurter Industrielle und Kunstliebhaber, Catharina zeichnete auch gut, und hatten sich 1822 das Schloss Mainberg in der Nähe von Schweinfurt gekauft und ausgebaut, wo Bechstein häufig weilte.

74   Briefe BECHSTEINS an ARNSWALD (wie Anm. 34) Hs 124, 10. 1. 1850.

75   Briefe BECHSTEINS an ARNSWALD (wie Anm. 34) Hs 137, 3. 2. 1850.

ber 1850 an Arnswald betonte[77]. Darin benannte er auch einen Pilgerstab, eine Pilgerflasche und ein byzantinisches Kästchen, die er erworben hatte. Von einer Elisabeth-Statuette ist hier keine Rede.

Im Jahre 1851 kommt eine weitere Elisabeth-Figur in Briefen Bechsteins an seinen Freund Arnswald ins Gespräch. Im Frühjahr d. J. berichtete er seinem Freunde von einer geplanten Reise nach Mühlhausen, wo er alte Urkunden und Manuskripte einsehen und entleihen wollte. Sie war erfolgreich, wie er im Brief vom Mai 1851 schrieb. Aufhorchen lässt dabei der Zusatz: «S. K. H. der Erbgroßherzog hat mich am Tage vor meiner Abreise[78] mit dem Prinzen Schönaich-Carolath zu Sachsen[79] und seiner Tante, der Herzogin Ida[80], nebst zwei Prinzessinnen[81] in meinem Hause besucht. Er hat auch die Vereinssammlung[82] gesehen, und sie hat ihm gefallen. Ich habe ihm meine heilige Elisabeth gelobt! Heilige Elisabeth! Heiliges Gotteshaus! Sie gehört nun der Wartburg; aber ich bringe sie selbst.»[83]

Am 25. Mai 1851 schreibt Bechstein an den Erbgroßherzog Carl Alexander, er habe dessen «beglückenden Besuch im dankbarsten Andenken» und fährt fort: «Die von mir für die Wartburg bestimmte sehr alte[84] Holzstatue der heil. Elisabeth werde ich bei der ersten Veranlassung, die Burg zu besuchen, selbst dort hin zu bringen, mir die Freude machen. Dieselbe bedarf einer kleinen Restauration, und wird dann höchst geeignet sein, als ein altes Denkmal in der Kapelle an einer Wand aufgestellt zu werden.»[85]

Die erste Äußerung galt dem Freunde, dem er alles sagen konnte, auch offen und oft drastisch. Obwohl Arnswald unverheiratet und damit kein

---

76 Siehe Anm. 69.

77 Briefe BECHSTEINS an ARNSWALD (wie Anm. 34) Hs 137, 2.12.1850.

78 Der Reiseantritt könnte am 1. 5. 1851 nachmittags erfolgt sein: nach der Taufe des am 1. 4. 1851 geborenen Prinzen GEORG BERNHARD FRIEDRICH WILHELM ALBRECHT, Sohn des Herzogs Georg von Sachsen-Meiningen und seiner Gattin Charlotte. Dieses liebevoll «Georgeli» genannte Kind verstarb bereits am 27. 1. 1855.

79 Prinz HEINRICH ZU SCHÖNAICH-CAROLATH (1783–1854), preußischer General der Infanterie, Cousin des Herzogs BERNHARD II. VON SACHSEN-MEININGEN. Die Mutter des Fürsten, Amalie, war eine Schwester des Herzogs GEORG I. VON SACHSEN-MEININGEN (1761–1803).

80 Herzogin IDA (1794–1852) war die Tochter GEORGS I. von Sachsen-Meiningen und mit Herzog CARL BERNHARD, dem jüngsten Sohn CARL AUGUSTS VON SACHSEN-WEIMAR, verheiratet. Beide wohnten vielfach in Bad Liebenstein und im Schloss Altenstein. Ihre ältere Schwester war Königin ADELHEID VON GROSSBRITANNIEN (1792–1949).

81 Dies waren ANNA (1828–1864) und AMALIE (1830–1872), sechstes und siebtes Kind von IDA und BERNHARD (vgl. Anm. 80).

82 Die Sammlung des Hennebergischen Altertumsforschenden Vereins befand sich bis ca. 1851 in Bechsteins Haus zu Meiningen, bevor zwei Räume angemietet wurden.

83 Briefe BECHSTEINS an ARNSWALD (wie Anm. 34) Hs 147, 14. 5. 1851.

84 Offensichtlich irrt sich BECHSTEIN mit dieser Angabe, denn diese Statuette wurde nachweislich erst Anfang des 19. Jahrhunderts geschnitzt.

85 Vgl. HEINRICH WEIGEL: Ludwig Bechstein in Briefen an Zeitgenossen. Frankfurt a.M. (u.a.) 2007, S. 126 f.

«Mitlesen» Verwandter zu befürchten war, schrieb er auch ihm Extra-Zettel, die nach der Einsichtnahme vernichtet werden sollten, was aber Arnswald nicht tat. Die zweite Aussage aber war an den künftigen Großherzog gerichtet, dem gegenüber Bechstein Erwartungen hegte, was sich im sachlichen Ton und in neutral formulierten persönlichen Empfehlungen niederschlug.

Abb. 3:
Statuette der
hl. Elisabeth bei
Mantelspende,
1. Hälfte des
19. Jahrhunderts
(vgl. Anm. 90)

Arnswald könnte die Statuette gekannt, sich aber auch der vorangegangenen Angebote ähnlicher Objekte erinnert haben. Er kannte Bechsteins Sammlerinteressen und seine Begeisterungsfähigkeit. Schließlich hatte ihm gegenüber Bechstein die «griffige Zielsetzung» von dem Herbeibringen «geistiger Bausteine» geprägt sowie ihn als Vertrauten und Mittelsmann gegenüber dem weimarischen Fürstenhaus einbezogen. Er wusste natürlich genau, was Bechstein meinte, wenn er seine Gedanken formulierte – oder aber auch nur andeutete. Diesbezüglich geben uns die drei kurzen Ausrufesätze zu denken: «Ich habe ihm meine heilige Elisabeth gelobt! Heilige Elisabeth! Heiliges Gotteshaus!»

Der erste beinhaltet eine unumstößliche Tatsache, die er dem Freund nicht deutlicher bewusst zu machen versucht als eben in der Form eines ihn beinahe selbst überraschenden Ausrufs. Im zweiten meinen wir alle gefühlsmäßige Zugewandtheit zu Elisabeth zu erkennen. Hatte Bechstein etwa auf seine Plastik zu stark hingewiesen, sie so gelobt, dass Carl Alexander gar mit einer Schenkung rechnen durfte? War der letzte Satz u. U. wie ein «Stoßseufzer» ähnlich der vergleichbaren effektvollen Verneinungen «Gott bewahre!» oder «Gott behüte!» gemeint? «Ich ... habe gelobt» – nun habe ich die «Bescherung». Hatte Bechstein gar gefühlt und letztlich auch begriffen, dass er «seine Elisabeth» zu sehr angepriesen hatte? Das «nun» könnte man deswegen als rhetorischen Abschluss eines Entscheidungsprozesses deuten, den er mit einer persönlichen Übergabe verwirklichen und abschließen wollte. – Im Brief an Carl Alexander hebt er dagegen seine freie Entscheidung hervor und bekennt seine Freude, die er sich mit dem Geschenk auch selbst bereite. Er verbindet beides geschickt mit einer Wertung der Statuette und ihrer günstigsten Platzierung auf der Wartburg.

Nach geraumer Zeit formuliert Bechstein Ende 1851 auf die Plastik bezogen erneut knapp: «Die Statuette der Hl. Elisabeth, die ich versprochen, kommt auf die Burg, ich hätte aber noch gar schöne Sachen hier: ein altes Taufbecken mit St. Georg, eine Minnesängerlaute, ein schön gestieltes Kruzifix, Lutherschriften usw.»[86] Rechnete er etwa mit Zukäufen aus einer gewissen Dankbarkeit heraus?

Die Trennung von der Elisabeth-Statuette muss schwer gewesen sein, wie bereits die obigen Darstellungen zeigen. Natürlich könnte die «Restaurierung» einen gewissen zeitlichen Verzug bewirkt haben. Denn erst gegen Ende Oktober 1852 teilt er Arnswald mit: «Ich [habe] die Statue der Hl. Elisabeth dem Herrn Postkondukteur mitgegeben [also nicht wie zuerst geplant persönlich gebracht!]... diese Statue schenke ich ohne allen und jeden Anspruch der Wartburgkapelle.»[87] In diesem Brief gibt er seinem treuen Freund Arnswald zumindest Hinweise, wie sich die Statue an der Wand mit Mandorla von Goldgrund am besten ausnehme.

Die Plastik entstand zu Beginn des 19. Jahrhunderts. Der Schnitzer ist nicht bekannt. Für die Darstellung von Elisabeths Mantelspende, wobei sie in einer Hand den Mantel und in der anderen ein Buch hält, gibt es mittelalterliche Vorbilder. Auf dem Altar in der Klosterkirche von Altenberg aus dem 14. Jahrhundert hält sie zwar umgekehrt das Buch in der Linken und den Mantel in der Rechten[88], doch bestehen gestalterische und farbliche Ähnlichkeiten zur Plastik. Mit Mantel in der rechten Hand und Buch in der linken bildete ein in Köln tätiger Maler des 15. Jahrhunderts Elisabeth ab[89].

Die traditionellen mittelalterlichen Denk- und Ausdrucksmuster zeigen sich auch in der Plastik[90], wozu natürlich der milde, demutsvolle Gesichts-

---

86 Briefe Bechsteins an Arnswald (wie Anm. 34) Hs 151, 28. 12. 1851.
87 Briefe Bechsteins an Arnswald (wie Anm. 34) Hs 156, 22. 10. 1852.
88 Mantelspende der hl. Elisabeth, rechte Flügelinnenseite des Altenberger Altars, um 1330, mittelrheinischer Meister, Mischtechnik auf Holz, 154 x 119 cm (Gesamtgröße des Altarflügels), Frankfurt a. M., Städelsches Kunstinstitut, Inv.-Nr. SG 360 b; vgl. Brigitte Rechberg (Bearb.): Die heilige Elisabeth in der Kunst – Abbild, Vorbild, Wunschbild (700 Jahre Elisabethkirche in Marburg 1283–1983. Katalog 2). Marburg 1983, S. 75, Nr. 40; Rheinischer Meister um 1330. Flügel des Altenberger Altars. In: Bodo Brinkmann und Stephan Kemperdick: Deutsche Gemälde im Städel. 1300–1500 (Kataloge der Gemälde im Städelschen Kunstinstitut Frankfurt am Main. 4). Mainz am Rhein 2002, S. 3–32, hierzu S. 5 Abb. 2, S. 12.
89 Mantelspende der hl. Elisabeth, Meister von St. Laurenz in Köln, um 1420–1440, Holz, 412 x 55 cm, Nürnberg, Germanisches Nationalmuseum, Inv-Nr. Gm 3 WAF 456; vgl. Rechberg, Kunst 1983 (wie Anm. 88) S. 79, Nr. 45.

ausdruck, das Brevier und der dem Bettler förmlich «hingleitende» Mantel gehören. In den letzten Jahrzehnten des 19. und den ersten des 20. Jahrhunderts zählte sie zur Ausstattung der Elisabeth-Kemenate, wie ein Messbild von 1896[91] und das Inventarbuch von 1906[92] bezeugen. Sie stand damit im Wohnbereich der großherzoglichen Familie und war nicht öffentlich zugänglich.

Die schöne Elisabeth-Statuette aus Bechsteins Besitz hat demnach ihre nachvollziehbare und unverwechselbare Geschichte, ist kulturgeschichtlich bedeutsam und gehört literaturgeschichtlich in den Kanon der für Bechstein wichtigen Stoffe innerhalb seines Gesamtwerkes. Sie erinnert aber ebenso an Arnswalds und Bechsteins Bemühungen um die kulturelle Ausgestaltung der Wartburg und Carl Alexanders Toleranz, neben der protestantischen auch die katholische Tradition auf der Wartburg gelten zu lassen. Im Elisabethjahr 2007 wird die Plastik im zweiten Teil der 3. Thüringer Landesausstellung in der einstigen Dominikanerkirche von Eisenach gezeigt.

Für Bechstein spielte Elisabeth später noch einmal eine Rolle, als man an eine mögliche Restaurierung des sog. Elisabethenbrunnens dachte. «Mein kleiner Ludwig[93], der heuer konfirmiert wird, hat Dir diese Zeichnungen exerpiert aus meinen Holzschnittblättern», schrieb er im März 1858 an Arnswald[94].

---

90 Statuette der hl. Elisabeth bei Mantelspende, 1. Hälfte des 19. Jahrhunderts, Holz, geschnitzt und bemalt, 37 cm hoch, 12 cm breit, 8 cm tief, Wartburg-Stiftung Eisenach, Kunstsammlung, Inv.-Nr. P 33.

91 Vgl. Wartburg-Stiftung Eisenach, Fotoarchiv, Messbilder vom Sommer 1896, Nr. 7 b 20/310.1: Elisabeth-Kemenate, die Statuette auf einem Schrank im Südwesten; vgl. BAUM-GÄRTEL, Wartburg 1907 (wie Anm. 46) nach S. 412; JUTTA KRAUSS (Hrsg.): Carl Alexander. «So wäre ich angekommen, wieder, wo ich ausging, an der Wartburg». Eisenach 2001, S. 72.

92 Vgl. Wartburg-Stiftung Eisenach, Archiv, Wartburg-Inventar 1906, Bd. III [ohne Paganierung, insges. 4 Bde.], Raum 143 «Kemenate der heiligen Elisabeth», lfd. Nr. 3227, «1 alte Holzstatuette der heiligen Elisabeth mit Kind [richtig: Bettler oder Krüppel], auf einem Stelzfuß stehend, mit neuer Bemalung. 19. Jahrh. Im Stil des 16ten.»

93 Dies war ADOLF EMIL LUDWIG BECHSTEIN (1. 7. 1843–31. 5. 1914).

94 Briefe BECHSTEINS an ARNSWALD (wie Anm. 34) Hs 221, 14. 3. 1858.

Ein Fazit

Bechstein hatte als Schriftsteller und Kunstliebhaber demnach zeitlebens direkt innige Beziehungen zur Gestalt der Elisabeth. Seine freudlose Kindheit, sein späterer beständiger Kampf um Anerkennung und die stete Sorge um seine familiäre Existenz dürften zur frühen und dauerhaften Verehrung der wohltätigen Heiligen beigetragen haben. Dies glaubt man im Einleitungsgedicht «Thüringen» des frühen Sagenwerkes zu erkennen:

> *«Thüringerland, Du hast mich zum Dichter ja geweiht,*
> *Du sandest einen Stern mir, ach, in gar trüber Zeit,*
> *Und eine Rose, zeigtest Du mir, so blühend schön».*[95]

Auch seine briefliche Wendung «Sie kann erst auch bei mir ein Wunder thun für die Verehrung, die ich ihr zolle ... Eine Liebe ist der anderen werth»[96] lässt diese Vermutung zu.

Bechstein interessierte wie viele kreative Zeitgenossen die vergangene Zeit, welche seine Gegenwart bestimmte. Deswegen auch seine Bemühungen, die Landgrafenzeit in ihren Lebensbedingungen und Kulturäußerungen zu verstehen und darzustellen. So schrieb er im Brief vom 27. Januar 1859 an August Henneberger (1821–1866): «Seit lange ersehne ich den Zeitpunkt, mit einer selbstständigen kulturgeschichtlichen Schrift hervorzutreten, die aber mehr das allgemeine Leben (gemeint ‹weniger die Literaturgeschichte›) umfassen soll und in größter Mannichfaltigkeit, wozu ich reichliches Material bereits aufschichtete.»[97] Dabei spielten Leben und Wirken von Frauen der Wartburg und insbesondere die karitativen Werke, das individuelle Leiden und die Erhöhung der Elisabeth eine große Rolle.

Bechsteins Elisabeth-Verehrung war ihm gefühlsmäßig wichtig, fast wie ein «Minnedienst» als «platonische Liebe zu prominenten» und auf ihre Weise «starken Frauen». Seine Verehrung der Elisabeth ähnelt der sogar erotisch aufgeladenen Verehrung der Maria in der katholischen Kirche seit dem hohen Mittelalter. Ähnlich zeichnet sich in Briefen auch seine Verehrung für Arnswalds Schwester Marie, eine Rudolstädter Stiftsdame, und die mit ihren beiden Söhnen im Eisenacher Exil lebende Herzogin Helene von Orleans, die er sogar – allerdings ohne ihren Namen zu nennen – in seinem Gedicht «Vier Mütter»[98] mit der Elisabeth, Sophie von Brabant und Margarethe, den «drei Frauen und Müttern der Wartburg», vereint.

---

95 Bechstein, Sagenschatz 1835 (wie Anm. 7) S. 7.
96 Wie Anm. 61.
97 Vgl. Weigel, Bechstein 2007 (wie Anm. 85) S. 22 f.
98 Bechstein, Schloss Wartburg 1859 (wie Anm. 14) S. 111–113.

ANHANG

ELISABETHS ROSEN [99]

Sie steigt herab, wie ein Engelsbild,
Die heilge Elisabeth, fromm und mild,
Die Gaben spendende, hohe Frau,
Vom Wartburg-Schloß auf die grüne Au.

Sie trägt ein Körbchen, es ist verhüllt,
Mit milden Gaben ist's angefüllt.
Schon harren die Armen am Bergefuß
Auf der Herrin freundlichen Liebesgruß.

So geht sie ruhig – doch Argwohn stahl
Durch Verräthers Mund sich zum Gemahl;
Und plötzlich tritt Ludwig, ihr zürnend nah,
Und fragt die Erschrock'ne: «Was trägst Du da?»

«Herr, Blumen!» bebt's von den Lippen ihr.
«Ich will sie sehen! Zeige sie mir!» –
Wie des Grafen Hand das Körbchen enthüllt,
Mit duftenden Rosen ist's erfüllt.

Da wird das zürnende Wort gelähmt,
Vor der edlen Herrin steht er beschämt;
Vergebung erflehet von ihr sein Blick,
Vergebung lächelt sie sanft zurück.

Er geht, und es fliegt ihres Auges Strahl
Fromm, dankbar empor zu dem Himmelssaal.
Dann hat sie zum Thal sich herabgewandt
Und die Armen gespeiset mit milder Hand.

---

99 Die erste Fassung findet sich in «Damen-Zeitung. Ein Morgenblatt für das schöne Ge-
schlecht», hrsg. von CARL SPINDLER, 1. Jg., Nr. 135, 545 – die überarbeitete Fassung in LUDWIG
BECHSTEIN: Gedichte. Frankfurt a. M. 1836, Nr. 66a, S. 237 f.

«Deutschen Geistes Standquartier» – Die Wartburg als Sujet deutsch-nationaler Weltkriegs-Lyrik[1]

Rüdiger Haufe

[Der Beitrag war im Wartburg-Jahrbuch 2005 mit einigen redaktionellen Veränderungen erschienen, die dem Autor nicht vorgelegt wurden und daher nicht dessen Zustimmung besaßen. Die Redaktion entschuldigt sich beim Autor. Mit dem nochmaligen Abdruck erfolgt die Richtigstellung.]

Seit dem ausgehenden 18. Jahrhundert avancierte die Wartburg zu einem symbolischen «Erinnerungsort» im «kollektiven Gedächtnis»[2] der sich formierenden deutschen Nation. Die sagenumwobene Stätte hochmittelalterlicher Herrschaft und Kultur kehrte zunehmend ins öffentliche Bewusstsein zurück, aus dem sie aufgrund der zumindest im protestantischen Teil der Bevölkerung fortbestehenden Erinnerung an den kurzen, gleichwohl aber für die Geschichte der Reformation bedeutungsvollen Aufenthalt Martin Luthers jedoch nie gänzlich entschwunden war. Das Wartburgfest der Burschenschafter von 1817 erweiterte die historische Bedeutung des Ortes um seinerzeit aktuelle nationalpolitische Aspekte. Damit war der Grundstein für eine von nationaler Begeisterung geprägte Interpretation gelegt, die sich im 19. und 20. Jahrhundert in einem vielfältigen Schrifttum widerspiegelte. In lyrischen, epischen und dramatischen Dichtungen, in wissenschaftlichen Abhandlungen und weltanschaulich-politischen Essays, in Reiseberichten und Reiseführern wurde die Burg zu einem sowohl real existierenden als auch geistig

---

1 Der Aufsatz basiert auf Ergebnissen meiner Magisterarbeit und enthält zugleich einige weiterführende Überlegungen zu einer noch ungeschriebenen Geschichte der literarischen Rezeption des «deutschen Erinnerungsortes» Wartburg im 19. und 20. Jh. Vgl. Rüdiger Haufe: «Deutschem Wesen stets bereit». Die Wartburg in nationaler Deutung. Zur «Wartburg-Lyrik» 1890–1933. Weimar 2000.

2 Eine Erörterung dieser zentralen Konzepte zur historischen Analyse nationaler Erinnerungskulturen muss an dieser Stelle aus räumlichen und thematischen Gründen unterbleiben. Zum auf die Arbeiten des französischen Historikers Pierre Nora zurückgehenden Begriff des «Erinnerungsortes» und seiner Übertragung auf Deutschland vgl. grundlegend: Etienne François und Hagen Schulze (Hrsg.): Deutsche Erinnerungsorte. Bd. I–III. München 2001, insbes. die Einleitung, Bd. I., S. 9–24. Die Theorie des «kollektiven Gedächtnisses» wurde maßgeblich durch den französischen Soziologen Maurice Halbwachs entwickelt: Maurice Halbwachs: Das kollektive Gedächtnis. Stuttgart 1967. Vgl. dazu die einschlägigen Artikel in: Nicolas Pethes und Jens Ruchatz (Hrsg.): Gedächtnis und Erinnerung. Ein interdisziplinäres Lexikon. Hamburg 2001. Hier finden sich auch zahlreiche weiterführende Literaturhinweise.

imaginierten Ort stilisiert, der «deutschem Wesen stets bereit»[3] erschien und bleiben sollte. Als «Advokaten der Nation»[4] auftretende Dichter, Germanisten, Historiker und Publizisten nutzten die historische Bedeutung der Wartburg als Projektionsfläche für kulturell-politische Ideen, die auf eine nationale Sinnstiftung abzielten, noch bevor der historistische Wiederauf- und Umbau zu einem «Nationaldenkmal»[5] in den Jahren 1849 bis 1890 diesem Prozess einen «monumentalen» Ausdruck verlieh.[6] Reinhard Alings konstatiert in seiner Studie zum Verhältnis von «Monument und Nation» dazu: «Bei dem Begriff ‹Nationaldenkmal› handelt es sich im Wesentlichen um die Formulierung eines Wunsches. Ob aus dem Wunsch, mittels eines bleibenden Symbols sich nationaler Identität gewiss zu werden, Wirklichkeit wurde, ... entschieden weniger äußere Faktoren des Objekts, also des Denkmals, als vielmehr die innere Zustimmung der Subjekte, also der Adressaten.»[7] Und so wurde auch die Wartburg als ein «Nationaldenkmal der Deutschen» nicht nur im 19. Jahrhundert erst erbaut, sondern sie ist in jener Zeit und darüber hinaus in einem nationalen Rezeptionsprozess auch dazu «erschrieben» worden. In der Folge entstand der «Wartburg-Mythos»[8] von der «deutschesten der deutschen Burgen»[9] als Teil eines umfassenderen, kulturhistorisch fundierten Nationalmythos.[10]

3 «Deutschem Wesen stets bereit» lautet der programmatische Titel eines Wartburg-Gedichts aus dem Jahre 1914, auf das im Folgenden noch genauer eingegangen wird.

4 Der Begriff ist bei OTTO W. JOHNSTON entlehnt, der ihn auf die national-konservativen Ideologen der Gründerzeit anwendet. Hier wird er in seiner historischen Dimension jedoch weiter gefasst. Vgl. OTTO W. JOHNSTON: Der deutsche Nationalmythos. Ursprung eines politischen Programms. Stuttgart 1990, S. 9. Zur Rolle der Intellektuellen als Sinnstifter der Nation vgl. grundlegend: HELMUT BERDING (Hrsg.): Nationale und kollektive Identität (Studien zur Entwicklung des kollektiven Bewusstseins in der Neuzeit; 2). Frankfurt a. M. 1994; HELMUT BERDING (Hrsg.). Mythos und Nation (Studien zur Entwicklung des kollektiven Bewusstseins in der Neuzeit; 3). Frankfurt a. M. 1996; BERNHARD GIESEN: Die Intellektuellen und die Nation. Eine deutsche Achsenzeit. Frankfurt a. M. 1993; BERNHARD GIESEN: Kollektive Identität (Die Intellektuellen und die Nation 2). Frankfurt a. M. 1999.

5 Zum Begriff des «Nationaldenkmals» vgl. grundlegend THOMAS NIPPERDEY: Nationalidee und Nationaldenkmal in Deutschland im 19. Jahrhundert. In: Historische Zeitschrift. 206 (1968), S. 529–585; sowie REINHARD ALINGS: Monument und Nation. Das Bild vom Nationalstaat im Medium Denkmal. Berlin u. a. 1996; CHARLOTTE TACKE: Denkmal im sozialen Raum. Nationale Symbole in Deutschland und Frankreich im 19. Jahrhundert. Göttingen 1995. Zum «Nationaldenkmal Wartburg» vgl. GÜNTER SCHUCHARDT: Eisenacher «Nationaldenkmäler». Wartburg – Burschenschaftsdenkmal – Bismarckturm. In: Wartburg-Jahrbuch 1996. 5 (1997), S. 103–128.

6 Zur Baugeschichte der Wartburg vgl. ERNST BADSTÜBNER: Die Wartburg – Historisches Bauwerk und gebautes Geschichtsmonument. In: Ettersburger Hefte. 4 (1996), S. 6–33.

7 ALINGS, Monument 1996 (wie Anm. 5), S. 34.

8 Vgl. dazu JOACHIM BAUER und JUTTA KRAUSS: «Wartburg-Mythos» und Nation in der ersten Hälfte des 19. Jahrhunderts. In: HANS-WERNER HAHN und WERNER GREILING (Hrsg.): Die Revolution von 1848/49 in Thüringen. Aktionsräume – Handlungsebenen – Wirkungen. Rudolstadt 1998. S. 513–533.

Neuere wie ältere Darstellungen zur Geschichte der Wartburg verdeutlichen, in welchem Ausmaß bereits der romantischen Literaturbewegung
zugehörige Autoren die Burg und ihre Historie seit der Zeit um 1800 als Teil
eines nationalen Kulturerbes bestimmten und sie in einer Epoche, in der sich
ein modernes deutsches Nationalbewusstsein diskursiv formierte, in literarischen Werken zum «Erinnerungsort» an eine glorreiche nationale Vergangenheit erhoben, die angesichts einer als moralisch, ästhetisch und politisch
unvollkommen, wenn nicht gar verkommen empfundenen Gegenwart
Vorbild für eine ebenso glorreiche nationale Zukunft sein sollte. So verweist
Etienne François, einer der beiden Herausgeber der facettenreichen dreibän-
digen Sammlung «Deutsche Erinnerungsorte», in einem darin enthaltenen
Aufsatz zur Wartburg auf die entsprechenden Werke von Friedrich Schlegel,
Novalis, Friedrich de la Motte-Fouqué, Ludwig Bechstein und Richard
Wagner, denen allen gemeinsam ist, dass sie, zumeist mit Bezug auf die sagen-
hafte Episode vom «Sängerkrieg» und z. T. auch auf das legendenumwobene
Leben und Wirken der heiligen Elisabeth, ein «Idealbild des Mittelalters als
der romantischen Epoche der Nationalgeschichte»[11] entwerfen. An anderer
Stelle finden sich ergänzend etwa noch Friedrich Ludwig Zacharias Werners
Drama «Martin Luther oder Die Weihe der Kraft» aus dem Jahre 1807 oder
E.T.A. Hoffmanns Erzählung «Der Kampf der Sänger» von 1816 erwähnt.[12]
   Einer der Höhepunkte der Rückbesinnung auf die mittelalterliche
Vergangenheit der Burg war unzweifelhaft die 1845 in Dresden uraufgeführte
Oper «Tannhäuser und der Sängerkrieg auf der Wartburg» des Dichter-
komponisten Richard Wagner. Der «Tannhäuser» ist wohl das erste Kunst-
werk gewesen, das der Wartburg und ihrer Historie Bekanntheit auch über
Deutschland hinaus verschafft hat. Auch darauf wird in der einschlägigen
Literatur zur Geschichte des «Nationaldenkmals» Wartburg immer wieder
hingewiesen.[13] Ebenso oft erwähnt ist der gescheiterte Versuch Joseph Victor

---

9 Dieser sich gegen Ende des 19. Jahrhunderts allgemein durchsetzende nationale Superlativ geht
   wahrscheinlich auf eine Formulierung des Historienmalers ALFRED RETHEL (1816–1859) zurück.
   Vgl. dazu WILHELM GREINER: Die Burg des deutschen Grals. In: Thüringer Monatsblätter. 33
   (1925) 6, S. 94/95, hier S. 94.

10 Vgl. JOHNSTON, Nationalmythos 1990 (wie Anm. 4).

11 ETIENNE FRANÇOIS: Die Wartburg. In: Deutsche Erinnerungsorte II (wie Anm. 2), S. 154–170,
   hier S. 159.

12 Vgl. WOLFGANG ALBRECHT: Hier wohn' ich nun Liebste, ... Die Wartburg in Literatur und Kunst
   von Goethe bis Wagner 1749–1849. Eisenach 1986.

13 Vgl. ALBRECHT, Hier 1986 (wie Anm. 12), S. 115–123. Richard Wagners Beziehungen zur Wartburg
   und die Bedeutung seiner Oper «Tannhäuser» waren 1997 Gegenstand einer Ausstellung in den
   Räumen der Burg und eines Kolloquiums, dessen Ergebnisse in einem Sonderband des Wartburg-
   Jahrbuches 1997 dokumentiert sind. Vgl. IRENE ERFEN (Hrsg.): «... der Welt noch den Tannhäuser
   schuldig.» RICHARD WAGNER: Tannhäuser und der Sängerkrieg auf Wartburg. Regensburg 1999.

Scheffels, einen dem Weimarer Großherzog und Wiedererbauer der Burg Carl Alexander seit dem Jahre 1857 versprochenen Wartburg-Roman zu schreiben, ein Projekt der Bemühungen Carl Alexanders, die Wartburg als ein Denkmal deutscher Kultur zu einem «Gesamtkunstwerk» zu gestalten.[14] Gleiches gilt für das von Franz Liszt komponierte Oratorium «Die Legende von der heiligen Elisabeth», für das der Schriftsteller und Literaturhistoriker Otto Roquette im Jahre 1862 ein Textbuch verfasst hat, in dem das Leben der Heiligen und die sich darum rankenden Legenden in einer lose gereihten Folge von Szenen behandelt werden.[15]

Wenn bisherige Darstellungen zur Rolle der Literatur bei der Wiederbelebung und Etablierung des «Erinnerungsortes» Wartburg und seines Mythos auf die Namen Schlegel, Novalis, Bechstein, Wagner oder Scheffel fokussiert sind, so wird damit ein Zeitraum, der in seiner Bedeutung für die sich verändernde Wahrnehmung des Ortes in der Öffentlichkeit grundlegend gewesen ist, zugleich so prominent vorgestellt, dass der Eindruck entstehen könnte, darüber hinaus sei die Burg kein Thema der Literatur geworden. Tatsächlich aber wurden die Wartburg und ihre in einem national-kulturellen und politischen Sinne deutungs- und projektionsfähige Vorgeschichte in weit größerem Umfang bis ins 20. Jahrhundert hinein vor sich wandelnden soziohistorischen und politikgeschichtlichen Hintergründen in literarischen und anderen Texten immer wieder zur Stiftung nationaler Identität instrumentalisiert. Dies ist zwar in Ansätzen bekannt, bisher jedoch nur punktuell untersucht worden.[16] Den Texten bis dato unerwähnt gebliebener Autoren auch

---

14 Zu Scheffel und seiner Beziehung zu Carl Alexander und der Wartburg vgl. Angelika Pöthe: Carl Alexander. Mäzen in Weimars «Silberner Zeit». Köln u. a. 1998, S. 316–336; Klaus Gantert: Neigung zieht mich nach der Wartburg, Pflicht hält mich an der Donau stillem Quell. Joseph Victor von Scheffels nie verwirklichter Wartburgroman. In: Euphorion. Zeitschrift für Literaturgeschichte. 96 (2002) 4, S. 469–493; Hansgeorg Schmidt-Bergmann: Stationen des Scheiterns. Joseph Victor von Scheffel, Carl Alexander und der «Wartburg-Roman». In: Lothar Ehrlich und Justus H. Ulbricht (Hrsg.): Carl Alexander von Sachsen-Weimar-Eisenach. Erbe, Mäzen und Politiker. Köln/Weimar/Wien 2004, S. 217–227.

15 Die Angaben zum Entstehungsjahr des Textbuches variieren in der einschlägigen Literatur. Die hier angegebene Datierung erfolgt nach Elisabeth Frenzel: Stoffe der Weltliteratur. Ein Lexikon dichtungsgeschichtlicher Längsschnitte. Stuttgart ⁸1992, S. 192.

16 Zahlreiche Hinweise dazu finden sich in den Arbeiten Justus H. Ulbrichts zur Kulturgeschichte Thüringens im 20. Jh. Vgl. z. B. Justus H. Ulbricht: «Deutsche Renaissance». Weimar und die Hoffnung auf die kulturelle Regeneration Deutschlands zwischen 1900 und 1933. In: Jürgen John und Volker Wahl (Hrsg.): Zwischen Konvention und Avantgarde. Doppelstadt Jena-Weimar. Weimar u. a. 1995, S. 191–208; Justus H. Ulbricht: Von der «Heimat» zum «Trutzgau». Kulturgeschichtliche Aspekte der «Zeitenwende» 1933. In: Lothar Ehrlich, Jürgen John und Justus H. Ulbricht (Hrsg.): Das Dritte Weimar. Klassik und Kultur im Nationalsozialismus. Köln u. a. 1999, S. 163–217; Justus H. Ulbricht: Wo liegt Kaisersaschern? Mitteldeutsche Mythen und Symbolorte. Eine Spurensuche «deutschen Wesens». In: Jürgen

aus späteren Zeiträumen kommt jedoch ebenso eine besondere Bedeutung zu, wenn die Geschichte des symbolischen «deutschen Erinnerungsortes» Wartburg als Geschichte der mentalen Rezeption des «Wartburg-Mythos» durch die Nation analysiert werden soll, insbesondere, wenn man davon ausgeht, dass die Literatur als «kulturelles Schlüsselmedium des 19. und frühen 20. Jahrhunderts»[17] eine herausragende Rolle bei der Vermittlung nationalen Gedankengutes spielte. Um der seit der Wende zum 19. Jahrhundert andauernden, aber sich in den Bedeutungszuweisungen wandelnden kommunikativen Präsenz des Ortes in nationalen Diskursen in einem umfassenderen Sinne analytisch gerecht werden, erscheint es daher sinnvoll, gerade auch solche Texte einer kritischen Betrachtung zu unterziehen.

Auf einen eigenen Versuch dieser Art rekurrierend, der sich der Verwendung des «Wartburg-Mythos» in nationalistischen Gedichten aus der Zeit von 1890 bis 1933 zuwandte,[18] soll im Folgenden exemplarisch gezeigt werden, zu welchen Befunden man dabei vor dem Hintergrund einer konkreten historischen Situation gelangen kann, die in die deutsche Geschichte als ein Höhepunkt nationalistischer Euphorie eingegangen ist, dem Beginn des Ersten Weltkrieges im Jahre 1914. Dieses Ereignis löste bei vielen Deutschen einen wahren nationalen Begeisterungstaumel aus. Es kann daher kaum verwundern, wenn auch der Wartburg als einem seit den Tagen der nationalen Romantik zunehmend im öffentlichen Bewusstsein etablierten Symbol deutscher Geschichte und Kultur in diesem Kontext neue nationalistische Bedeutungszuweisungen zukamen bzw. ältere Deutungen umcodiert wurden.

Der Erste Weltkrieg begann am 25. Juli 1914 mit der Kriegserklärung Österreich-Ungarns an Serbien. Dies war jedoch nur der offene Ausbruch eines bereits seit längerem schwelenden Konflikts zwischen den europäischen Mächten, der seine Ursache nicht zuletzt in einem seit der Thronbesteigung Wilhelms II. zunehmenden Hegemoniestreben Deutschlands und dem sich immer mehr zu chauvinistischer Hybris steigernden deutschen Nationalismus hatte. Dessen Propagandisten hielten den Krieg lange vor 1914 in ihrer Mehrheit letztlich für unvermeidbar. Die nationalistisch aufgeladene Stimmung im Deutschen Kaiserreich am Vorabend der «Urkatastrophe des 20. Jahrhunderts»[19] spiegelt unter Bezugnahme auf den «Wartburg-Mythos»

JOHN (Hrsg.): «Mitteldeutschland». Begriff – Geschichte – Konstrukt. Rudolstadt/Jena 2001, S. 135–158.

17 LOTHAR MACHTAN: Nationale Selbstbilder zwischen Inszenierung und Verinnerlichung 1885–1935. In: Zeitschrift für Geschichtswissenschaft. 46 (1998) 9, S. 818–827, hier S. 836.

18 Vgl. Anm. 1.

19 Vgl. ERNST SCHULIN: Die Urkatastrophe des zwanzigsten Jahrhunderts. In: WOLFGANG MICHALKA (Hrsg.): Der Erste Weltkrieg. Wirkung, Wahrnehmung, Analyse. München u. a. 1994, S. 3–27; WOLFGANG J. MOMMSEN: Die Urkatastrophe Deutschlands. Der Erste Weltkrieg, 1914–1918. Stuttgart [10] 2002.

eindrücklich ein Gedicht, das am 11. Juni 1914 in einer Eisenacher Tageszeitung veröffentlicht wurde. Unter dem Titel «Deutschem Wesen stets bereit» gibt der Autor Georg Becker, dessen Person trotz Nachforschungen nicht genauer identifiziert werden konnte, eine zeitgenössische symbolische Deutung des Ortes.

Deutschem Wesen stets bereit [20]

Auf starkem, steilem Felsgestein
Steht die Wartburg hochgebaut:
In das deutsche Land hinein
Ihre starke Zinne schaut.
Ein Mark- und Merkstein alter Zeit,
Deutschem Wesen stets bereit.

Und seit Jahrhunderten schon spricht
Die Zinne durch das Waldesgrün:
«Dem Deutschen ziemt die Knechtschaft nicht,
Er wirft sie von sich stark und kühn.»
Sprich was du sprichst, noch lange Zeit,
Deutschem Wesen stets bereit!

Und durch die weiten Hallen weht
Ein heil'ger Zauber wunderbar,
In Runen da geschrieben steht:
«Der Glaube frei, die Liebe wahr!»
Steh, wie du stehst, noch lange Zeit,
Deutschem Wesen stets bereit!

Das Gedicht besteht aus drei sechszeiligen Strophen mit dem Reimschema **a b a b c c**. Schon diese knappe formale Analyse zeigt, dass es sich also um liedhafte Vierzeiler handelt, die mit einem refrainartigen Zweizeiler verbunden sind. Das wird noch deutlicher beim Blick auf den Inhalt des Textes. Vers sechs einer jeden Strophe wiederholt die Titelzeile des Gedichts. Der jeweils fünfte Vers variiert inhaltlich nur insofern, als in der ersten Strophe auf die Vergangenheit referiert wird und in den anderen beiden Strophen auf Zukünftiges. Reimwort ist jeweils die «Zeit». Die erste Strophe beschreibt die erhabene Lage der Burg. Die Verse lassen sich sowohl auf die reale Landschaft beziehen als auch in einem übertragenen Sinne als lyrische Erhebung des

---

20 Das Gedicht «Deutschem Wesen stets bereit» wird wiedergegeben nach der einzig bekannten Veröffentlichung in der «Eisenacher Zeitung» vom 11. 6. 1914.

Ortes lesen, die sprachlich noch unterstrichen wird durch zahlreiche Allitera-
tionen: «Auf starkem, steilem Felsgestein / Steht die Wartburg hochgebaut.»
Der erste Refrain bestimmt die Burg zum realen wie symbolischen «Mark-
und Merkstein» der deutschen Vergangenheit und damit als Bestandteil des
Nationalmythos. Die zweite Strophe offeriert das wenig überzeugende Bild
einer in wörtlicher Rede «sprechenden» Burgzinne. Eine Zinne kann allenfalls
«schauen», nicht aber «sprechen». Wer die Adressaten der in appellativem
Ton gehaltenen Ansprache sind, ist unschwer zu erkennen: «Dem Deutschen
ziemt die Knechtschaft nicht, / er wirft sie von sich stark und kühn». Das ist
die zentrale, genau in der Mitte des Textes stehende Aussage des Gedichts.

Im zweiten Refrain wird die Burg zum Zwecke der hymnischen Anrufung
personalisiert zum lyrischen «Du». Der Refrain verstärkt nochmals das in den
vorherigen Versen zu den Deutschen getroffene Postulat und verdeutlicht:
Dies soll auch im 20. Jahrhundert und für die weitere Zukunft gelten. Dazu
mahnt, als Symbol der vermeintlich typisch deutschen Freiheit in Stärke, die
Wartburg. Hinter dem Appell verspürt man das Großmachtstreben und den
übersteigerten Nationalismus des Deutschen Kaiserreiches in der Epoche des
Wilhelminismus. Es ist der enthusiastische Ruf nach «Befreiung», nach Überwindung einer der inneren Größe des Reiches als nicht angemessen empfundenen außenpolitischen Stellung am Vorabend des Ersten Weltkrieges. In der
letzten Strophe von Beckers Gedicht werden die irrationalen Ingredienzen
des beschworenen «deutschen Wesens» benannt, wie sie sich im Symbol
Wartburg in nationalistischer Deutung manifestieren: «Ein heil'ger Zauber»
aus freiem «Glaube» und wahrer «Liebe», der noch germanisiert wird, indem
von ihm in einem gestelzten und historisch falschen Bild behauptet wird,
dass er «In Runen da geschrieben steht». Die Verse sind möglicherweise angeregt durch die so genannten «Wartburg-Sprüche».[21] Man begegnet ihnen als
Teil der historistischen Innengestaltung der Burg als Bildunterschriften, auf
Gebrauchsgegenständen und als Wandschmuck. Die von Victor Scheffel aus-
gewählten und teilweise selbst gedichteten Sprüche sollten die Atmosphäre
und den «Geist» bestimmter Räume für den Besucher erkennbar zur Schau
stellen. Dahinter stand auch ein didaktisch-volkspädagogischer Gedanke. Die
Sprüche bieten ein buntes kulturhistorisches Sammelsurium aus Zitaten der
mittelalterlichen Minnesang- und Spruchdichtung, aus Bibelversen, Volks-
weisheiten und historisierenden Versen Scheffels sowie des österreichischen
Schriftstellers Franz Lechleitner, der, nachdem er zeitweiliger Gast auf der
Burg war, die «Wartburg-Sprüche» 1892 in gesammelter Form veröffentlichte.
Im Vorwort seiner Edition gibt Lechleitner eine Begründung für das
Anbringen der Sprüche, die sowohl zum damaligen, sich auf das Germanen-

---

21 Vgl. dazu auch Pöthe, Carl Alexander 1998 (wie Anm. 14), S. 332–337.

tum zurück besinnenden nationalen Zeitgeist[22] als auch zu Georg Beckers späterem Gedicht passt: «Der Spruch war bei unseren deutschen Vorfahren besonders beliebt. Man hat Runensprüche in Buchstaben gegraben, Götter-sprüche in Waldsteine, heilige Siegworte in die Pfosten der Dorfburgen.»[23] In diese vermeintliche Tradition wollte Lechleitner die «Wartburg-Sprüche» gestellt sehen, und ebenso wollte wohl auch Becker seine Verse verstanden wissen. Dass die Sprüche auf der Burg in einer künstlerisch ausgeschmückten Frakturschrift gehalten sind und nicht etwa in Runen, spielte dabei keine Rolle. Dass es zwischen der Zeit der Germanen und der Wartburg höchstens indirekte kulturhistorische Bezugslinien gibt, auch nicht. «Deutschem Wesen» stand die Germanenzeit zur willkürlichen Ausdeutung genauso zur Verfügung wie die Geschichte der Wartburg.

Als der Erste Weltkrieg schließlich ausbrach, wurde er von der Mehrheit der Deutschen mit Zustimmung aufgenommen, weithin sogar mit offener Begeisterung. Das galt auch für die deutsche Literatur. Nicht nur national-kon-servative und völkische Autoren, auch Vertreter der literarischen Moderne[24] feierten den Krieg als «Katharsis»[25] der gesamten Nation sowohl in kultureller als auch in sozialer Hinsicht. Der Krieg, propagandistisch zum Verteidigungs-kampf des deutschen Volkes aus einer Notwehrsituation heraus stilisiert, schien eine neue «innere» Einheit der in der wilhelminischen Zeit sozial, geistig und parteipolitisch gespaltenen Nation zu ermöglichen.

Die weit verbreitete Zustimmung zu den «Ideen von 1914» fand ihren Ausdruck in einer Flut nationalistisch-patriotischer Lyrik. Die Zahl der allein im August 1914 in den deutschen Presseredaktionen eingegangenen affirmati-ven Kriegsgedichte wurde auf täglich 50.000 geschätzt.[26] Und selbstverständ-lich wurde auch das Symbol Wartburg, längst fester Bestandteil des deutschen Nationalmythos, lyrisch genutzt, um nationalistische Kriegsbegeisterung zu zelebrieren und zu evozieren, so etwa in dem Gedicht «Das leuchtende Wart-burgkreuz» des ebenfalls nicht genauer identifizierbaren Autors Otto Seiler. Es

---

22 Die Ursprünge der Rückbesinnung auf das Germanentum liegen jedoch noch viel weiter zurück. Vgl. u. a. KLAUS VON SEE: Deutsche Germanen-Ideologie. Vom Humanismus bis zur Gegenwart. Frankfurt a. M. 1970.

23 FRANZ LECHLEITNER (Hrsg.): Wartburgsprüche. Weimar 1892, S. 5.

24 Vgl. dazu ANDREAS SCHUMANN: «Der Künstler an die Krieger». Zur Kriegsliteratur kanonisierter Autoren. In: WOLFGANG J. MOMMSEN (Hrsg.): Kultur und Krieg. Die Rolle der Intellektuellen, Künstler und Schriftsteller im Ersten Weltkrieg. München 1996, S. 221–233.

25 «Die große Katharsis» lautet der Titel einer Untersuchung zum Thema von HELMUT FRIES. Vgl. HELMUT FRIES: Die große Katharsis. Der Erste Weltkrieg in der Sicht deutscher Dichter und Gelehrter. 2. Bd. Konstanz 1994/1995, insbes. Band 1: Die Kriegsbegeisterung von 1914.

26 Vgl. MARTIN LÖSCHNIGG: Der Erste Weltkrieg in deutscher und englischer Dichtung. Heidelberg 1994, S. 25. Löschnigg bezieht sich auf eine ältere Darstellung von JULIUS BAB: Die deutsche Kriegslyrik 1914–1918. Eine historische Bibliographie. Stettin 1920.

erschien im ersten Jahr des Weltkrieges am 9. April 1915 in der Zeitschrift «Die Wartburg», einem seit 1902 wöchentlich in München herausgegebenen «Kampfblatt» der evangelischen Bewegung mit strikt gegen den vor allem in Süddeutschland beheimateten katholischen Ultramontanismus gerichteten nationalistischen Inhalten.

Das leuchtende Wartburgkreuz [27]

So oft im Weltkrieg Siegeskunde
durch Deutschland fliegt in heitrem Lauf,
strahlt auf der Wartburg Bergfried auf
das goldne Kreuz und weiht die Stunde
und mahnt zum Preis des Siegesherrn
die dunklen Lande nah und fern.

O Wartburg, keiner deutschen Stätte
ziemt solch ein Edelwerk wie dir,
dir, deutschen Geistes Standquartier
in unsrer Burgen stolzer Kette!
So flamme nun dein tröstlich Licht,
wenn deutscher Geist den Sieg erficht!

Es ward seit jenem Sängerkriege
ganz Deutschland längst ein «Sängersaal».
Und still errang viel tausendmal
die Frauenmilde ihre Siege.
Und kämpfen Deutsche heil'gen Streit,
ihr Lied, ihr Weib ist's, das ihn weiht.

Kreuz, leuchte stet. Durch alle Zeiten
beugt sich aufs Schriftwort Luthers Stirn,
und jedes deutsche Grüblerhirn
lehrt Luthers Wille mannhaft streiten.
Sein Wartburgzorn schlägt Schritt um Schritt
die deutschen Schlachten tapfer mit.

O Kreuz! Den Traum des Wartburgfestes,
den Frühlingsspruch der Burschenschaft,
erfüllte Bismarcks Riesenkraft.
Zur Einheit ward der Völker bestes.
Was jene hofften, er erstritt,
schlägt jetzt die große Weltschlacht mit.

O Wartburg, deines Kreuzes Glänzen
bleib uns heilig Sinnbild stets.
Deutschland voran! Durch Kämpfe gehts,
doch stets zu neuen Ehrenkränzen.
Regt einst sich frei das Völkerrund,
es ward an deutscher Art gesund.

Aus der ersten Strophe erfährt man, dass bei einem Sieg der deutschen Heere im Weltkrieg das den Bergfried der Wartburg krönende goldene Kreuz [28] aufgestrahlt habe. Was hier wie überzogene Lichtmetaphorik wirkt, beruht auf realen Geschehnissen, die ein reichsweites Presse-Echo fanden. So konnte man in der «Berliner Volkszeitung» am 8. Dezember 1914 unter der

---

27 Das Gedicht «Das leuchtende Wartburgkreuz» wird wiedergegeben nach dem einzig bekannten Abdruck in: Die Wartburg. Deutsch-evangelische Wochenschrift, 14 (1915) 15.

28 Zur wechselvollen Geschichte des zum Gedenken an Luthers reformatorische Leistung 1859 errichteten Kreuzes vgl. Rosemarie Domagala: Das Kreuz auf dem Bergfried. In: Wartburg-Jahrbuch 1994. 3 (1995), S. 148–153. Der im Folgenden geschilderte Sachverhalt ist dort jedoch nicht erwähnt.

Überschrift «Die Wartburg als Siegkünder» lesen: «Die ehrwürdige Wartburg-
feste, das hochragende Juwel des schönen Thüringer Landes, ist einem eigen-
artigen Zwecke dienstbar gemacht worden. Wenn die Nachricht durchs Land
eilt, daß deutsche Truppen auf blutiger Walstatt einen Sieg erkämpften, hißt
die Wartburg die schwarz-weiß-rote Flagge. Und hurtiger, als irgendjemand es
vermöchte, trägt das flatternde Fahnentuch die frohe Kunde zu den jubeln-
den Menschen ins Tal. Ganz besonders eindrucksvoll aber gestaltet sich diese
Nachrichtenvermittlung von der Wartburghöhe nach Anbruch der Dunkel-
heit. Trifft in den Abendstunden eine denkwürdige Meldung von den Kriegs-
schauplätzen ein, so erglüht das auf dem Turm der Burg befindliche, alles
überragende Kreuz in blendend hellem Lichte.»[29]

Das in der Nacht leuchtende Kreuz des Gedichtes «weiht die Stunde /
und mahnt zum Preis des Siegesherrn / die dunklen Lande nah und fern». Anhand
des christlichen Symbols wird eine romantisch-religiöse Aura evoziert, und
der deutsche Kaiser, denn niemand anders ist gemeint, als «Siegesherr» gefeiert. In Strophe zwei folgt die hymnische Anrede der Burg als lyrisches «Du»,
das durch das «Edelwerk» des leuchtenden Kreuzes über alle anderen «deutschen Stätte[n]» erhoben sei. Mit zum Weltkriegsgeschehen passender militärischer Metaphorik wird die Burg als des «deutschen Geistes Standquartier»
bestimmt. Dem entsprechend sind die angezeigten militärischen Erfolge
nicht das Ergebnis todbringender Materialschlachten, sondern Siege, die
«deutscher Geist ... erficht». Das reale Grauen des Krieges wird zur irrationalen Auseinandersetzung geistiger Prinzipien. Dies entspricht inhaltlich einer
Vielzahl von im Kontext der «Ideen von 1914» publizierten deutsch-nationa-
len Schriften, die den Ersten Weltkrieg im Sinne einer geistigen Mission inter-
pretierten und deren Autoren im Namen der deutschen «Kultur» zu einem
Kampf gegen die westeuropäische «Zivilisation» aufriefen.[30]

In den folgenden drei Strophen werden die zentralen, den «Wartburg-
Mythos» bestimmenden Themen Minnesang, Lutheraufenthalt und Burschenschaftstreffen für den Kampf des deutschen Geistes im Weltkrieg vereinnahmt.
In der Folge des Sängerkrieges sei «ganz Deutschland längst ein ‹Sängersaal›»
geworden. Der Vers bezieht sich weniger auf den realen «Sängersaal» auf der
Burg, sondern verweist metaphorisch auf ein angeblich besonderes Verhältnis
der Deutschen zu Poesie und Kunst, ein Topos des kulturellen Nationalismus
im «Land der Dichter und Denker». «Die Frauenmilde», als Tugend deutscher

---

29 Berliner Volkszeitung, 8. 12. 1914. Weitere Nachweise finden sich in den Akten der Wartburg-
    Stiftung Eisenach, Archiv, Nr. 339.

30 Zur Geschichte des den Wertehorizont deutsch-national gesinnter Bildungsbürger mindestens
    seit dem ausgehenden 19. Jahrhundert prägenden Gegensatzpaares «Kultur und Zivilisation»
    vgl. z. B. Georg Bollenbeck: Bildung und Kultur. Glanz und Elend eines deutschen Deutungs-
    musters. Frankfurt a. M. 1994, insbes. S. 225–288.

Frauen in der dritten Strophe angeführt, kann in diesem Zusammenhang als Anspielung auf die sagenhafte Begebenheit, dass der im «Sängerkrieg» zunächst unterlegene Heinrich von Ofterdingen sich in den Schutz der Landgräfin Sophie flüchtete, gelesen werden. Wahrscheinlicher ist das Kompositum an dieser Stelle aber als Bezugnahme auf das Wirken der heiligen Elisabeth zu interpretieren. Die Heilige war schon zuvor im Ergebnis einer seit der Romantik andauernden überkonfessionellen Ausdeutung ihrer historischen Person zu einem Ideal der deutschen Frau an sich überhöht worden, eine Deutung, die weiter Wirkung behielt.[31]

Daraus schlussfolgernd wird der Krieg im Gedicht zum «durch ihr Lied, ihr Weib» geweihten Kampf der Deutschen und zum «heil'gen Streit» kanonisiert. Wenn die vierte Strophe einsetzt «Kreuz, leuchte stet», so ist dies also nichts anderes als der Wunsch eines dauerhaften Sieges des «deutschen Geistes» über seine Feinde. In diesem Kampf wird Luther zum Vorbild, dessen «Wille» die Deutschen «mannhaft streiten» lehren soll. Die Formulierung «jedes deutsche Grüblerhirn» verweist dabei auf eine weitere vorgebliche Eigenart der Deutschen, eine besondere «Tiefe des Gedankens» als Teil einer ganz spezifischen «Tugend der Innerlichkeit»,[32] die sie vor anderen Völkern auszeichne. Die letzten beiden Verse der vierten Strophe geben dem Kampf der Deutschen ein nationalprotestantisches Fundament, indem sie von Luther behaupten, «Sein Wartburgzorn schlägt Schritt für Schritt / die deutschen Schlachten tapfer mit.» Der Reformator wird hier in für das 19. und frühe 20. Jahrhundert typischer Weise als heroisches nationales Vorbild gefeiert.[33]

Ganz ähnlich wird in Strophe fünf das Burschenschaftstreffen instrumentalisiert. Zur Konstruktion eines historisch unhaltbaren Zusammenhanges wird der Antidemokrat Bismarck zum Vollstrecker der zwar national gepräg-

---

31 So liest man etwa in einem Aufsatz des Eisenacher Gymnasialprofessors und Kulturhistorikers WILHELM GREINER über die kulturhistorische Bedeutung der Wartburg aus dem Jahre 1925 unter der Überschrift «Die Burg des deutschen Grals» über Elisabeths Leben auf der Burg: «Der erste reine Gralstrahl bricht hindurch, fortwirkend noch heute in den edeln Liebeswerken deutscher Frauen und Mädchen.» GREINER, Burg 1925 (wie Anm. 8), S. 94. Von Interesse ist in diesem Zusammenhang auch der Plan zur Errichtung eines «Ehrenmals für die deutsche Frau» in Eisenach aus dem Jahre 1927, der sich explizit auf die Heilige bezieht und im Kontext der anderen Eisenacher Nationaldenkmäler, der verwirklichten (Wartburg, Burschenschaftsdenkmal, Bismarckturm, Denkmal für die deutschen Ärzte) wie der unverwirklichten (Reichsehrenmal, Reichskolonialehrenmal) noch zu analysieren wäre. Vgl. dazu die Akten des Stadtarchivs Eisenach, Akt.-Nr. 11-351-19.

32 Beide Zitate aus EWALD GEISSLER: Was ist deutsch? Halle 1914, S. 9 und 15. Zit. n. FRIES, Katharsis 1994/1995 (wie Anm. 25) Bd. 1, S. 192 f.

33 Vgl. z. B.: JOHANN BAPTIST MÜLLER (Hrsg.): Luther und die Deutschen. Texte zur Geschichte und Wirkung. Stuttgart 1983; PETER SPRENGEL: Von Luther zu Bismarck. Kulturkampf und nationale Identität bei Theodor Fontane, Conrad Ferdinand Meyer und Gerhart Hauptmann. Bielefeld 1999.

ten, aber auch liberalen und demokratischen Ideen der frühen Burschenschafter ausgerufen, der die Deutschen, nationalchauvinistisch «der Völker
bestes» genannt, vereint habe. Die folgende letzte Strophe verdeutlicht
nochmals den rhetorisch-appellativen Charakter des ganzen Gedichtes.
«Deutschland voran!» heißt es da, «Durch Kämpfe gehts». Hier erscheint
zwecks ideologischer Vereinnahmung der Rezipienten ein kollektives lyrisches Subjekt, das explizit vorher im Text nur kurz in einem Possessiv-
pronomen im vierten Vers der zweiten Strophe genannt wurde. An wen sich
das Gedicht richtet, ist jedoch auch ohne dies längst klar: Die siebenfache
Verwendung des Adjektivs «deutsch» und die dreimalige Nennung
«Deutschlands» im Gedicht lassen daran keinen Zweifel. Und fast zwangsläufig endet der Text mit dem Ausblick auf eine Zukunft, die für alle europäischen Völker vor allem deutsch geprägt sein soll. Schon 1861 hatte der
deutsch-nationale Epigone der Romantik Emanuel Geibel in den Schluss-
versen seines vor 1945 zum literarischen Kanon der Nation gehörenden
Gedichts «Deutschland» solche Visionen in einem kulturmissionarischen
Sinne formuliert: «Und es mag am deutschen Wesen / Einmal noch die Welt
genesen».[34] In freier Adaption der Verse Geibels heißt es bei Otto Seiler nun
sowohl kulturell als auch machtpolitisch fundiert: «Regt einst sich frei das
Völkerrund, / es ward an deutscher Art gesund.» Das Gedicht «Das leuchtende
Wartburgkreuz» motiviert so nationalistisches Sendungsbewusstsein und
deutsche Weltmachtsansprüche und nimmt dafür die Geschichte der
Wartburg in Anspruch.

Das bei Siegesnachrichten nachts erleuchtete Wartburgkreuz inspirierte
auch andere Autoren zu affirmativen Kriegsgedichten, so etwa Walter Flex,
dessen Ballade «Das Wartburgkreuz» in der Gedichtsammlung «Im Felde zwischen Tag und Nacht» aus dem Jahre 1917 erschienen ist.

---

34 EMANUEL GEIBEL: Werke. Kritisch durchges. u. erl. Ausg. 2 Bände/Hrsg. von WOLFGANG
   STAMMLER. Leipzig u. a. o. J. [1919]. Zweiter Band, S. 220.

Das Wartburgkreuz [35]

Im Kriegslazarett zu Eisenach
zwei wunde Soldaten saßen wach.

An Herzen stark, an Gliedern matt,
Gäste in Luthers lieber Stadt.

Saßen zusammen im feldgrauen Rock,
trugen Binde und Krücke und Stock.

Saßen am Fenster zusammengerückt,
das Kinn in die magern Hände gebückt.

Über Bergen und Wäldern im Wolkensturm
ragt grausteinern der Wartburgturm.

Das Kreuz auf dem Turme stand hell entfacht
wie eine Fackel über der Nacht.

Vom erleuchteten Kreuze flog den zwein
über Augen und Lippen ein frommer Schein.

Der eine sah hell ins helle Geleucht
und sprach und hatte die Augen feucht:

«Das Wartburgkreuz brennt durch die Nacht!
Der Deutsche Kaiser gewann eine Schlacht.

Ich seh es hoch und leuchtend stehn,
ach, Bruder könnt'st du's mit mir sehn!»

Er schwieg errötend wie ein Kind.
Der andre sprach und der war blind:

«Mein Herz ist voll, mein Auge leer -
klag nicht um mich! Ich sehe mehr!

Schau auf, Kam'rad! Mein Auge sieht
das steingeword'ne Lutherlied.

Die feste Burg steht hoch erbaut.
Vom Turm der Wächter niederschaut.

Der Wächter Martin Luther heißt.
In seiner Hand das Lichtkreuz gleißt.

Es ist das Kreuz, das er erhebt,
von toter Helden Glanz umschwebt.

Held Luther leuchtet ihnen vor
auf ihrem Weg zu Gott empor...»

Der Blinde schwieg und jeder schwieg.
Das Kreuz rief über Deutschland: Sieg!

Walter Flex, der als Sohn der «Wartburgstadt» Eisenach die Burg aus eigener Anschauung gut kannte, ist im Kontext der sich auf den «Wartburg-Mythos» beziehenden Weltkriegs-Lyrik ein durchaus bedeutsamer Autor. Mit der den Krieg romantisierenden Erzählung «Der Wanderer zwischen beiden Welten» (1916) wurde der Kriegsfreiwillige Flex postum und bis über den Zweiten Weltkrieg hinaus zu einem der erfolgreichsten national-konservativen Schriftsteller Deutschlands,[36] der besonders aus Kreisen der Jugendbewegung, der er selbst nie angehörte, zahlreiche Würdigungen erfuhr. Aufgrund der Ähnlichkeiten in der Biographie, die die zeitgenössische Rezep-

---

35 Die Ballade «Das Wartburgkreuz» wird hier wiedergegeben nach Walter Flex: Gesammelte Werke. 1. Bd. München 1925, S. 159 f.

36 Vgl. dazu Hans Rudolf Wahl: Die Religion des deutschen Nationalismus. Eine mentalitätsgeschichtliche Studie zur Literatur des Kaiserreichs. Felix Dahn, Ernst von Wildenbruch, Walter Flex. Heidelberg 2002, zu Flex insbes. S. 283–358.

tion auch im Werk gegeben sah, stilisierte man den 1917 gefallenen und für manche Rezensenten «einzigen wirklichen Dichter des Krieges in Deutschland»[37] zu einem «zweite[n] Theodor Körner»[38]. Kaum eine Feier zu Ehren der Gefallenen des Ersten Weltkrieges verzichtete auf die Lesung Flexscher Texte, denen andere von Hermann Löns, Gorch Fock oder Theodor Körner zur Seite gestellt wurden. Justus H. Ulbricht hat dazu treffend vermerkt: «Es scheint, als habe man die Feier des ‹heldischen Untergangs› dieser Autoren verbunden mit der ihrer dichterischen Potenz, schärfer noch: Der Tod dieser Dichter galt als letzter gültiger Beweis ihres literarischen und menschlichen Ranges.»[39] Wie umstritten die Person und das Werk des Autors bis in die Gegenwart geblieben sind, zeigt die Tatsache, dass es in zahlreichen Städten in den alten Bundesländern auch heute noch eine Walter-Flex-Straße gibt und Wünsche nach Umbenennungen schon zu kommunalpolitischen Zwistigkeiten geführt haben.[40] Darüber hinaus existierte bis in die 1990er Jahre eine kleine organisierte Verehrergemeinde, die sich um eine private Flex-Gedächtnisstätte im Offenbacher Vorort Dietzenbach-Steinberg versammelte.

Die Ballade «Das Wartburgkreuz» erzählt von zwei Soldaten, die verwundet und ermattet, aber «an Herzen stark», in einem Eisenacher Lazarett am Fenster sitzen und in die stürmische Nacht hinausblicken. Dort steht, alles andere überragend, «grausteinern der Wartburgturm», auf dem «wie eine Fackel über der Nacht» das Kreuz leuchtet, von dem «ein frommer Schein» auf die Verwundeten fällt. Einer der beiden wird dessen gewahr und liefert die schon bekannte, auf Tatsachen beruhende Interpretation des Geschehens: «Das Wartburgkreuz brennt durch die Nacht! / Der Deutsche Kaiser gewann eine Schlacht.» Zugleich beklagt er das Schicksal seines Kameraden, der, wie der Leser jetzt erfährt, infolge seiner Verletzungen erblindet ist und daher des Anblicks nicht teilhaftig werden kann. Doch der weist die Klage zurück und beschreibt mit der Haltung des blinden Sehers («Ich sehe mehr!») seine eigene Vision des Vorgangs. Er sieht «das steingeword'ne Lutherlied». Dieser Vers stellt einerseits einen direkten Bezug zwischen Luthers Choral «Ein feste Burg ist unser Gott»[41] und der Wartburg her. Da es sich aber um eine Vision handelt, werden die Burg und das leuchtende Kreuz damit zugleich zu Metaphern für

37 Wilhelm von Schramm: Auf den Spuren von Walter Flex. Eine Erinnerung an die Maashöhen. In: Zeitwende 3(1927), Erste Hälfte, S. 375. Zit. n. Raimund Neuss: Anmerkungen zu Walter Flex. Die «Ideen von 1914» in der deutschen Literatur. Ein Fallbeispiel. Schernfeld 1992, S. 11.

38 Erwin Langner: Das neue Ethos des Krieges. Breslau 1943, S. 27. Zit. n. Neuß, Walter Flex 1992 (wie Anm. 37) S. 7. Vgl. dazu auch ebenda, S. 15.

39 Justus H. Ulbricht: Der Mythos vom Heldentod. Entstehung und Wirkung von Walter Flex' «Der Wanderer zwischen beiden Welten». In: Jahrbuch des Archivs der deutschen Jugendbewegung. 16(1986/87), S. 111–156, hier S. 156.

40 Vgl. Neuss, Walter Flex 1992 (wie Anm. 37) S. 7.

41 Evangelisches Kirchengesangbuch, Nr. 201.

das Reich Gottes. Auf dem Turm der visionären Burg steht der «Wächter Martin Luther» mit dem «Lichtkreuz» in seiner Hand, das «von toter Helden Glanz umschwebt» ist. Luther, selbst ein «Held», weist den toten deutschen Heroen, den Gefallenen des Weltkrieges, mit dem Kreuz in der Hand den «Weg zu Gott». Ergriffen von dieser heiligen Vision verfällt nicht nur der Blinde, sondern «jeder» in Schweigen. Einzig den «Ruf» des Kreuzes, das man sich nun wieder real vorstellen darf, vernimmt man noch «über Deutschland». Es ruft: «Sieg!».

Der Germanist Walter Hinck hat die deutsche Ballade in einen «nordischen» und einen «legendenhaften» Typus geschieden. Über letzteren schrieb er: «Für die menschliche Figur der legendenhaften Ballade kennzeichnend ist eine gelassene, im Erdulden standhafte, opferwillige oder kontemplative, weise Haltung zur Welt und zum Schicksal, Demut gegenüber dem Göttlichen oder die innere Kraft der Selbstüberwindung, im zwischenmenschlichen Bereich die Haltung liebenswürdiger Hingabe und Hilfsbereitschaft oder märtyrerhaften Leidens.»[42] Die Definition erscheint überaus geeignet zur Charakterisierung der Flexschen Ballade. Opferwilligkeit und Demut gegenüber einem gottgewollten Schicksal bestimmen nicht nur die Figur des blinden Soldaten, diese Haltung wird ganz offensichtlich von allen deutschen Kämpfern erwartet. Dafür wird ihnen das Reich Gottes versprochen. Der Heldentod wird mythologisiert und religiös überhöht zum Opfer für den Sieg Deutschlands. Als Projektionsfläche dient dabei der «Wartburg-Mythos» in seiner sich auf den Lutheraufenthalt beziehenden national-protestantischen Ausprägung. Solcherart Schicksalsergebenheit propagierende Literatur unterdrückte letzten Endes jede kritische Frage nach den tatsächlichen historischen Ursachen des Krieges. Dabei gehört die Ballade «Das Wartburgkreuz» noch zu den «harmloseren» Kriegsgedichten des überzeugten Nationalisten Walter Flex.

Die hier vorgestellten kriegsaffirmativen Gedichte sind lediglich Momentaufnahmen einer nationalen Euphorie. Sie verdeutlichen aber, dass und wie sich der «Wartburg-Mythos» auch in der Zeit des Ersten Weltkrieges und im Kontext der «Ideen von 1914» als Projektionsfläche für aktuelles nationales bzw. nationalistisches Gedankengut eignete. Sowohl unbekannte Autoren wie Georg Becker und Otto Seiler als auch ein erst einige Zeit später und postum zu allgemeiner Anerkennung gelangter, dann aber um so mehr gefeierter Dichter wie Walter Flex konnten dafür auf ein Repertoire bereits existenter nationaler Deutungen zu den zentralen Wartburg-Themen Minnesang, Lutheraufenthalt und Burschenschaftstreffen zurückgreifen. Dies verdeutlicht exemplarisch den Stellenwert des «Wartburg-Mythos» im mentalen

---

42 Walter Hinck: Die deutsche Ballade von Bürger bis Brecht. Kritik und Versuch einer Neuorientierung. Göttingen 1972, S. 16 f.

Haushalt dieser Autoren wie die allgemeine Kenntnis und Akzeptanz seiner Inhalte und der darauf bezogenen nationalen Projektionen in weiten Teilen der Bevölkerung. Solcherart Dichtung ging es um die Stiftung nationaler Identität, um Identifikationsangebote an die Leser, die Erzeugung eines kollektiven Geistes und ideologische Affirmation. Wer sich zu diesem Zweck der Lyrik bediente, der musste sich schon allein aufgrund der formbedingten Textkürze auf Bekanntes beziehen. Aus dieser Intention erklärt sich auch das sowohl formal als auch sprachstilistisch eher geringe Niveau der Gedichte. Ihren Produzenten ging es viel mehr um den Transport der ideologischen Inhalte als um literarische Meisterschaft oder ästhetische Autonomie.[43] Doch gerade diese Inhalte sind es, die im Falle des «Erinnerungsortes» Wartburg und seines national-kulturell fundierten Mythos Auskünfte über die sich wandelnden Deutungen der Burg und ihrer Geschichte in nationalen Diskursen geben können. Dabei kann aus der kritischen Interpretation von lediglich drei Gedichten noch keine allgemeine Aussage abgeleitet werden. Sie verdeutlicht aber zur Genüge die Notwendigkeit, sich auch den eher trivial- und alltagsliterarischen Formen der Aneignung und Deutung des «Wartburg-Mythos» zuzuwenden, wenn es darum geht, Genaueres über die anhaltende kommunikative Präsenz der Burg im kollektiven Gedächtnis der Deutschen im 19. und 20. Jahrhundert zu erfahren. Für die Lyrik ist dies wie erwähnt bereits für einen begrenzten Zeitraum versucht worden. Teilergebnisse wurden hier präsentiert. Dabei überraschte allein die quantitative Dimension. So konnten für die Zeit zwischen 1890 und 1933 ca. 400 Gedichte ermittelt werden, in denen die Wartburg mit ihrer Geschichte und den sich um sie rankenden Sagen zentrales Sujet ist. Und es ist anzunehmen, dass dabei längst nicht alle Quellen erfasst wurden. Berücksichtigt man die außergewöhnliche Verbreitung, die Lyrik als so genannte «kleine Form» in Zeitungen, Zeitschriften, Einzeldrucken, Werkausgaben und Anthologien fand, kann davon ausgegangen werden, dass auch im Falle der Wartburg die im kollektiven Gedächtnis der Nation vorhandenen Vorstellungen in besonderem Maße durch solcherart Alltagslyrik mitgeprägt wurden. Bezieht man in diese Überlegung noch die ebenfalls beachtliche Zahl von trivialen Wartburg-Romanen, Wartburg-Novellen und auch die weniger zahlreichen Wartburg-Dramen ein, wird deutlich, dass die Wirkungsmächtigkeit solcher Literatur kaum zu überschätzen ist und sich hier aufschlussreiches Quellenmaterial für die vertiefende Analyse der nationalen Rezeptionsgeschichte der Wartburg finden lässt.

---

43 Vgl. dazu: Walter Hinderer: Versuch über den Begriff und die Theorie politischer Dichtung. In: Walter Hinderer (Hrsg.): Geschichte der politischen Lyrik in Deutschland. Stuttgart 1978, S. 9–42. In diesem Zusammenhang anregend sind auch Olaf Brieses Reflexionen über Funktion und Wirkung «schlechter» Gedichte. Olaf Briese: Das schlechte Gedicht. Strategien literarischer Immunisierung. In: Weimarer Beiträge. 47 (2001) 2, S. 268–276.

REZENSIONEN UND BIBLIOGRAPHIE

G. Ulrich Grossmann: *Burgen in Europa.*
Regensburg: Verlag Schnell & Steiner GmbH. 2005.
288 S., mit zahlreichen, ausschließlich
farbigen Abb. und Plänen, geb.

Von G. Ulrich Großmann erscheint erneut ein umfassend angelegtes Buch
zur Burgenthematik im Regensburger Verlag Schnell & Steiner. Im selben
Verlag liegt schon das zusammen mit Thomas Biller verfasste Werk «Burg
und Schloss. Der Adelssitz im deutschsprachigen Raum» von 2002 vor.
Ebenfalls bei Schnell & Steiner werden die Hefte aus der Reihe «Burgen,
Schlösser und Wehrbauten in Mitteleuropa» verlegt, herausgegeben von der
«Wartburg-Gesellschaft zur Erforschung von Burgen und Schlössern», deren
Vorsitz G. U. Großmann seit ihrer Gründung 1992 inne hat. Auf Anregungen
aus dieser internationalen Forschungsvereinigung beruft sich nun der Autor
bei vorliegendem Buch über «Burgen in Europa», mit dem er ein Desiderat,
den bis auf wenige Ausnahmen fehlenden europäischen Überblick, beheben
möchte. Im Gegensatz zu den bisher bekannten Darstellungen, die nach
Regionen ihr Material geordnet hätten – Großmann nennt Armin Tuulse
(1958)[1] und William Anderson (1971)[2], man kann Hans-Joachim Mrusek
(1973)[3] hinzurechnen – wählt er den historischen Ablauf der europäischen
Entwicklung, um Zusammenhänge und Parallelen aufzuzeigen. Ganz wichtig
sind ihm dabei Unterscheidungen zur Präzisierung des Begriffs.

Der Wehrbau allgemein umfasst ja weit mehr, Stadtmauern, Tore,
Festungen etc., «die mit dem Burgenthema nichts zu tun haben.» (S. 9)
Burgen im eigentlichen Sinne gibt es erst, seitdem eine feudale Adelsgesell-
schaft entstanden war. Großmann legt den Beginn der Entwicklung in die
Karolingerzeit, will aber die bewohnte Adelsburg von Königs- und Bischofs-
pfalzen, die gleichzeitig entstanden (Aachen, Paderborn), unterschieden wissen. Unter dieser Voraussetzung «findet mit dem Ende des Feudaladels in der

---

1 Armin Tuulse: Burgen des Abendlandes. Wien/München 1958.
2 William Anderson: Burgen Europas von der Zeit Karls des Großen bis zur Renaissance.
   München 1971.
3 Hans-Joachim Mrusek: Burgen in Europa. Leipzig 1973.

Neuzeit der Burgenbau sein Ende ...» (S. 12) Es ergibt sich als Definition: «Die Burg ist grundsätzlich ein befestigter bewohnbarer Sitz des Adels.» (S. 14) Sie dient zum Wohnen, ist Mittelpunkt einer Herrschaft und repräsentiert in Architektur und Ausstattung den Status des Besitzers; auf Ausnahmen, die die Regel bestätigen (z. B. Kirchenburgen), ist hingewiesen.

Für die Burgenforschung gilt es, so der Autor, zu beachten, dass Burganlagen, auch wenn sie in ihrer Substanz relativ vollständig erhalten und keine Ruinen sind, Konglomerate aus verschiedenen Entstehungszeiten darstellen. Um über Personen- und Baugeschichten verbindliche Aussagen treffen zu können, sind historische Quellenstudien und bauforscherliche Maßnahmen, zumindest Aufmaße für Grundriss, Aufriss und Schnitte unerlässlich. Dass die Aufgabe nur interdisziplinär gelöst werden kann, stellt der Autor am Ende seiner Einleitung deutlich heraus.

Großmann geht dann in den Hauptkapiteln nicht typologisch, sondern chronologisch vor: «Der Burgenbau des 9. bis 11.Jahrhunderts», «Die Adelsburg im 12. und 13. Jahrhundert», «Die Burg im späten Mittelalter». Auch spannt er den geographischen Rahmen über Europa bis in den Nahen Osten, sicher zu Recht, denn die Beziehungen sind vielfach, sie kulminieren in der Zeit der Kreuzzüge. Im übrigen schlägt aber doch die regionale Gliederung immer wieder durch, und obwohl der Autor die Burgendefinition streng eingegrenzt hat, finden frühe Wallanlagen und hölzerne Befestigungen Eingang. Auch die Pfalzen bleiben nicht gänzlich ausgeschlossen. Es wird ein überaus vielfältiges Material mit reicher farbiger Bebilderung in Ansichten und Plänen, Grundrissen und Schnitten behandelt, worunter auch die Wartburg in dem ihr zukommenden Kontext (thüringische Landgrafenburgen der Stauferzeit) Berücksichtigung findet. Ausführlich sind die Burgen des späten Mittelalters besprochen, was in Gesamtdarstellungen häufig zu kurz kommt oder als eine gegen den frühen Burgenbau veränderte Qualität verstanden wird, die den Übergang zur Neuzeit vorbereitet. Kein Thema sind in diesem Buch die Burgenromantik und die Burgenerneuerungen des Historismus, denen Großmann in anderen Publikationen sonst gern ein eigenes Kapitel widmet. Ein nach Ländern geordnetes Literaturverzeichnis und das Ortsregister schließen den sehr gut ausgestatteten Band ab. Ein Glossar ist über die einzelnen Kapitel verteilt.

Ernst Badstübner

CHRISTOPH FASBENDER (Hrsg.): *bescheidenheit.*
Deutsche Literatur des Mittelalters in Eisenach und Erfurt, hrsg. von,
Katalog zur Ausstellung der Universitäts- und Forschungsbibliothek
Erfurt vom 22. August bis 13. Oktober 2006. Gotha 2006, 112 S.,
45 Farbabb., ISBN: 9783-910027-22-9.

«bescheidenheit» – ist der Titel des Katalogs einer Ausstellung, die 2006 in den
Räumen der Erfurter Universitäts- und Forschungsbibliothek 44 ausgewählte
Beispiele deutscher Literatur des Mittelalters in Eisenach und Erfurt zeigte.
Der von Christoph Fasbender, Mitarbeiter am Jenaer Lehrstuhl für Germanistische Mediävistik, herausgegebene, von 28 Autoren getragene und von
zahlreichen wissenschaftlichen Bibliotheken und Archiven, allen voran die
Universitäts- und Forschungsbibliothek Erfurt/Gotha, unterstützte Band
gewährt einem breiten Publikum in der präzisen Auswahl seiner Objekte
einen wissenschaftlich abgesicherten, faszinierenden Blick in die Literaturgeschichte des Mittelalters in Thüringen. Zugleich ebnet er den Weg hin zu
den modernen Fragestellungen und Arbeitsweisen der germanistischen
Mediävistik als Wissenschaftsdisziplin und verspricht auch dem Fach-
publikum Orientierung und Gewinn. In seiner ausgewogenen Verbindung
von Wissenschaftlichkeit und Breitenwirksamkeit, in der verständlichen
Sprache seiner Beiträge und seinen höchst qualitätsvollen Abbildungen
erscheint damit der Katalog als ein besonders gelungenes Beispiel jener in den
letzten Jahren erschienenen Begleitkataloge öffentlichkeitswirksamer wissenschaftlicher Ausstellungen. Mit Blick auf seinen Gegenstand indes ist er ein
Novum – denn diese Art kurzer Geschichte der deutschen Literatur des
Mittelalters innerhalb eines spezifischen Raumes gab es in dieser Form noch
nicht. In seiner Anlage und seinen zentralen Gegenständen entfaltet er gleichsam einen Vorgeschmack auf eine noch zu schreibende und jetzt in Aussicht
gestellte thüringische Literaturgeschichte des volkssprachlichen Mittelalters.[1]
   «bescheidenheit» löste demnach bei der mit der wechselvollen Bedeutungs-
geschichte des Begriffs wenig vertrauten Rezensentin zunächst Irritation aus,
denn der Katalog präsentierte das Gegenteil – nicht die bescheidende, sondern üppige Fülle deutscher Texte des Mittelalters in Thüringen. Ihr
Spektrum reicht von rechtsgeschichtlichen und historiographischen
Zeugnissen über Schultexte, liturgisches und geistliches Schriftgut bis hin zu

---

1 Siehe die homepage des Lehrstuhls für Germanistische Mediävistik der Friedrich-Schiller-Universität Jena (Prof. Dr. Jens Haustein), http://www2.uni-jena.de/philosophie/germlit/mediaev/
(abgerufen am 8. Oktober 2007).

höfischer Epik und mittelalterlicher Spruchdichtung; ihre Verfasser – wenn denn ihre Namen bekannt sind – zählen zu den herausragenden Autoren thüringischer wie deutscher Literaturgeschichte, Chronistik und Theologie: Heinrich von Veldeke, Wolfram von Eschenbach, Ulrich von Türheim, Freidank, Meister Eckhart, Johannes Rothe und Konrad Stolle.

«bescheidenheit» ist als Titel gleichwohl, was Anliegen und Inhalt des Bandes betrifft, mit Bedacht und terminologischer Schärfe gewählt. Seiner modernen Bedeutung entsprechend bescheidet sich der Katalog auf vergleichsweise wenige Zeugnisse. Diese Auswahl verweist jedoch in jedem einzelnen Stück auf Wesentliches, macht übergreifende Tendenzen deutscher Literaturgeschichte des Mittelalters am thüringischen Beispiel sinnfällig, wie sie auch den unverwechselbaren, spezifischen Anteil Texte thüringischer Provenienz an der vielgestaltigen Ausformung deutscher Literatur des Mittelalters herausarbeitet. Mehr ist es daher die ursprüngliche, mittelalterliche Bedeutung des Begriffes *«bescheidenheit»* – Bescheidwissen, zur Einsicht kommen, Verständigkeit –, die gleichermaßen die strukturierende wie thematische Klammer des Bandes bildet, der mit einem Schlüsselereignis thüringischer Literaturgeschichtsschreibung einsetzt. Dabei handelt es sich jedoch nicht, wie man zu erwarten glaubt, um den hinlänglich bekannten und von der Forschung immer wieder reflektierten spektakulären Raub von Heinrich von Veldekes Eneas-Roman, durch den Thüringen mit einem – freilich zunächst recht misstönenden – Paukenschlag in die Geschichte der deutschen Literatur des Hochmittelalters eintritt. In dessen Folge stieg der Hof Landgraf Hermanns I. wenige Jahrzehnte lang zum bedeutendsten literarisch-kulturellen Zentrum seiner Zeit auf, so dass er schließlich in der literarischen Fiktion des späten 13. Jahrhunderts zum Handlungsort des legendären Sängerstreits und damit Mythos werden sollte (S. 76). Das Schlüsselereignis thüringischer Literaturgeschichte findet jedoch nicht – folgt man den Autoren des Bandes – Ende des 12. Jahrhunderts am Hof Landgraf Herrmanns statt, sondern Ende des 13. Jahrhunderts im Rathaus der Stadt Erfurt, als die Ratsmänner ihren Prunksaal mit zahlreichen hölzernen Rundschildern ausschmücken ließen und darauf Reimpaar-Sprüche der *«bescheidenheit»* genannten Sammlung des höfischen Dichters Freidank anbringen ließen. Die Verlagerung eines höfischen Textes in einen städtischen Kontext, die Begegnung der städtischen Kultur des Bürgertums und der höfischen Literatur adliger Eliten, die den Repräsentationsansprüchen der sich von ihrem erzbischöflichen Stadtherren emanzipierenden Erfurter Gemeinde gemäß umgeformt wurde, wird zum sinnfälligen Scharnier einer Literaturgeschichte, das die hochmittelalterliche Blütezeit höfischer Epik, Sangspruchdichtung und des Minnesangs auf der Wartburg, mit der spätmittelalterlichen Vielfalt textlicher Ausdrucksformen, die in Erfurt und Eisenach als den literarischen Zentren Thüringens entste-

hen, ambivalent verbindet. Wartburg, Eisenach und Erfurt stehen unter solchen Perspektiven «für die Entfaltung ganz unterschiedlicher Kulturen in ganz unterschiedlichen Zeiträumen» (S. 5).

Den unter ganz bestimmten sozialen Rahmenbedingungen entstehenden textlichen Entfaltungsformen («Literaturen») dieser verschiedenen Kulturen geht der Katalog in sechs Abschnitten nach. Literarische Zeugnisse wie die Freidank-Schilde der Erfurter Ratsmannen, die Willkür der Stadt Erfurt (1306), der Erfurter Judeneid (kurz vor 1200), das «Memoriale» Konrad Stolles (†1501), das die Auseinandersetzungen der Stadtgemeinde mit den Mainzer Erzbischöfen minutiös verfolgt, das im 15. Jahrhundert angelegte Stifterbuch des Erfurter Dominikaners und die Erfurter Moralität, ein geistliches Spiel, das in seinem Vollzug für Momente alle sozialen Ordnungen außer Kraft setzte und alle Stände und Altersklassen zusammenführte, stehen für die «Ordnung der Stadt» (A. 1.), in der sich Gruppen und Institutionen formierten, die sich in ihrem Selbstverständnis abgrenzend definierten und im gemeinsamen Handeln, Interesse und Spiel zusammenfanden. Es folgen drei Abschnitte zur städtischen Historiographie (A. 2.), zur literarischen Kultur der Schulen und Universität (A. 3.) und der religiösen Institutionen (A. 4.). Dem städtisch-literarischen Zentrum Erfurt mit seinen vielfältigen Kulturen steht das ältere, höfisch-fürstliche auf der Wartburg gegenüber (B. 1.). Hier begegnet Vertrautes, wie Heinrich von Veldekes «Eneasroman» und Wolfram von Eschenbach. Mehr aber noch wird den Spuren nachgegangen, die diese Blütezeit höfischer Dichtung in der Literaturgeschichte Thüringens in den nachfolgenden Jahrhunderten hinterlassen hat, so im «Rennewart» Ulrichs von Türheim, der Wolframs «Willehalm» distanzierend fortschrieb, oder im «Wigelis» Dietrichs von Hopfgarten, der Traditionen des Artusromans Hartmanns von Aue und Wolframs von Eschenbach aufnahm. Schließlich war es 200 Jahre später der Eisenacher Kleriker, Chronist und Literat Johannes Rothe, der an die literarisch-historiographischen Traditionen des Landgrafenhofes anknüpfte und diese in eine thüringische Landesgeschichtsschreibung überführte (B. 2), so dass Eisenach im frühen 15. Jahrhundert neben Erfurt zum wichtigsten literarischen Zentrum Thüringens wurde. Ein Literaturverzeichnis und zwei Register (Handschriften und Inkunabeln; Namen und Werke) schließen den Band ab und lassen ihn über seine klare Gliederung hinaus auch wissenschaftlichen Ansprüchen vollauf genügen.

Bleibt abschließend nach «*bescheidenen*», sprich im älteren Wortsinne erhellenden Erträgen zu fragen, die diese Geschichte der volkssprachlichen Literatur in Thüringen in nuce erbracht hat. Zum einen sind es ganz essentielle Neuentdeckungen, durch die im Zuge der Konzeption und Umsetzung des Ausstellungsvorhabens nicht nur die thüringische Literaturgeschichte des

Mittelalters im engeren Sinne bereichert worden ist. Der Herausgeber zählt
sie auf (S. 7); die Zusammenführung neu identifizierter Bruchstücke der
Kaiserchronik, ein Zeugnis der «Handlesekunst», das die Geschichte der deutschen chiromantischen Literatur über ein halbes Jahrhundert nach hinten
verlängert, oder das neu entdeckte Fragment des «Wigelis» sollen hier dennoch noch einmal als kleine Sensationen benannt werden, die über
Thüringen hinaus Beachtung finden werden.

Zum anderen sind diese Neuentdeckungen aber auch Ergebnis der konse-
quenten methodischen Ausrichtung des Bandes, Literaturgeschichte nicht
nur als eine zumeist chronologisch angelegte Geschichte von Werken und
Autoren, sondern vor allem als Überlieferungsgeschichte zu betreiben, als
Geschichte der permanenten Formierung und Neuformierung von Texten
unter spezifischen sozialen Rahmenbedingungen anzugehen und nach den
Funktionen von Literatur in Gebrauchskontexten zu fragen. Literatur, die so
als integraler Bestandteil mittelalterlicher Kultur verstanden wird, entfaltet
sich damit von den Höhen höfischer Epik und Spruchdichtung zu einer
Geschichte vielfältiger, sich immer wieder wandelnder Text- und Überliefe-
rungsformen, die Medium und genuine Ausdrucksform historischen Handelns, Wahrnehmens und Deutens sind. Es gehört zu den wichtigsten
Verdiensten dieses Bandes, anhand exemplarischer Zeugnisse der Literaturgeschichte Thüringens im Mittelalter ihre Zentren Wartburg, Erfurt und
Eisenach, die mannigfaltigen Formen und Umformungen literarischer Texte
wie deren vielschichtige Funktionen für die mittelalterliche Gesellschaft vorgestellt und damit Fragen und Methoden der modernen germanistischen
Mediävistik einer breiten Öffentlichkeit nahe gebracht zu haben.

Petra Weigel

VIOLA BELGHAUS: *Der erzählte Körper. Die Inszenierung*
der Reliquien Karls des Großen und Elisabeths von Thüringen.
Berlin: Dietrich Reimer Verlag 2005. 243 S., 75 Abb. im Text
und 13 farbigen Abb. auf Tafeln, geb.

Es geht um Heiligenverehrung, nicht anhand einer Bilderzählung, sondern
anhand körperlicher Substanz in Form der Reliquie. Beides, die Darstellung
im Bild und die physische Präsenz, sind Daseinsformen des Heiligen im
kirchlichen Raum. Die Reliquie, der «Körper», wird in einer bildlichen Hülle
präsentiert, die einem Körperteil nachgebildet sein kann, einem Arm, einem
Kopf, oder sie ist in einem architektonischen, auch sarkophagartigen Modell,
einem Schrein eben, geborgen, an dem die Vita des Heiligen im Bilde breit
erzählt wird. Die heilige Substanz wird durch diese Erzählung zum vollständigen Körper «inszeniert», der kultische Verehrung genießt, in der meditati-
ven Anschauung wie auch im handelnden Rahmen der Liturgie.

Die vorliegende Publikation, aus einer Bochumer Dissertation hervorgegangen, untersucht unter dieser Voraussetzung den Karlschrein in Aachen
und den Elisabethschrein in Marburg. Beide Schreine sind in engem Zusammenhang mit den angestrebten Kanonisationen entstanden. Die Heiligsprechung Karls des Großen ist in der Herrschaftszeit Friedrich Barbarossas,
die der Landgräfin von Thüringen unmittelbar nach ihrem Tod 1231 unter
dem letzten Stauferkaiser Friedrich II. erfolgt. Der Karolinger war eine historische Person und deren Vita schon seit längerem zur Legende geworden, die
ungarische Königstochter und Landgräfin von Thüringen Elisabeth aber
könnte man zum Zeitpunkt der Kanonisation 1235 noch als zeitgenössisch
bezeichnen. Die Heiligsprechung war beiden aus politischen Motiven und
Kalkül zugedacht. Es mag deshalb legitim sein, auch die Schreine mit ihren
sakralen Bildprogrammen profan «als Manifestation herrscherlicher Selbst-
darstellung» (S. 13) zu betrachten. Aus gegebenem Anlass wenden wir dem
zweiten Teil des Buches «Lektionen der Demut», dem Schrein der heiligen
Elisabeth vor allem unsere Aufmerksamkeit zu.

Die Autorin weist auf die Interpretation von dessen Bildinhalten «als
Präzedenzfall einer Armutsheiligen außerhalb der eng umgrenzten Rahmenbedingungen der Bettelorden» hin, unter kritischer Berufung auf Erika
Dinkler-von Schubert, in deren monumentaler Monographie (1964) «in letzter Konsequenz jedes Bild- und Formelement auf eine heilsgeschichtliche
Deutungsperspektive» bezogen sei, ohne die «Unwägbarkeiten eines kaum
sichtbaren und für das Publikum außerhalb eines hochgebildeten (es wäre
hinzuzufügen, und eines in die Umstände eingeweihten) Betrachterkreises»

(S. 14) zu berücksichtigen. Der Vorwurf besteht etwas zu Unrecht, denn auch Erika Dinkler geht auf die für die Vitenbebilderung relevanten historischen Vorgänge und auf die daran beteiligten Personen ausführlich und sehr informativ ein, auf die Rolle des Kreuzzugpredigers und Beichtvaters der Landgräfin Magister Konrad von Marburg, der nach Elisabeths Tod für die Verbreitung der Nachrichten von den Wundern sorgte, die sich an deren Grab ereignet haben sollen, auf Landgraf Konrad, einer von Elisabeths Schwägern, der nach der Ermordung Konrads 1233 und wenig später (1234) als Mitglied des Deutschen Ordens in dessen und im Interesse der ludowingischen Dynastie die Heiligsprechung weiter betrieb bis zum Erfolg am 27. Mai 1235 in Perugia, wo Papst Gregor IX. Elisabeth schließlich heilig sprach; wichtig scheint auch die Mithilfe des Bischofs Konrad II. von Hildesheim gewesen zu sein. Schon vorher war eine Wallfahrtsstätte am und über dem Grab entstanden.

Viola Belghaus macht nun deutlich, dass es nach der Kanonisation das Bestreben der landgräflichen Familie war, Elisabeth aus der entstandenen Volksnähe zu lösen, was die Erhebung der Gebeine am 1. Mai 1236 eindrücklich zeige: «die glanzvolle Schauveranstaltung» (S. 133), an der Friedrich II., «der ruhmreiche Kaiser ... umgeben von Fürsten und Rittern» (so Dietrich von Apolda) teilnahm. Elisabeth wurde ihren ehemaligen fürstlichen Kreisen wieder einverleibt. Das Ölwunder – «Weil dieser Körper sich in vielen geistlichen Werken bemüht und bewährt und der Heilige Geist in ihm gewohnt hatte, wurde er nun zu einem wohlduftenden Salbgefäß» (noch einmal Dietrich von Apolda) – sieht die Autorin ebenfalls in diesem Zusammenhang: Der Zugang zur wunderwirkenden Heiligen wurde von nun an durch die Kleriker reglementiert, und das plötzliche Versiegen des Öls bei der Umbettung der Reliquien in den Schrein und dessen schließliche Verhüllung durch ein Schutzgehäuse reduzierte die Zugangsmöglichkeit durch inszenatorisches Ver- und Enthüllen auf bloße und gesteuerte Sichtwahrnehmung. Ziel scheint die Verhinderung der Wallfahrt gewesen zu sein, die sich früh, aber wohl unkontrolliert entfaltet hatte. Die «successive Entfernung» der Heiligen aus dem liturgischen Geschehen veranlasst die Autorin zu der wohl nicht ganz zutreffenden Feststellung, Elisabeth sei paradoxerweise letztlich nur noch im Namen der hochgotischen Hallenkirche mit dem Dreikonchenchor präsent.

Erst auf diese geschichtsinterpretierenden Darlegungen folgt die eigentliche Vorstellung des Elisabethschreins, sein Bildprogramm und seine Datierung in Form eines Referats der bisherigen stilgeschichtlichen und ikonographischen Forschung. Der Abschnitt stützt sich im Wesentlichen auf die Standardliteratur von Richard Hamann (1922 und 1929) bis Renate Kroos (1981), deren Kritik an E. Dinkler-v. Schubert sich die Autorin anschließt.[1] Wichtig ist ihr wieder als Ergebnis, dass der Schrein nach seiner Fertigstellung und der (zweiten) Translation der Gebeine (1249), einer Überlegung von

Andreas Köstler folgend, vermutlich auf dem Hochaltar in der Ostkonche der Elisabethkirche aufgestellt und damit «aus dem Zusammenhang mit der Grabtumba» (in der Nordkonche, dem Verehrungs- und ursprünglichen Wallfahrtsort) genommen wurde. Die Vorwürfe gegen Erika Dinkler richten sich gegen deren angebliche Vernachlässigung der Vitenreliefs auf der Dachzone des Schreins und deren Einordnung in ein schlüssiges ikonographisches Gesamtprogramm. «Zur Entlastung der Autorin» führt Viola Belghaus deren «noch (!) frömmigkeitsgeschichtlichen Zugriff» (S. 148 f.) an und das seinerzeitige Fehlen (1964) von Fragestellungen nach den politischen Motiven der Kanonisation, die erst in den 1980er Jahren akut geworden seien.

Auf diese Fragestellungen geht Viola Belghaus in den folgenden Kapiteln ihres Buches ein und kehrt zu ihrer interpretierenden Methode zurück, jetzt auf den Textquellen zur Elisabethvita fußend. Sie unterscheidet zwischen der ersten Vita des Cäsarius von Heisterbach, die wesentlich von den Wunderprotokollen und den Zeugenberichten der «Mägde» gespeist sei, und der Vita des Dietrich von Apolda, die «vor allem die Überlieferung zum Leben als Landgräfin» (S. 151 f.) auffülle und den Charakter einer Hofberichterstattung habe, wobei Dietrich «damit auch genügend Informationen, die den Ehemann Ludwig IV. ebenbürtig im Sinne eines heiligmäßigen Lebenswandels erscheinen lassen,» (S. 152) inseriere. Da sowohl die acht Vitenreliefs auf den Dachflächen des vor 1249 fertig gestellten Schreins wie auch die Glasmalerei eines Chorfensters um 1240 die gleichen Szenen zeigen, die Dietrich von Apolda am Ende des 13. Jahrhunderts in seiner Vita schildert, der Abschied der Gatten und die Rückkehr der Gebeine des in Otranto gestorbenen Ludwig, vermehrt um die Kreuznahme Ludwigs zum Zug nach Jerusalem mit dem Segen eines Bischofs (Konrad II. von Hildesheim), muss doch eine ältere Quelle gleicher Tendenz für die Darstellungen auf den Schreinreliefs vorausgesetzt werden. Das heißt, immer der Interpretation der Autorin gefolgt, dass schon im fünften Jahrzehnt des 13. Jahrhunderts für die Schrein-«Erzählung» und auch für die Fensterszenen das landgräfliche Interesse, Elisabeth als Heilige mehr für die fürstliche Familie denn für die Armutspflege zu reklamieren, vorhanden gewesen sein muss. Hierzu fällt auf, dass am Schrein bis

---

1 Richard Hamann und Heinrich Kohlhausen: Der Schrein der heiligen Elisabeth zu Marburg. Marburg 1922; Richard Hamann und Kurt Wilhelm-Kästner: Die Elisabethkirche zu Marburg und ihre künstlerische Nachfolge. Band 2: Die Plastik der Elisabethkirche zu Marburg und ihre künstlerische Nachfolge/Bearb.: Richard Hamann. Marburg 1929; Erika Dinkler-von Schubert: Der Elisabethschrein in Marburg. Wiesbaden 1953; Erika Dinkler-von Schubert: Der Schrein der Hl. Elisabeth zu Marburg. Studien zur Schrein-Ikonographie. Marburg 1964; Renate Kroos: Zu frühen Schrift- und Bildzeugnissen über die heilige Elisabeth als Quellen zur Kunst- und Kulturgeschichte: In: Sankt Elisabeth. Fürstin-Dienerin-Heilige. Sigmaringen 1981, S. 180–239, hier S. 215 ff.

auf die Einkleidung mit dem Ordenshabit kein Hinweis auf Franz von Assisi und dessen Orden vorhanden ist, während im Couronnement des Elisabeth-fensters beide, Franziskus und Elisabeth, von Christus und Maria gekrönt werden. Die Kapitelüberschrift «Erzählen als Disziplinierung» bekommt so durchaus Sinn. Dass in diesem Rahmen die Wartburg als Hauptort von Elisabeths Lebensgeschichte auftaucht, verwundert nicht. In drei Szenen, Kreuznahme, Abschied und Heimkehr – letztere ist stilistisch und komposi-torisch von den anderen Reliefs erheblich unterschieden – sind Ludwig als Landgraf und damit Hof und Dynastie präsent. Und Elisabeth bleibt auch nach dem Ordenseintritt bei der Ausübung barmherziger Werke, die in der Fußwaschung zur imitatio christi gesteigert ist, im strickgegürteten Gewand – besonders deutlich bei der Almosenspende – durch Krone und Gebände als Angehörige des Landgrafenhauses kenntlich.

Das Hauptgewicht der Betrachtung beider Schreine in vorgestelltem Buch liegt auf der jeweiligen Personengeschichte und nicht auf der Gesamtheit des konventionell gestalteten Schreins. Tatsächlich sind die Viten der Heiligen, deren Reliquien im Schrein geborgen sind und zur Verehrung ausgestellt wer-den, nur das Individuelle, und der substanziell vorhandene «Körper» wird durch die Erzählung (auf der Dachzone) zur Anschauung «inszeniert». Das eigentliche Bildprogramm eines Schreins dagegen ist universell, Modell einer Kirche als Bild des himmlischen Jerusalem, des neuen Paradieses, wo Christus und Maria von den Aposteln umgeben sind. Die verehrten Heiligen werden eingereiht, an den Giebelseiten, dem Marienbild gegenüber. Dort steht Elisabeth im fürstlichen Gewand, den Aposteln gleich mit Buch und Nimbus. Warum sollte die (so «visualisierte») Aufnahme Elisabeths in die Gemein-schaft der Heiligen nicht das Hauptziel der «Inszenierung» gewesen sein, auch im Interesse der landgräflichen Dynastie, aus der sie hervorgegangen ist. Die suggerierte Auftraggeberschaft der Landgrafenfamilie, möglicherweise in Gemeinschaft mit dem Deutschen Orden, der inzwischen zum Hausherrn der ehemals franziskanischen Anwesen geworden war, wird nicht diskutiert, obwohl sie sich aus dem Tenor des einschlägigen Teils der Arbeit durchaus ergibt. Da ist Anette Kindler im Katalogband der 3. Thüringer Landesaus-stellung «Elisabeth, eine europäische Heilige» auf der Wartburg 2007 weit weniger bedenklich.[2]

Ernst Badstübner

---

2 DIETER BLUME und MATTHIAS WERNER (Hrsg.): Elisabeth von Thüringen – eine europäische
   Heilige. Katalog. Petersberg 2007, S. 201.

HEIMO REINITZER: *Gesetz und Evangelium. Über ein reformatorisches Bildthema, seine Tradition, Funktion und Wirkungsgeschichte.* Hamburg: Christians Verlag 2006. Band I: Text, 535 S., Band II: Abbildungen, 415 S., geb. in Schuber

Es geht um ein Lehrthema als Bildgegenstand oder, anders, aber möglicherweise doch falsch oder missverständlich ausgedrückt, um ein Lehrthema als Gegenstand von bildender Kunst. Falsch oder missverständlich zum einen, weil ein abstrakter Inhalt bildlich dargestellt wird, um ihn zu lehrhaft übermittelnder Anschauung zu bringen, wobei nicht in erster Linie die künstlerische Gestaltung, sondern die «Lesbarkeit« der Darstellung als Aufgabe für den ausführenden Maler, Bildhauer oder Dekorateur steht, zum zweiten, weil das zeitgenössische Bildverständnis seinerzeit ein anderes war als unser neuzeitliches Kunstverständnis. Dass dennoch um eine vorteilhafte Bildkomposition dieses in der christlichen Ikonographie neu zu gestaltenden protestantischen Inhalts gerungen wurde, ist vor allem im Werk Cranachs d. Ä. zu verfolgen[1]. Der Inhalt ist die Rechtfertigungslehre Luthers, die Heimo Reinitzer im einleitenden ersten Kapitel in ihren Grundlagen erläutert, gestützt auf Evangelientexte und Lutherpredigten. Aus diesen geht nicht nur das Bildthema «Gesetz und Evangelium» hervor, sondern (zunächst und mehr einer älteren Tradition verhaftet?) das Thema «Gesetz und Gnade.» Das jedenfalls lassen die Beschriftungen der ältesten nachweisbaren Bilder erkennen, auch in Deutschland und nicht nur auf dem Holzschnitt, der bislang – nach neuerer Meinung zu Unrecht – unter der Zuschreibung an Geoffroy Tory geführt wird und an dem Reinitzer die Entstehung des Bildthemas exemplifiziert:

Die Idee, Luthers «zentrale Lehren von der Rechtfertigung und von Gesetz und Evangelium» zu verbildlichen, sei «vielleicht» 1522/23 entstanden, der Einfall habe aber «mit Bestimmtheit nicht Luther zum Urheber», auch nicht dessen Umgebung in Wittenberg. Ja, selbst nicht einmal im deutschsprachigen Bereich sei mit der Absicht der bildlichen Umsetzung zu rechnen. Viel eher komme dafür der Protestantismus in Frankreich (Paris) oder im französischsprachigen Teil der Niederlande (Antwerpen?) in Frage. Der «mit Sicherheit protestantische Ursprung» des Holzschnitts gilt als der Beleg dafür, wobei allerdings dessen Datierung «kaum nach 1523» noch zu erweisen sei. Reinitzer widmet diesem Druck eine bisher so ausführlich m. W. nicht durch-

---

1 Dazu immer noch grundlegend OSKAR THULIN: Cranach-Altäre der Reformation. Berlin 1955.

geführte Analyse. Detailliert geht er auf die gewählten Bildmotive und die dazu gestellten Beschriftungen ein. Wichtig sind die Feststellung des Fragmentarischen («zweispaltig durchnummerierte, aber nicht mehr erhaltene Textabschnitte») und die differenzierende Betrachtung der nicht immer traditionell angewendeten Typologie. Die Tatsache, dass Johannes der Täufer als «furgenger und tzeyger» (Luther in der Predigt zum 4. Adventssonntag 1522) auf der rechten Bildhälfte des Neuen Testaments und der Prophet Jesaja auf der linken Bildhälfte des Alten Testaments gemeinsam auf Christus, den Erlöser am Kreuz weisen, nimmt der Autor als weiteren Beweis dafür, dass Luthers direkter Anteil «an der Bildauffassung nicht wahrscheinlich» ist. Der das Bild strukturierende Baum, der auf der linken Seite, auf der Seite des Gesetzes verdorrt, auf der rechten Seite der Gnade und Erlösung aber grünt, ist in der ihm zu unterlegenden allegorischen Bedeutung als Baum des Todes und des Lebens bei Luther durchaus zu finden, aber nicht zwingend von daher zum Bildmotiv geworden. Der nackte Mensch am Fuße des Baums, in seiner Haltung beiden Seiten zugewandt, meint auch nicht die freie Entscheidung zwischen dem Bösen und dem Guten (was vielfach fälschlich mit Herkules am Scheidewege verglichen worden sei), sondern stehe gleichermaßen unter dem Gesetz (La Loy) und der Gnade (La Grace). Als die ersten Kopien des französischen Holzschnitts in Deutschland erkennt Reinitzer den sog. Erlanger Holzschnitt, die Bildhälfte in der Flugschrift des Urban Rhegius und das kleine (49 x 60 cm) Gemälde von Hans Holbein d. J. in Edinbourgh (National Gallery)[2].

Erst mit der Aufnahme des Bildthemas in Wittenberg und bei Lukas Cranach d. Ä. ergab sich die Neuformulierung. Reinitzer nennt die Ergebnisse Predigtbilder, weil ihnen zusätzlich zu den Beschriftungen Bibeltexte beigegeben sind. Zunächst steht noch das Tafelbild in Prag als «Gesetz und Gnade», das dem französischen (und Erlanger) Muster am ehesten gleicht und wohl deshalb bedenkenlos auf 1525 datiert wird, in dem aber als wesentliche Neuerung der Gebetsgestus des nackten Menschen festgestellt werden kann; an der Autorschaft Cranachs d. Ä. ist nicht gezweifelt. Die Gothaer Tafel, inschriftlich auf 1529 datiert, nennt Reinitzer dann «Gesetz und Evangelium», das aufgrund der von Cranach erkannten Mängel des Prager Bildes «ganz neu konzipiert» worden sei. Als Beweis dient ihm die verlorene Entwurfszeichnung (ehemals Dresden) aus dem Besitz der Herzogin Katharina. Entscheidend ist die Verdoppelung des nackten Menschen, auf der linken Bildseite von Mose auf die Gesetzestafeln verwiesen und von Tod und Teufel zum Höllenfeuer gejagt, auf der rechten Seite, der Seite des Evangeliums – der die Darstellungen trennende Baum ist geblieben – von

---

2 PETER JEZLER (Katalog): Himmel, Hölle, Fegefeuer. Das Jenseits im Mittelalter. München [2]1994, S. 114.

Johannes dem Täufer geführt und betend auf den Gekreuzigten und Auferstandenen zuschreitend; er wird vom Blutstrahl aus Christi Seitenwunde getroffen. Der nach diesem Bild entstandene Holzschnitt wird als Flugblatt gedient haben. Mit einigen Bildmotiven (Gericht, Berg Zion, so aber auch auf Cranachs Weimarer Tafel im Museum!) ist er konservativer als der Gothaer Typ. Nach der Nennung weiterer Beispiele sieht Reinitzer «Das Ende der Predigtbilder» im Schneeberger Altar, der als Wandelretabel mit dem gleichen Bildthema in der Gestaltung Cranachs die Tafeln an Größe weit übertrifft und deren intimeren, fast privaten Charakter eines Andachtsbildes hinter sich lässt.

Reinitzer listet die «Bildtradition neben und nach Lukas Cranach d. Ä.» auf, Erhard Altdorfers Titelblatt zur niederdeutschen Bibel oder die seitenverkehrte Tafel in Aschersleben zählen dazu, aber auch das Weimarer Altarbild in der Stadtkirche St. Peter und Paul («Herderkirche») vom jüngeren Cranach und das davon abhängige Epitaphbild im Leipziger Museum für bildende Künste. Die Errungenschaft im Künstlerischen, die weitaus bessere Komposition mit der zentralen Stellung des Kruzifixes anstelle des stereotypen Baumes, auch der auf Lukas Cranach d. Ä. gerichtete Blutstrahl der Gnade und Erlösung sind im Sinne der Bildentwicklung für Reinitzer kein Thema. Auch finden unter dieser Rubrik die Arbeiten des Berliner Hofmalers Michael Ribestein keine Erwähnung, die abweichend vom Cranachstil die gleiche Ikonographie (Epitaph Wins 1554 in Frankfurt/Oder aus der Marienkirche) und in abgewandelter Form auch den gleichen Inhalt zur Darstellung bringen (Christus am Kreuz zwischen Mose und Johannes dem Täufer, Epitaph in der Berliner Marienkirche). Im Katalog fehlen sie nicht, aber ihre kunstgeschichtliche wie auch ihre kirchengeschichtliche Sonderstellung scheint nicht erkannt zu sein.

Nach der Mitte des 16. Jahrhunderts bekommen die Bilder verstärkt Lehr- und Bekenntnisfunktionen. Letzteres trifft vor allem für Epitaphien zu, aber auch in anderen Kunstgattungen, nicht nur in Malerei, Glasmalerei, Graphik und Reliefplastik, auch auf Möbeln, Gefäßen, Bucheinbänden etc. wird das Thema verbreitet. Als eine neue Form des Bekenntnisbildes können die in den lutherischen Territorien häufiger auftretenden Epitaphaltäre genannt werden, zu denen als herausragendes Werk in der Kunstgeschichte der eben erwähnte Weimarer Altar Cranachs d. J. gezählt werden muss. Von besonderem Interesse und äußerst bedenkenswert erscheinen mir die unter der Kapitelüberschrift «Evangelisch – Katholisch» aufgeführten Beispiele von Reaktionen katholischerseits auf die protestantische Bildfindung. Es dürfte Rückwirkungen gegeben haben.

Schließlich noch die Reduktionen zu Bildformeln, die aus der vielfigurigen Darstellung (die nicht als Allegorie gelten soll!) hervorgegangen sind, aber nun doch wohl nur allegorisch zur Anwendung kommen konnten. Die häufigste dieser Bildformeln ist die Beschränkung auf die Gegenüberstellung von Mose und Johannes dem Täufer als den Vertretern von Altem und Neuem Testament, analog der im Mittelalter üblichen Darstellung von Synagoge und Ekklesia in der seinerzeit herrschenden Vorstellung einer Konkordanz von Altem und Neuem Bund, die zur Vollendung führt. Nicht weniger häufig tritt Mose als Kanzelträger auf, über dem das Evangelium verkündet wird; zumindest deutet die Vielzahl der Beispiele im Katalog darauf hin.

Der Katalog nimmt mit seinen 860 Nummern zwei Drittel des Textbandes ein. Nach alphabetischer Reihenfolge der Orte werden die Denkmäler in Kirchen, Museen und Bibliotheken etc. aufgeführt und z. T. ausführlich beschrieben einschließlich der Beschriftungen und beigefügten Texte; die Exemplare auf der Wartburg sind unter Eisenach zu finden, das Titelblatt zu Luthers «In primum librum Mose enarrationes ...» von 1544 (H25, B16) auf Abbildung 157,1. Die Einteilung der «Bildthematik von ‹Gesetz und Evangelium› bzw. ‹Gesetz und Gnade› in IV Hauptgruppen», die ihrerseits noch jeweils in bis zu zehn Untergruppen gegliedert sind, meint «eine eher formale Unterscheidung bzw. Zuordnung von Typen», verdeutlicht aber noch einmal die Variationsbreite, die der neue protestantische Bildtyp im Laufe der Zeit erfahren hat.

Der Bildband ist in sich nach den Arten der Bildkompositionen geordnet. Vorangestellt ist «Vorreformatorisches». In diesen Bildern spielt nicht die Antithese der lutherischen Lehre, sondern das kirchenväterliche Verständnis der heilsgeschichtlichen Konkordanz von Altem und Neuem Bund eine Rolle. Aber es wird deutlich, dass die reformatorische Bildfassung traditionelle Bild-«Zeichen» zur Demonstration der neuen Lehre verwendet hat. Die nächste Abbildungsreihe beginnt mit dem «fälschlich Geoffroy Tory zugeschriebenen» französischen Blatt und seinen deutschsprachigen Kopien als «Gesetz und Evangelium I». Es folgen die Varianten in verschiedenen Kunstgattungen, von der Druckgraphik über Gemälde und Reliefs bis hin zu Möbeln und Gefäßen. Ähnlich ist in den Abbildungskapiteln «Gesetz und Gnade II, III und IV» verfahren; die «Bildzitate» und die «Anderen Entwürfe» schließen sich an. Insgesamt hat Reinitzer 285 Abbildungen zusammengestellt. Da man fehlende Stücke durchaus nennen könnte, ist anzunehmen, dass es sich trotz der hohen Zahl nur um eine Auswahl aus der Sammlung des Autors handelt. Und das lässt erwarten, dass es trotz oder vielleicht gerade wegen dieser umfassenden Bearbeitung und Dokumentation zu weiterer Beschäftigung mit dem bekanntesten und am weitesten verbreiteten Thema in der protestantischen Bildkunst und Ikonographie kommt.

Ernst Badstübner

Die Wartburg in neuerer Literatur mit Abschluss 2006

Hilmar Schwarz

Dieser Überblick soll Forschungsergebnisse, Sachverhalte oder Hypothesen zusammenführen und vorstellen, die in der neueren Literatur verstreut vorkommen und sich auf die Wartburg und ihre Geschichte beziehen.

Der Bau des Palas der Wartburg wurde nach der dendrochronologischen Datierung etwa 1156 begonnen, das zweite Obergeschoss etwa 1162 und das dritte bis 1172 vollendet. Damit liegt er nicht nur ziemlich früh beim Palasbau der Stauferzeit, sondern sogar vor allen bekannten derartigen Bauwerken in königlicher/kaiserlicher Eigenregie[1]. Der Umstand, dass ein fürstlicher Bau vor allen königlichen entstanden sein könnte, gewissermaßen die Kopie vor dem Original, führte immer einmal wieder zu der Vermutung, dass einer der verlorenen Königsbauten etwas eher als der Wartburgpalas zu datieren sei.

So vermutete Dieter Großmann das Vorbild hypothetisch in der Kaiserpfalz von Duisburg[2]. Nun hat Thomas Biller (Berlin) die Reichsburg Kaiserslautern ins Spiel gebracht[3], deren Palasbau zwar völlig verschwunden, jedoch durch zwei Abbildungen aus dem 18. Jahrhundert und Grabungen im 20. Jahrhundert einigermaßen rekonstruierbar ist. Aus der schriftlichen Erwähnung der «domus» beim Kaiserbiographen Rahewin als königlich, also vor der Kaiserkrönung Friedrichs I., schließt Biller, die Errichtung zwischen 1152 und 1160 ansetzen zu können (S. 153 und 164, Anm. 1). Damit läge er vor dem Wartburgpalas. Insbesondere anhand des großen Saals im obersten Geschoss datiert er vor den anderen Dreigeschossbauten: «Wartburg (um 1156–gegen 1172)», «Gelnhausen (um 1165–80)», «Neuenburg an der Unstrut (ab etwa 1170)» und «Kaiserswerth (um 1182–89)» (S. 159). Damit ging Kaiserslautern allen «Vergleichsbeispielen ... mit einer Entstehungszeit vor 1160 voran und war daher, als kaiserliches Projekt, vielleicht wirklich der erste

---

1 Datierungsüberblick zu staufischen Palasbauten bei FRITZ ARENS: Die Staufischen Königspfalzen. In: REINER HAUSSHERR und CHRISTIAN VÄTERLEIN (Hrsg.): Die Zeit der Staufer. Geschichte, Kunst, Kultur. Bd. 3. Aufsätze. Stuttgart 1977, S. 129–142; vgl. GÜNTHER BINDING: Deutsche Königspfalzen. Von Karl dem Großen bis Friedrich II. (765–1240). Darmstadt 1996, S. 199–203.

2 DIETER GROSSMANN: Zur Kapitellornamentik der Wartburg. In: Forschungen zu Burgen und Schlössern. Bd. 1. München/Berlin 1994, S. 25–38, hierzu S. 35.

3 THOMAS BILLER: Die »domus« Kaiser Friedrichs I. in der Reichsburg Kaiserslautern. Burgundischlothringischer Einfluss im frühen Pfalzenbau der Staufer. In: Neue Forschungen zum frühen Burgenbau (Forschungen zu Burgen und Schlössern. Bd. 5). München/Berlin 2006, S. 153–163.

Bau, der das ‹Prinzip des hoch liegenden Saales› ... verwirklichte» (S. 159). Etwas vorsichtiger mit «um 1160» stuft Biller allerdings den Bau im Elisabeth-katalog von 2007 ein[4].

*

Auf einen an verschiedenen Universitätsorten 1993/94 gehaltenen Vortrag geht ein Artikel von Jürgen Krüger (Karlsruhe) über die Wartburg im 12. Jahrhundert zurück[5], in den neuere Literatur eingearbeitet wurde (vgl. S. 75, Anm. 1). Mit Verweisen auf die dendrochronologischen Datierungen und die zeitliche Einordnung der Architekturtypologie widerspricht er einer Spät-datierung des Palas auf die 1220er Jahre und favorisiert die inzwischen aner-kannte Frühdatierung mit einem Baubeginn in der zweiten Hälfte der 1150er Jahre.

Er ordnet den Bau des Wartburgpalas dem königlich-staufischen «großen Pfalzbauprogramm» Friedrich Barbarossas zu (S. 87). Als zwei charakteristi-sche «Architekturmotive» macht er «Galerie und zwei übereinanderliegende Säle» (S. 88) sowohl bei den Pfalzen in Gelnhausen und Goslar als auch auf der Wartburg aus. Ihre Umdatierung von der «späten Prachtphase» zum Beginn des staufischen Palasbaus wertet der Verfasser als «radikale Neube-wertung» (S. 88). Die Ursache für das schnelle Reagieren auf den beginnenden staufischen Pfalzenbau sieht er in der «neuen Würde des Landgrafen», die ein «bestimmtes Verhalten» erforderte (S. 90). Nach Rahewin gehörte der Pfalz-ausbau zu den öffentlichen Geschäften des Reichs – «publicis regni negotiis», wie es gleichlautend in einem Reinhardsbrunner Musterbrief des Landgrafen Ludwig II. von vor 1155 formuliert ist (S. 90, vgl. S. 87).

*

Nachzutragen ist die 2003 erschienene paläographisch-diplomatische Unter-suchung von Holger Kunde (Naumburg) zum Kloster Pforte[6], die auf seiner Jenaer Dissertation von 2001 fußt. Der Autor widmet sich den Urkunden-

---

4 Thomas Biller: Der Wartburg-Palas. In: Dieter Blume und Matthias Werner (Hrsg.): Elisabeth von Thüringen – eine europäische Heilige. Katalog. Petersberg 2007, S. 94–98, hierzu S. 96.

5 Jürgen Krüger: Ut principem decet. Zur Wartburg im 12. Jahrhundert. In: Zeitschrift des Ver-eins für Thüringische Geschichte. 59/60 (2005/06), S. 75–90.

6 Holger Kunde: Das Zisterzienserkloster Pforte. Die Urkundenfälschungen und die frühe Geschichte bis 1236 (Quellen und Forschungen zur Geschichte Sachsen-Anhalts. 4). Köln/Weimar/Wien 2003.

7 Paul Boehme (Bearb.): Urkundenbuch des Klosters Pforte. T. 1. Halbbd. 1. (1132 bis 1300) (Geschichtsquellen der Provinz Sachsen und angrenzender Gebiete. 33). Halle 1893, Nr. 20; Otto Posse (Hrsg.): Urkunden der Markgrafen von Meissen und Landgrafen von Thueringen 1100-1195 (Codex diplomaticus Saxoniae Regiae. Haupth. 1, Abth. A, Bd. 2). Leipzig 1889, Nr. 428; Otto Dobenecker (Hrsg.): Regesta diplomatica necnon epistolaria historiae Thuringiae. Bd. 2 (1152–1227). Jena 1900, Nr. 534.

fälschungen und der Klostergeschichte bis 1236, so jedenfalls der Untertitel. Hinsichtlich der Wartburggeschichte ist damit ein neues Hilfsmittel in die Hand gegeben, den Wert von Urkunden aus dem Kloster für die ludowingischen Landgrafen von Thüringen und deren Umfeld zu beurteilen.

Aus den vielen Details ragt für die Ludowinger die Analyse der Urkunde Landgraf Ludwigs II. vom 9. Juni 1178[7] heraus (S. 91–95), die bisher in Urkunden- und Regestenwerken als echt akzeptiert und von Patze u. a. als ältester Beleg für die ludowingischen Hofämter[8] und das Burggrafenamt der Neuenburg[9] angesehen wurde. Kunde weist nach, dass diese Urkunde erst um 1272 von dem Pfortener Mönch und Notar Reinhard gefälscht wurde, der den Personenkreis aus «anderweitigen, relativ zeitnahen Dokumenten» (S. 93) zusammengestellt hatte. Die ältesten Nachrichten über die Hofämter Truchsess, Marschall und Kämmerer waren folglich nicht auf 1178, sondern in die 1190er Jahre, und über den Neuenburger Burggrafen auf 1188 zu datieren (S. 93, Anm. 543).

٭

Über das Franziskanerkloster unterhalb der Wartburg hat Petra Weigel (Jena) einige Überlegungen im aktualisierten Abdruck ihrer Dissertation von 2001 vorgestellt[10]. Angekündigt hat sie einen ausführlichen Beitrag zu diesem Kloster in einem noch nicht erschienen Sammelband zu den Franziskanern in Thüringen[11] (S. 68 Anm. 37, vgl. S. 71 Anm. 57). Erschienen ist im Aufsatzband zur 3. Thüringer Landesausstellung inzwischen eine Auswertung der Grabung vor Ort, an der sich die Verfasserin mit geschichtlichen Ausführungen beteiligt hat[12].

---

8 HANS PATZE: Die Entstehung der Landesherrschaft in Thüringen. Teil 1 (Mitteldeutsche Forschungen. 22). Köln/Graz 1962, S. 327; HERBERT HELBIG: Der Wettinische Ständestaat. Untersuchungen zur Geschichte des Ständewesens und der landständischen Verfassung in Mitteldeutschland bis 1485 (Mitteldeutsche Forschungen. 4). Münster/Köln 1955, S. 157 und 291; WERNER RÖSENER: Hofämter an mittelalterlichen Fürstenhöfen. In: Deutsches Archiv für die Erforschung des Mittelalters. 45(1989), S. 485–550, hierzu S. 491 und 520.

9 PATZE, Entstehung 1961 (wie Anm. 7) S. 372; GERD STRICKHAUSEN: Burgen der Ludowinger in Thüringen, Hessen und dem Rheinland. Studien zu Architektur und Landesherrschaft im Hochmittelalter (Quellen und Forschungen zur hessischen Geschichte. 109). Darmstadt/Marburg 1998, S. 147.

10 PETRA WEIGEL: Ordensreform und Konziliarismus. Der Franziskanerprovinzial Matthias Döring (1427–1461). Frankfurt a. M. 2005.

11 PETRA WEIGEL: Franziskanerkloster Cella Sanctae Elisabeth unter der Wartburg/Eisenach. In: DIETER BERG (Hrsg.): Franziskaner in Thüringen. Teil 1. Studien zur Geschichte der Konvente in der Sächsischen Franziskanerprovinz vom Mittelalter bis zur Reformation [in Vorbereitung].

12 UDO HOPF, INES SPAZIER und PETRA WEIGEL: Elisabethverehrung und Elisabethgedenken der Wettiner. Das Elisabethhospital und das Franziskanerkloster St. Elisabeth unterhalb der Wartburg – Archäologische Befunde und schriftliche Zeugnisse. In: DIETER BLUME und

Die Dissertationsschrift widmet sich der Reform des Franziskanerordens in Thüringen während des 15. Jahrhunderts, und in einem Kapitel geht die Verfasserin speziell auf die Vorgänge von 1438 im Franziskanerkloster der Stadt Eisenach ein (S. 62–75), wozu sie im umfangreichen Quellenanhang einen landgräflichen Brief vom 21. Juni 1438 erstmals vollständig ediert und kommentiert hat (Nr. 67, S. 345–347). Landgraf Friedrich der Friedfertige (1384–1440) war der «erste Wettiner, der in seinem Herrschaftsgebiet Ordensreformen anregte» (S. 66) und gehört zu den ersten Fürsten, die «über eine ökonomische Sicherung hinausgehende aktive Politik der Erneuerung des monastischen Lebens» (S. 66) anstrebte. Ein kritischer Hinweis sei zu den wirtschaftlichen Problemen erlaubt, zu deren Behebung Friedrich die Klosterreform angestrebt haben soll. Die Verfasserin geht von großen Verwüstungen in «ganz Thüringen» durch die Hussiteneinfälle aus (S. 64 f.). Doch ist in der angegebenen Literaturstelle von derartigen Einfällen in Thüringen keine Rede, sondern nur von Hussitenfurcht, Gegenmaßnahmen und Beteiligungen von Thüringern an Kriegszügen[13] (S. 64, Anm. 16). Bei der zu Recht angemahnten Neubewertung Friedrichs (S. 63, Anm. 6) sollte geprüft werden, ob und wieweit die Freihaltung seines Hauptlandes Thüringen von Angriffen der aufständischen Böhmen sein Verdienst war.

Die Reform habe aber nicht nur dem wirtschaftlichen Verfall gegolten, sondern besonders dem «moralischen und spirituellen Niedergang» in den Orden und Klöstern (S. 65). In diesem Zusammenhang kommt die Verfasserin auf das Franziskanerkloster unterhalb der Wartburg. Weil es hierzu nicht erwähnt wird, bedurfte es offenbar keiner Neuregelung. Den Mangel an Reformbedarf sieht sie im «Sonderstatus» der Elisabethzelle – wie das Franziskanerkloster wegen seines Elisabethpatroziniums in den Quellen genannt wird – begründet. Durch die aufgeführten und bekannten engen Bindungen an die Wartburg und den Fürstenhof sei sie «überspitzt formuliert ... weniger eine Ordensniederlassung als ein landgräfliches ‹Hauskloster›» gewesen (S. 69). «Das infolge landgräflicher Förderung und straffer Amtsführung des Guardians in spiritueller wie wirtschaftlicher Hinsicht blühende Ordensleben in der Elisabethzelle war dem Landgrafen offenbar Idealbild einer franziskanischen Gemeinschaft.» (S. 70)

Matthias Werner (Hrsg.): Elisabeth von Thüringen – eine europäische Heilige. Aufsätze. Petersberg 2007, S. 245–269.

13 Hans Patze und Walter Schlesinger (Hrsg.): Geschichte Thüringens. 2. Bd., 1. Teil. Hohes und spätes Mittelalter (Mitteldeutsche Forschungen. Bd. 48/II, Teil 1). Köln/Wien 1974, S. 129 f.

*

Im Anfang 2006 erschienenen Wartburg-Jahrbuch 2004 wurden zwei
Porträtreihen mit sächsischen Kurfürsten und Königen aus dem Kunst-
bestand der Wartburg-Stiftung besprochen[14], die ihre ältesten fassbaren Vor-
bilder im Schloss von Wittenberg um 1500 hatten und in der 1508 gedruck-
ten Stadtbeschreibung des Andreas Meinhardi vorgestellt werden. In einem
Beitrag zu Meinhardis Bildbeschreibungen im Wittenberger Schloss hat 2005
Peter Strieder (Nürnberg) die Existenz der Fürstenreihe zu Beginn des 16.
Jahrhunderts grundsätzlich in Abrede gestellt[15]. Er überdehnt kritische
Bemerkungen des Wittenberger Theologen und Historikers Martin Treu, der
1986 eine deutsche Übersetzung von Meinhardis Schrift herausgab und auf
deren Propagandacharakter hinwies[16]. Nach Strieder hat Meinhardi das
Schloss zwar «im Rohbau» kennen gelernt und war mit den «räumlichen
Gegebenheiten» vertraut, kannte aber die Inneneinrichtung ungenügend, da
es «noch nicht vom Fürsten bezogen worden» war (S. 29).

Insbesondere die Stammstube habe in ihrer Größe und als «Turmgemach,
dessen berundete Wände durch Fenster durchbrochen» waren, wohl kaum
die «24 Bildnisse sächsischer Herrscher» aufnehmen können (S. 31).
Genauere Berechnungen zur Anordnung und der unbekannten Bildgrößen
stellt er allerdings nicht an. Außerdem gehöre eine «solche Ahnengalerie ...
erst wesentlich später zur üblichen Ausstattung der sächsischen Schlösser»
(S. 31), wobei er sich als einzige Literaturangabe auf Rohrmüllers Beitrag zur
Gothaer Bildergalerie aus der Mitte des 17. Jahrhundert bezieht[17] und sich
dabei wohl an eine Anmerkung bei Treu anlehnt[18]. Strieder kennt auch nicht
die deutschen mehrzeiligen Reimbiographien zu den Fürstenbildern, die
Meinhardi ins Lateinische übersetzt hat. Er hält sie für «Zweizeiler» und mög-

---

14 Zeugnisse wettinischer Ahnengalerien des 16. Jahrhunderts in zwei Porträtreihen der Wartburg-
Stiftung. In: Wartburg-Jahrbuch 2004. 13(2005), S. 63–98.

15 Peter Strieder: Ein Traum von Göttern und Heroen. Andreas Meinhardis Dialog über die
Schönheit und den Ruhm der hochberühmten, herrlichen Stadt Albioris, gemeinhin
Wittenberg genannt. In: Anzeiger des Germanischen Nationalmuseums 2005, S. 25–34.

16 Andreas Meinhardi: Über die Lage, die Schönheit und den Ruhm der hochberühmten, herrlichen Stadt Albioris, gemeinhin Wittenberg genannt. Ein Dialog, herausgegeben für diejenigen, die ihre Lehrzeit in den edlen Wissenschaften beginnen/Übers., Einl. und Anm.: Martin
Treu. Leipzig 1986, S. 19, 261; vgl. Martin Treu: Alltagsgeschichte und Theologie. Der Dialog
des Andreas Meinhardi über die hochberühmte Stadt Wittenberg von 1508. In: Pirckheimer-
Jahrbuch. 8(1993), S. 91–105, hierzu S. 105.

17 Marc Rohrmüller: Zur Bedeutung der Darstellung von Territorium im Porträt am Beispiel der
Herrscherbildnisse im großen Saal des Residenzschlosses Friedenstein zu Gotha. In: Andreas
Beyer (Bearb.): Bildnis, Fürst und Territorium (Rudolstädter Forschungen zur Residenzkultur.
Bd. 2). München/Berlin 2001, S. 155–168.

18 Meinhardi/Treu 1508/1986 (wie Anm. 16) S. 261, Anm. zu S. 149.

licherweise von Meinhardi verfasst. Überhaupt wäre eine solche Menge an Gemälden in der fraglichen Zeit nicht zu bewältigen gewesen (S. 33).

Dass Strieder den Beitrag im Wartburg-Jahrbuch 2004 nicht kennen konnte, leuchtet ein. Aber er wusste auch nichts von den verwandten Bildreihen in Torgau (1537), Augustusburg (1571/72), Ambras (1578/79) und in den Holzschnitten aus der zweiten Hälfte des 16. Jahrhunderts, die samt Biographien ausdrücklich auf die Wittenberger Vorbilder hinweisen[19]. Strieders Beitrag ist zwar erst unlängst erschienen, bleibt aber wegen vielerlei Unkenntnis in seiner Gesamtaussage zu den Fürstenporträts hinter dem bisherigen Wissensstand zurück.

---

19 Zu den Kupferstichen und der Wittenberger Authentizität vgl. Zeugnisse 2005 (wie Anm. 14) S. 73–76; vgl. GEORG VOSS: Die Wartburg (P. LEHFELDT und G. VOSS: Bau- und Kunstdenkmäler Thüringens. Heft 41. Großherzogtum Sachsen-Weimar-Eisenach. Amtsgerichtsbezirk Eisenach). Jena 1917, S. 363.

Wartburgliteratur – Neuerscheinungen und Nachträge

1. KARL-HEINZ DIETZE: Eisenach und die Wartburg – Hauptstationen des Lebens der Heiligen Elisabeth, Landgräfin von Thüringen. In: *Wartburgland.* 38(2007), S. S. 22–25

2. WALDEMAR FRÖMKE: *Moritz von Schwinds Sängerkriegsfresko auf der Wartburg – die historischen Quellen und deren Auslegung in der Kunst des 19. Jahrhunderts.* Freie Universität Berlin, Diss., 2005 (bisher ungedruckt)

3. STEFAN HAUSTEIN: Die Restaurierung der Fassaden des Palas auf der Wartburg. Umsetzung eines restauratorischen Konzeptes. In: *Thüringer Denkmalgesteine. Bausteine zur Konservierung und Restaurierung.* IFS-Tagung 2006. (Institut für Steinkonservierung e.V. Bericht Nr. 24 – 2006). Mainz 2006, S. 43–51

4. JUTTA KRAUSS: Der Elisabeth-Teppich aus der Wartburg-Sammlung. In: *Thüringer Museumshefte.* 15(2006)2, S. 144–145

5. JÜRGEN KRÜGER: Ut principem decet. Zur Wartburg im 12. Jahrhundert. In: *Zeitschrift des Vereins für Thüringische Geschichte.* 59/60(2005/06), S. 75–90

6. ROBERT OFFNER: Ein unbekanntes Ölgemälde des siebenbürgischen Fürsten Gabriel Bethlen auf der Wartburg. In: *Zeitschrift für Siebenbürgische Landeskunde.* 29/100(2006)1, S. 32–36

7. HERLIND REISS (bearb.): *Stadt Eisenach. Villen und Landhäuser am Fuße der Wartburg* (Denkmaltopographie Bundesrepublik Deutschland. Kulturdenkmale in Thüringen. Bd. 2.1). Altenburg 2006

8. STEPHAN SCHEIDEMANN: Zur Methodik der Steinrestaurierung in der Thüringer Denkmalpflege am Beispiel des romanischen Palas der Wartburg bei Eisenach. In: *Thüringer Denkmalgesteine. Bausteine zur Konservierung und Restaurierung.* IFS-Tagung 2006. (Institut für Steinkonservierung e.V. Bericht Nr. 24 – 2006), S. 67–72

9. Günter Schuchardt: 3. Thüringer Landesausstellung. »Elisabeth von Thüringen – eine europäische Heilige«. In: *Thüringer Museumshefte*. 15(2006)2, S. 7–12

10. Hilmar Schwarz: Zu den Belagerungsburgen der Wartburg. In: Olaf Wagener und Heiko Lass (Hrsg.): *... wurfen hin in steine /grôze und niht kleine... Belagerungen und Belagerungsanlagen im Mittelalter* (Beihefte zur Mediaevistik. 7). Frankfurt a. M. 2006, S. 251–258

11. Zum 800. Jubiläum des Sängerkriegs auf der Wartburg 1206/07,
Teil 1: Das Geschehen. In: *Hörselberg-Bote. Nr. 64*, 2006, Frühlingsausgabe, S. 15–19;
Teil 2: Die beteiligten Sänger. In: *Hörselberg-Bote. Nr. 65*, 2006, Sommerausgabe. Nr. 65, S. 11–17;
Teil 3: Die Stätten auf der Wartburg und in Eisenach. In: *Hörselberg-Bote. Nr. 65*, 2006, Herbstausgabe. Nr. 65, S. 17–23

JAHRESÜBERBLICK 2006

Laudatio anlässlich der Verleihung des Wartburg-Preises 2006 am 23. März 2007

Ingrid Schmidt

Meine Damen und Herren, vor allem aber sehr geehrte Frau del Ponte, es ist sicher ungewöhnlich, dass eine Staatsanwältin für ihren Beitrag zur Vertrauensbildung unter den europäischen Nachbarn geehrt wird. Aufgabe von Staatsanwälten ist es doch üblicherweise, bei ihren Ermittlungen ohne Ansehen der Person alles zu hinterfragen, alles in Zweifel zu ziehen, mitunter eben auch Vertrauen bewusst zu ignorieren, um der Wahrheit Schritt für Schritt näher zu kommen. Dann klagen sie an, streiten für die Wahrheit, streiten dafür, dass Opfern Gerechtigkeit widerfahren kann und Täter bestraft werden. Ungewöhnlich ist sicher auch, dass eine Arbeitsrechtlerin dazu bestimmt worden ist, ehrende Worte für eine Strafrechtlerin zu formulieren. Ich habe diese Aufgabe gern übernommen, da es bei unser beider Materien letztlich um dasselbe geht: den Menschen, seine Würde, die daraus abgeleiteten Rechte und deren Schutz. Dem zugrunde liegt die Einsicht, dass jedem Menschen, einfach weil er Mensch ist, unveräußerliche Rechte zustehen. Diese Rechte gilt es zu respektieren. Diese Rechte gilt es zu schützen.

Es war jedoch ein langer Weg, bis diese Erkenntnis Eingang in positives Recht gefunden hat. Die Bürgerrechte der Antike galten nur für Wenige. Die mittelalterliche Gesellschaft kannte zwar den permanenten Kampf der Stände um ihre Rechte und Freiheiten; der Einsatz für persönliche Freiheitsrechte war ihr aber weitgehend fremd. Erst Theologen wie Meister Eckart in Erfurt und Nikolaus Cusanus von der Mosel bereiteten aus dem Geiste tiefer Frömmigkeit ein neues Menschenbild vor. Es war dann der große Europäer Mirandola, der am Ende des 15. Jahrhunderts erstmals in der Ideengeschichte den Begriff der Menschenwürde gebrauchte. «De hominis dignitate», also «Von der Würde des Menschen» nannte er seine berühmte Rede, in der dieser mutige und weitsichtige Mann die Einheit aller abend- und morgenländischen Religionen beschwor: Der Mensch ist, unabhängig von Rasse, Glaube, Stand und Herkunft, die schöpferische Mitte der Welt. Er steht nicht als willenloses, einsichts- und entscheidungsunfähiges Werkzeug blinder Mächte, sondern in freier Selbstbestimmung und Verantwortung vor Gott, seinem Schöpfer, und die Welt ist ihm zur vernunftgemäßen Gestaltung anvertraut.

Die Konfessionskriege schärften dann in schrecklich blutigen Kämpfen dieses neue Bewusstsein für individuelle Freiheit. Am Ende stand die Religionsfreiheit als fester Bestandteil des westlichen Denkens, freilich noch längst nicht immer auch des Handelns. Gerade dieser Ort, an dem Martin Luther gewirkt hat, erinnert uns an beides. Die amerikanische Unabhängigkeitserklärung von 1776 schließlich stellt als offenkundige Wahrheit fest, dass alle Menschen gleich geschaffen und vom Schöpfer mit unveräußerlichen Rechten ausgestattet sind. Die Theorie der Menschenrechte und die aus ihr abgeleiteten konkreten politisch-praktischen Forderungen änderten dann im

Ingrid Schmidt, die Präsidentin des Bundesarbeitsgerichts, bei ihrer Laudatio zur Verleihung des Wartburg-Preises 2006 am 23. März 2007

Gefolge der Französischen Revolution die Weltgeschichte. Seit Ende des Ersten Weltkrieges wurden die Menschenrechte in vielen Verfassungen der Nationalstaaten und Grundrechtsprogrammen von Parteien und Organisationen zu festen Bestandteilen des staatlichen Lebens. Das Bedürfnis nach staatenübergreifender Verankerung und Schutz der Menschenrechte machten dann die Gräueltaten des Nationalsozialismus sowie die Schrecken des Zweiten Weltkrieges deutlich. Die «Charta der Vereinten Nationen» (1945), die «Allgemeine Erklärung der Menschenrechte der Vereinten Nationen» (1948) und die beiden Menschenrechtspakte (1966) «über bürgerliche und politische Rechte» sowie «über wirtschaftliche, soziale und kulturelle Rechte», waren die Meilensteine auf dem Weg zu einer völkerrechtlich verbindlichen Anerkennung der Menschenrechte. Das humanitäre Völkerrecht war zwar entstanden, der wirksame Schutz der Menschenrechte damit aber längst noch nicht gewährleistet. Normen, die nicht strafbewehrt sind, können oft schwer durchgesetzt werden. Diese schwere Aufgabe fiel Ihnen – Frau del Ponte – zu.

Meine Damen und Herren, ich möchte Sie darum bitten, sich eine Landkarte Europas vorzustellen. Auf ihr sind keine Ländergrenzen eingezeichnet, sondern geschichtliche Erinnerungsmarken. Keine Hauptstädte sind markiert, sondern historische Erinnerungsorte. Manche ihrer Regionen sind mit Namen verbunden, die sich tief und unauslöschlich in das Gedächtnis der Menschheit gebrannt haben. Andere Kartensegmente sind nur mäßig von den Furchen des Erinnerns durchzogen. Wieder andere sind von dem alles gleich machenden Weiß des Vergessens geprägt. Zu diesen «Vergessens-Orten» zählte eine Zeit lang auch die Region, von deren Grund unsere heutige Preisträgerin die schreckliche Wahrheit des Geschehenen zu Tage fördert: Ich spreche vom Balkan.

Klar ist, meine Damen und Herren, der Balkan gehört zu Europa – auch wenn uns diese Tatsache für gewisse Zeit aus dem Blick geraten war. Und er gehört zu Europa in demselben Maße, wie die Ufer der Loire, die Hügellandschaften Nordenglands oder etwa der Thüringer Wald. Im Unterschied dazu aber liegen auf dem Balkan Krieg, Zerstörung sowie schreckliche Menschenrechtsverletzungen und Kriegsverbrechen nur wenige Jahre zurück! 1991 begannen auf dem Gebiet des zerfallenden Jugoslawiens zahlreiche bewaffnete Konflikte. Vor unseren Augen weiteten sie sich zu Kriegen aus. Bis 1999, also bis vor acht Jahren, kämpften verschiedenste Volksgruppen gegeneinander: Serben gegen Kroaten, Kroaten gegen Bosniaken, Bosniaken gegen Serben, Serben gegen Albaner ... Innerhalb kürzester Zeit war beinahe der gesamte Balkan zum Kriegsgebiet geworden. Und schon kurz nach Ausbruch der Feindseligkeiten setzten die ersten Kriegsverbrechen ein. Die Liste dieser Verbrechen ist lang. Sie ist ein furchtbares Dokument von Tod, Erniedrigung und Vertreibung. Niemand weiß das besser, als die Preisträgerin des heutigen Tages! Menschen wurden in unvorstellbarer Weise gequält. Menschen wurden aufs Grausamste misshandelt. Menschen wurden umgebracht. Frauen wurden massenhaft vergewaltigt. Menschenrechte wurden mit Füßen getreten – auf allen Seiten und von allen Seiten. Schreckliche Berühmtheit hat das Massaker von Srebrenica erlangt: Serbisch-bosnische Truppen stürmten 1995 unter dem Kommando von Ratko Mladic die UN-Schutzzone um die Stadt Srebrenica. Sie töteten alle männlichen Bewohner, derer sie habhaft werden konnten. Bis zu 8.000 bosnische Muslime fanden so den Tod – das wohl schwerste Kriegsverbrechen in Europa seit dem Ende des Zweiten Weltkrieges.

Unser Kontinent war nach dem Ende des Kalten Krieges also keine Insel des Friedens geworden, wie wir alle glaubten. Ebenso wenig war er eine Oase der Gerechtigkeit. Die Schwere der Menschenrechtsverletzungen und der Kriegsrechtsverbrechen, die auf dem Gebiet des zerfallenden Jugoslawiens begangen wurden, machte diese zu einer gesamteuropäischen Angelegenheit. Verstöße gegen die elementarsten Grundsätze der Menschlichkeit – so die in diesem schmerzhaften Prozess wachsende Erkenntnis – gehen alle Menschen etwas an, vor allem diejenigen, vor deren «Haustür» und in deren Gegenwart sie begangen werden.

Die entscheidende Frage, die wir Europäer uns auch heute noch und immer wieder stellen müssen, ist die, wie ein friedliches Zusammenleben der Völkergruppen auf dem Balkan möglich sein kann. Auf diese Frage kann unsere eigene, die deutsche Geschichte, vielleicht eine Antwort geben. Der Prozess der politischen Einigung in West- und Mitteleuropa nach dem Zweiten Weltkrieg beruhte wesentlich auf dem Gedanken der Aussöhnung zwischen den ehemaligen Kriegsfeinden. «Aussöhnung» heißt nicht, alles «zu vergeben und zu vergessen», was einem selbst an Unrecht widerfahren war. Es bedeutete noch viel weniger, einen Schlussstrich unter das zu ziehen, was Anderen im eigenen Namen zugefügt wurde. Ganz im Gegenteil: Auf dem Weg zu einem wahrhaft friedlichen Zusammenleben in unserem Teil Europas, das mehr sein sollte als die bloße Abwesenheit von Krieg, war eines ganz zentral wichtig: die Aufarbeitung von Vergangenheit, nicht ihre Verdrängung. Aufarbeitung von Vergangenheit, und darauf verweist schon der Begriff, stellt sich nicht von allein ein. Nein, sie muss geleistet werden. Unsere eigene Geschichte lehrt uns, dass es sich um eine bewusste Auseinandersetzung mit dem Vergangenen handeln muss, die nichts aussparen darf, so schmerzlich das auch sein mag.

Ein wirklicher Friede setzt Gerechtigkeit voraus. Ein gutes Miteinander verlangt nach gerechten Strukturen, ehrlichem Aufeinanderzugehen und dem Willen, sich jenseits von Rache und Demütigung dem Recht zu stellen, das die Grundregeln des Miteinanders für alle verbindlich bestimmt. Nur so kann aus dem Vertrauen in das Recht auch das Vertrauen in die Partner des Zusammenlebens und der Zusammenarbeit wachsen. Dies ist in Mitteleuropa nach dem Krieg gelungen und hat inzwischen zu stabilen und leistungsfähigen politischen und wirtschaftlichen Strukturen geführt. Und es wird auch auf dem Balkan unter den ehemals verfeindeten Parteien zu Frieden und einer gedeihlichen Entwicklung führen können. Europa steht dabei als Freund an der Seite der neu entstandenen Länder. Auch die Länder des Balkans haben ihren Platz im Haus Europa.

Hier wird deutlich, warum der Stiftungsrat der Wartburg-Stiftung Frau Carla del Ponte den Wartburg-Preis zuerkannt hat. Sie ist eine Vorkämpferin für das Nicht-Vergessen, eine Streiterin für Gerechtigkeit, die der Aussöhnung den Weg ebnen soll. Als Chefanklägerin des ad-hoc Tribunals der Vereinten Nationen für Kriegsverbrechen auf dem Gebiet des ehemaligen Jugoslawiens haben Sie sich, Frau del Ponte, seit vielen Jahren auf die unmittelbarste Art und Weise um die schonungslose Dokumentation der Vergangenheit bemüht. Denn wo diese nicht verdrängt, sondern für alle Welt sichtbar werden soll, kommt dem Strafrecht eine zentrale Rolle zu. In Strafprozessen wird eine möglichst objektive Aufarbeitung begangenen Unrechts geleistet, damit die so wichtige Schuldfrage geklärt werden kann. Hier erfüllt das Recht, hier erfüllt die Arbeit Carla del Pontes eine wichtige Funktion. Denn Frieden in Europa ist nur auf der Grundlage von Wahrheit und Gerechtigkeit möglich. Diese sind das Fundament jeder Versöhnungsarbeit, die Menschen wieder zueinander finden lässt. Vertrauen muss wachsen und sich im alltäglichen Leben bewähren; das aber braucht Zeit und Mut. Das Wissen darum, dass die Täter nicht ungestraft davonkommen, bildet eine wichtige Basis – auch für Vergebung und Neuanfang.

Doch lassen Sie mich, meine Damen und Herren, den Balkan verlassen. Denn die Verdienste der Preisträgerin des heutigen Tages gehen weit über dessen Grenzen hinaus. Und dabei denke ich jetzt nicht an Ruanda, denn auch an der Aufklärung und strafrechtlichen Verfolgung der Schuldigen der dortigen Massaker hat Frau del Ponte mitgewirkt. Nein, die Tätigkeit Carla del Pontes am Haager Tribunal muss auch im Kontext einer globalen Entwicklung gesehen werden, die nichts weniger darstellt, als eine der bedeutendsten Entwicklungen des modernen Völkerrechts: die Durchbrechung des Prinzips der Straffreiheit der Macht.

Bis zum Beginn des vergangenen Jahrhunderts galt im Völkerrecht die Maxime, dass Einzelpersonen – besonders militärische Befehlshaber, Regierungsmitglieder oder gar Staatschefs – nicht selbst für Verstöße gegen das Kriegs- und Völkerrecht verantwortlich gemacht werden könnten. Einen ersten – erfolglosen – Anlauf zur Überwindung dieses Grundsatzes nahm der Vertrag von Versailles, der die Gründung eines internationalen Gerichtshofes vorsah, vor dem sich der damalige deutsche Kaiser Wilhelm II. verantworten sollte. Diese Absicht wurde allerdings nie in die Tat umgesetzt. Es bedurfte erst des Zweiten Weltkrieges, bis ein solches internationales Strafgericht begründet werden konnte. Die von deutscher Seite ab 1939 begangenen Verbrechen hatten der Welt vor Augen geführt, dass das Prinzip der Straffreiheit der Mächtigen nicht mehr aufrechterhalten werden konnte, schon deswegen, weil es die wesentlichen Grundsätze der Menschlichkeit selbst in Frage stellt. Daher kam es im Jahr 1945 zur Errichtung des internationalen Militärtribunals von Nürnberg durch die alliierten Siegermächte. Allerdings trugen gerade die rechtlichen Unzulänglichkeiten des Nürnberger Gerichtshofes dazu bei, dass sich anschließend erneut im Völkerrecht das Prinzip der Straffreiheit der politisch Verantwortlichen durchsetzen konnte.

Rückblickend zeigt sich: Wir Menschen lernen oft nur sehr langsam. Erst in den vergangenen 15 Jahren verlor dieses Prinzip seine Gültigkeit. Und am Anfang dieser Entwicklung standen die beiden ad-hoc Tribunale der Vereinten Nationen für das ehemalige Jugoslawien sowie für Ruanda. Beide Gerichte wurden durch Resolutionen des Sicherheitsrates der UN begründet, wobei – unter Berücksichtigung der Lehren von Nürnberg – besonderer Wert auf eine Strafgewalt gelegt wurde, die rechtsstaatlichen Ansprüchen genügte und ein faires Verfahren garantierte. Besonders der Erfolg des Kriegsverbrechertribunals für Jugoslawien zeigte, dass internationale Gerichte durchaus effektive Strafverfolgung gewährleisten können. Dies bewahrheitete sich vor allem dort, wo einzelne Nationalstaaten nicht dazu in der Lage oder nicht dazu willens sind, ihre Kriegsverbrecher vor Gericht zu stellen.

Das UN-Tribunal von Den Haag brach somit auch eine Lanze für den ständigen Internationalen Strafgerichtshof, dessen Gründungsstatut im Jahr 1998 verabschiedet wurde. Ohne das erfolgreiche Beispiel des Haager Tribunals wäre der Weg dorthin noch schwerer gefallen, als er ohnehin schon war. Das Haager Tribunal war ein entscheidender Schritt bei der Durchbrechung des Prinzips der Straffreiheit im Völkerrecht. Und die Chefanklägerin Carla del Ponte hat dazu maßgebend beigetragen. Völkermord und Verbrechen gegen die Menschlichkeit sind keine lokale Angelegenheit mehr. Verstöße gegen das humanitäre Völkerrecht begründen jetzt für alle sichtbar eine individuelle Verantwortlichkeit einzelner Personen. Vor ihr können auch militärische Vorgesetzte und öffentliche Amtsträger nicht länger fliehen. Dies ist, um es mit Kofi Annan zu sagen, «ein Geschenk der Hoffnung für künftige Generationen».

Die Preisträgerin, zu deren Würdigung wir uns heute versammelt haben, ist keine unumstrittene Person. Das soll nicht verschwiegen werden. Und zwar aus einem Grund, auf den sie stolz sein kann! Lassen sie mich dies in aller Deutlichkeit sagen: Wenn die Chefanklägerin eines Kriegsverbrecher-Tribunals der Vereinten Nationen es allen Interessengruppen Recht machen würde, so hätte sie mit hoher Wahrscheinlichkeit ihre Profession verfehlt. Die Aufgabe, vor der Sie standen und stehen, Frau del Ponte, ist keine einfache. Das bloße Anklagen begangenen Unrechts ist nicht ausreichend, wenn der Gerechtigkeit Genüge getan werden soll. Die Beschuldigten müssen auch einem Verfahren zugeführt werden, auch um den Opfern ein Forum zu geben, auch um Verschwörungstheorien die Grundlage zu entziehen.

Allerdings sind internationale Strafgerichte mit dem Problem konfrontiert, dass viele nationale Regierungen aus politischen und praktischen Gründen oft nur ungern mit ihnen zusammenarbeiten. Auf diese Zusammenarbeit ist das UN-Kriegsverbrechertribunal aber angewiesen, da es über keine eigene Polizeigewalt, keine Eingreiftruppe verfügt. Dieses Handicap muss allein durch das unnachgiebige Auftreten der Chefankläger kompensiert werden. Hartnäckigkeit und Sturheit sind deshalb wohl unabdingbare Charaktereigenschaften eines UN-Anklägers. Seit Jahren wird Frau del Ponte aus diesem Grund bei den Regierungen der westlichen Welt vorstellig, um Unterstützung für die Auslieferungsforderungen ihres Tribunals an die Staaten des ehemaligen Jugos-lawiens zu gewinnen. Nur so kann politischer Druck aufgebaut werden, der Staaten wie Serbien zur Auslieferung ihrer Kriegsverbrecher bewegt; der Fall Slobodan Milosevics ist das beste Beispiel hierfür.

An der Person Carla del Pontes kleben viele Etiketten: eiserner Engel der Gerechtigkeit, Jeanne d'Arc des internationalen Rechts, blonder Racheengel, um nur einige zu nennen. Ihre Rolle sieht sie jedoch ganz anders. In einem Interview mit der BBC wurde Frau del Ponte vor einigen Jahren [2003] gefragt, was sie in ihrer Arbeit am stärksten motiviere. Sie antwortete, dass dies – neben dem Wunsch nach Durchsetzung von Gerechtigkeit – in erster Linie die Absicht sei, den Opfern der Verbrechen eine Stimme zu geben, ihnen Gerechtigkeit widerfahren zu lassen, damit sie wieder Vertrauen in eine Gesellschaft finden, die das Gute belohnt und das Böse bestraft und in der es sich deshalb zu leben lohnt. Auch aus diesem Grund werden Sie heute geehrt: Sie sind mehr als nur die Anklägerin in einem aufwändigen Rechtsfindungsverfahren. Sie sprechen für die Betroffenen, deren Schicksale oft nicht wahrgenommen werden. Ihre Aufgabe in Den Haag reiht sich dabei ein in Ihre Arbeit als Juristin über viele Jahrzehnte. Sie galten schon als Schweizer Staatsanwältin als d i e Mafiajägerin, als Anwältin der Verfolgten ohne falsche Rücksichten auf Ämter und Würden.

Meine Damen und Herren, wenn ich aus dem Fenster meines Büros im Gebäude des Bundesarbeitsgerichtes in Erfurt blicke, so sehe ich – tausendfach eingraviert in gläserne Sonnenblenden – den Satz, der das Selbstverständnis unseres Staates wie kaum ein anderer wiedergibt: «Die Würde des Menschen ist unantastbar. Sie zu achten und zu schützen ist Verpflichtung aller staat-lichen Gewalt.» Dies ist der erste Satz des ersten Artikels des deutschen Grund-gesetzes. In ihm spiegelt sich, was jeden Juristen bewegen muss: Recht wird nicht um seiner selbst Willen durchgesetzt. Nein, Recht steht immer im Dienste des Menschen. Carla del Ponte hat in ihrer Funktion als Chefankläge-rin vor dem UN-Tribunal in Den Haag durch ihre Courage bei der Auf-deckung von Kriegsverbrechen im ehemaligen Jugoslawien einen solchen Dienst am Menschen geleistet. Und dieser Dienst ist auch ein Dienst am europäischen Einigungsprozess. Frau del Ponte hat mit ihrer Arbeit der Welt gezeigt, dass die Konflikte auf dem Balkan ethnisch nur verbrämt waren. Sie hat gezeigt, dass Völkermord und Kriegsverbrechen Straftaten von Einzelnen sind, für die sie zur Verantwortung gezogen werden müssen. Sie hat dazu bei-getragen, dass die Vergangenheit für alle sichtbar aufgearbeitet wird, die der Opfer und die der Täter. Sie hat dafür Sorge getragen, dass Täter namhaft gemacht werden.

Sie hat damit ganz im Sinne von Hannah Arendt, der großen deutschen Philosophin des 20. Jahrhunderts gehandelt, die anlässlich des Prozesses gegen Adolf Eichmann schrieb: «Wo alle schuldig sind, ist es in Wahrheit keiner.

Kollektive Schuldbekenntnisse und Schuldzuweisungen sind der beste Schutz für die Täter. Und der Verweis auf das überwältigende Ausmaß des Verbrechens ist oft nichts weiter als die wohlfeile Entschuldigung dafür, die Hände in den Schoß zu legen.» Sie, Frau del Ponte, haben nie die Hände in den Schoß gelegt. Mit Ihrer Arbeit haben Sie zugleich die Grundlage einer Aussöhnung zwischen Serben, Kroaten, Bosniaken und Albanern geschaffen. Dafür wird Ihnen am heutigen Tage der Wartburgpreis verliehen.

Verehrte Frau del Ponte, meinen herzlichen Glückwunsch zu dieser Auszeichnung! Sie ist Anerkennung für Ihr Wirken, aber auch Ermutigung für alle die, die sich für Gerechtigkeit, Wahrheit und ein gutes friedvolles Miteinander einsetzen. Ich gratuliere Ihnen herzlich!

Rede zur Verleihung des Wartburg-Preises 2006 am 23. März 2007

Carla del Ponte

Sehr geehrter Herr Ministerpräsident, sehr geehrte Ministerinnen und Minister, sehr geehrter Herr Oberbürgermeister, sehr geehrter Herr Minister Goebel, sehr geehrter Herr Burghauptmann, sehr geehrter Herr Bischof, sehr geehrte Frau Dr. Schmidt.

Danke für die freundlichen Worte. Zuallererst möchte ich mich ganz herzlich für den Preis bedanken. Es freut und ehrt mich ganz besonders, dass ich ihn hier in Deutschland erhalte. Denn ich möchte mich meinerseits ganz herzlich für die große Unterstützung bedanken, die die deutschen Behörden unserem Jugoslawientribunal seit seiner Errichtung vor knapp 13 Jahren gewährt haben. Ohne diese Unterstützung wären wir nicht, wo wir heute stehen, und hätten nicht diese Erfolge vorzuweisen, für die ich heute stellvertretend für all meine Mitarbeiterinnen und Mitarbeiter Ihren Preis entgegen nehmen darf.

Wie sieht dieser wirklich große deutsche Beitrag aus? Lassen Sie mich ein paar Beispiele nennen, denn er ist sehr vielfältig.

Erstens: die personelle Ebene. In allen Bereichen des Tribunals sind deutsche Richter, Staatsanwälte, Verteidiger, Historiker, Spezialisten im Zeugen- und Opferschutz, Praktikantinnen und Praktikanten vertreten. Ich muss Ihnen offen sagen: Obwohl das im Gericht praktizierte Rechtssystem dem anglo-amerikanischen System nachgebildet ist, bei dem zum Beispiel das für uns kontinentaleuropäische Juristen eher ungewohnte Kreuzverhör ein wesentliches Element ist und obwohl wir alle in und außerhalb des Gerichtssaales nicht in unserer Muttersprache, sondern in Englisch kommunizieren müssen (auch Französisch wäre möglich), also trotz all dieser und anderer Nachteile gegenüber unseren angelsächsischen Kollegen, gehören meine deutschen Mitarbeiterinnen und Mitarbeiter klar zu den Besten in meiner Anklagebehörde. Ich danke in diesem Zusammenhang den deutschen Behörden, namentlich in den einzelnen Bundesländern, dass sie meinen deutschen Mitarbeitern, die ja alle Beamte in Deutschland sind und an ihren jeweiligen Arbeitsplätzen fehlen, immer wieder großzügig unbezahlten Urlaub gewähren, damit sie ihre für uns so wichtige Arbeit in Den Haag fortsetzen können. Lassen Sie mich Ihnen in diesem Zusammenhang ein – wie ich finde – sehr interessantes Detail unseres in Den Haag angewandten Rechtssystems erläutern. Wie gesagt ist unser Rechtssystem eher dem, wie wir sagen «Common Law» nachgebildet, das man heute ja bestens aus all den amerikanischen Fernsehserien kennt. Die Rechte des Angeklagten gemäß Artikel 21 unseres Statuts sehen nun unter anderem vor, dass ein Angeklagter unverzüglich in einer ihm verständlichen Sprache über die ihm zur Last gelegten Anklagepunkte unterrichtet werden muss.

Ich bin sicher, dass die Juristen unter Ihnen den Sachsenspiegel, die älteste und wohl bedeutendste deutschsprachige Aufzeichnung und Sammlung des Gewohnheitsrechts kennen. Es ist für mich außerordentlich faszinierend, dass bereits dieser Sachsenspiegel, dessen Ursprünge zurück bis ins 13. Jahrhundert datieren und der offenbar hier in Thüringen noch bis 1900 galt, bestimmte: «Jeder Mann, der beschuldigt wird, kann wohl die Antwort verweigern, wenn man ihn nicht in der Sprache beschuldigt, die ihm angestammt ist». Ich erspare Ihnen und mir hier das althochdeutsche Originalzitat.

Die Wartburg-Preisträgerin von 2006 Carla del Ponte mit dem Thüringer Ministerpräsidenten Dieter Althaus (links) und dem Kultusminister Jens Goebel (rechts) am 23. März 2007 im Festsaal des Wartburg-Palas.

Diese verblüffende Übereinstimmung zeigt zweierlei: Einerseits wie modern und immer noch aktuell der mittelalterliche Sachsenspiegel ist und wie wenig sich an den fundamentalen Fragen des Prozessrechtes zuweilen sogar an den Antworten geändert hat. Zum Zweiten ist das ein gutes Beispiel für die juristische Konstruktion des Jugoslawientribunals und auch der anderen internationalen Tribunale. Es geht nämlich nicht primär darum neues Recht zu schaffen, sondern es geht zuallererst darum, bestehendes, überkommenes, kurz Gewohnheitsrecht, das den Menschen und damit auch den Opfern, aber auch den Angeklagten vertraut ist, endlich anzuwenden. Recht, wie das Kriegsvölkerrecht mit dem Verbot zu vergewaltigen, zu plündern oder die Zivilbevölkerung zu schädigen, ist schon seit langer Zeit unbestritten und jedem Soldat bekannt. In diesem Sinne ist die über Jahrhunderte fast wörtliche Übereinstimmung von Sachsenspiegel und unserem Statut kein Zufall.

Lassen Sie mich zum Beitrag von Deutschland zurückkehren. Die Bundesregierung unterstützt das Tribunal nicht nur in personeller, sondern ganz massiv immer wieder auch in materieller Hinsicht. So hat das Bundeskriminalamt (BKA) ab 1999 forensische Experten in den Kosovo geschickt, um uns bei den Exhumierungen zu helfen. Es bestehen auch Vereinbarungen mit Deutschland, nach denen rechtskräftig verurteilte Straftäter die Strafe in einem deutschen Gefängnis absitzen können. Das ist zum Beispiel bei dem ersten verurteilten Angeklagten des Jugoslawientribunals überhaupt, Duško Tadić, der Fall. Tadić ist 1994 nicht nur in München verhaftet worden, sondern verbüßt auch nach einem alles in allem etwa sechs Jahre dauernden erst- und zweitinstanzlichen Verfahren seine 20-jährige Freiheitsstrafe in Deutschland. Deutschland hat uns auch immer unterstützt, wenn es darum ging, in Bosnien – aber auch in Deutschland, wie der Fall Tadić zeigt – flüchtige Angeklagte zu verhaften, zum Teil mit Waffengewalt und unter Einsatz des Lebens der beteiligten Polizisten und Bundeswehrsoldaten.

Sie sehen, sehr geehrte Damen und Herren, diese Unterstützung ist lebenswichtig für unser Tribunal. Ohne qualifizierte, des Englischen mächtige Mitarbeiterinnen und Mitarbeitern, ohne forensische Experten, ohne Gefängnisse und ohne Angeklagte kann kein internationales Tribunal funktionieren. Denn wir haben leider keine eigene Polizei, die unsere Angeklagten verhaftet, und – außer einem Gefängnis für zeitweilige U-Haft – keine eigene Justizvollzugsanstalt. Bei der Beweissammlung in den Staaten des ehemaligen Jugoslawien, um ein anderes wichtiges Beispiel zu nennen, sind wir ebenfalls auf die Zusammenarbeit mit der Staatenwelt angewiesen. Auch hier hat uns Deutschland immer wieder außerordentlich stark unterstützt, nicht nur materiell, sondern auch moralisch, und Druck auf die Nachfolgestaaten des ehemaligen Jugoslawiens ausgeübt, damit diese mit uns zusammenarbeiten.

Schließlich bin ich Ihnen auch dankbar, dass Sie während des Konfliktes so viele Flüchtlinge aufgenommen haben und, falls wir einige als potentielle Zeugen benötigten, mit uns immer effizient und unbürokratisch zusammengearbeitet haben. Dieser spezielle Dank geht an die Bundesregierung, aber auch an die diversen Dienststellen der einzelnen Bundesländer.

Ich möchte allerdings, trotz der feierlichen Stunde, auch offen sein zu Ihnen, was mir hier auf der Wartburg umso leichter fällt, als ja gerade Luther nie um ein klares Wort verlegen war. Ich bin nämlich in der letzten Zeit – und nun bin ich trotzdem etwas diplomatisch – ein wenig enttäuscht von der eigentlich erst seit kurzem geänderten Haltung der Bundesregierung, namentlich in der Phase der deutschen EU-Präsidentschaft, in der Frage des Umganges mit den Staaten des ehemaligen Jugoslawiens. Ich möchte Ihnen das kurz erläutern. Vor einigen Jahren hat die EU beschlossen, die volle Kooperation der Staaten des ehemaligen Jugoslawiens mit unserem Tribunal als Vorbedingung für Mitgliedschaftsgespräche zwischen der EU und diesen EU-Kandidaten zu machen. Diese Bedingung hat sich in der Vergangenheit als sehr effektiv erwiesen. Mehr als 30 flüchtige Angeklagte konnten seit der Anwendung dieses Grundsatzes verhaftet bzw. nach Den Haag in die U-Haft überstellt werden. Diese erfreuliche Entwicklung hat unser Gefängnis endlich gefüllt und nur noch sechs von unseren ursprünglich knapp 160 Angeklagten sind auf der Flucht. Am 3. Mai 2006 hatte zu Recht die EU die Gespräche mit Serbien mit der Begründung suspendiert, dass die Kommission zur Wiederaufnahme erst bereit sei, wenn Serbien voll mit unserem Tribunal kooperiert. In allen offiziellen und inoffiziellen EU-Äußerungen war unter voller Kooperation immer auch die Verhaftung und Überstellung von Ratko Mladic, dem bosnisch-serbischen General und Völkermordangeklagten, nach Den Haag verstanden worden.

Zu meiner Bestürzung scheint sich diese EU-Haltung seit Beginn dieses Jahres geändert zu haben. Jetzt sind diplomatische Vertreter von EU-Mitgliedstaaten dazu übergegangen, eine Gesprächsaufnahme mit Serbien bereits dann zu befürworten, wenn Serbien lediglich eine klare Bereitschaft zeigt und konkrete und wirksame Handlungen zur vollen Kooperation mit dem Haager Tribunal unternimmt. Es ist völlig unklar, was konkrete und wirksame Handlungen sind und wer das überprüft bzw. einschätzt. In jedem Fall scheint die klare Vorbedingung der Mladic-Verhaftung und Überstellung nicht mehr zu gelten. Eine weitere enttäuschende Entwicklung hat sich im Nachgang zur kürzlich ergangenen Entscheidung des Internationalen Gerichtshofes, dem ICJ, ergeben. Am 26. Februar 2007 hat der ICJ nämlich seine Grundsatzentscheidung im Rechtsstreit zwischen Bosnien und Serbien verkündet. Was Sie auch immer über den Ausgang dieses Verfahrens denken mögen, es war eine historische Entscheidung. Es ist das erste Mal, dass der Gerichtshof einen Staat nach der Völkermord-Konvention haftbar machte. Der Internationale Gerichtshof hat besonders hervorgehoben, dass Serbien seine Verpflichtung, den Völkermord in Srebrenica zu verhindern und die Täter zu betrafen, verletzt hat. Insbesondere, so die Ausführungen des Gerichts, hat Serbien seine nach der Konvention bestehende Verpflichtung zur Verhinderung und Bestrafung des Verbrechens des Völkermordes dadurch verletzt, dass es versäumte, Ratko Mladic, angeklagt wegen Völkermordes und Mittäterschaft zum Völkermord, an unser Tribunal auszuliefern. Dadurch unterließ es Serbien, mit dem Tribunal bedingungslos zusammenzuarbeiten.

Ich habe gehofft und ging davon aus, dass sich insbesondere unter der gegenwärtigen deutschen Präsidentschaft die Rhetorik der EU als Reaktion auf die Entscheidung des Internationalen Gerichtshofs ändern würde. Meine Einschätzung war falsch. Nachdem die Entscheidung ergangen war, hat Javier Solana, der EU-Repräsentant für die Außen- und Sicherheitspolitik der Gemeinschaft, eine Erklärung herausgegeben, die in keiner Weise der Tatsache Rechnung trug, dass Serbien die Völkermord-Konvention verletzt hat. Stattdessen begrüßte er die Tatsache, dass es keine kollektive Bestrafung gibt und dass das höchste Gericht der Welt dieses Kapitel geschlossen hat. Die deutsche Präsidentschaft hat eine ähnliche Erklärung herausgegeben, die der Hoffnung Ausdruck verleiht, dass die Entscheidung des Internationalen Gerichtshofs dazu beitragen wird, dieses schmerzhafte Kapitel in der Geschichte der Region zu schließen. Erneut wurde weder die Verletzung der Völkermord-Konvention noch die Verhaftung von Ratko Mladic erwähnt. Dies ist wirklich eine niederschmetternde Entwicklung. Es war immer entscheidend, dass Serbien und auch die anderen Staaten sehen, dass die internationale Gemeinschaft und vor allem die EU voll hinter dem Tribunal stehen. Das und nur das hat zum Erfolg geführt.

Wenn ich nun an die Schließungspläne des Tribunals und den permanent zunehmenden Druck auf das Tribunal denke, Ende 2010 seine Türen zu schließen, bin ich äußerst besorgt, dass wir Mladic und Karadzic nie in unserem Gewahrsam sehen werden. Die ganz konkrete Gefahr besteht darin, dass Serbien versucht, sich über diese kurze Zeit in dem Bewusstsein zu retten, dass sich danach niemand mehr für Mladic und auch Karadzic zuständig fühlen wird. Wenn das passieren sollte, bin ich ernsthaft über die zerstörerischen Auswirkungen beunruhigt, die das auf die internationale Rechtsprechung und unseren gemeinsamen Kampf gegen die Straflosigkeit von Kriegsverbrechen haben wird.

Lassen Sie mich zum Schluss zu unseren Erfolgen zurückkehren, den Erfolgen, die Sie mit der Preisverleihung an mich heute ehren. Denn wenn wir gescheitert wären, wenn das Tribunal ein Papiertiger geblieben wäre, ein Feigenblatt, Recht ohne Macht wie noch 1996, als unsere Gefängnisse leer waren, allerorts geschrieben worden war, dann würden Sie mich heute bestimmt nicht mit diesem Preis ehren.

Wir haben in den 13 Jahren der Existenz des Jugoslawientribunals Verfahren gegen über 160 Angeklagte eingeleitet. Die Prozesse gegen genau 100 Personen sind, meist nach abgeschlossenem Berufungsverfahren, mittlerweile rechtskräftig abgeschlossen. Wir haben bewiesen, dass die Massaker von 1995 in Srebrenica Völkermord waren, dass im Krieg Vergewaltigung von den Tätern schamlos als Terrorinstrument eingesetzt wurde und damit als Verbrechen gegen die Menschlichkeit betrachtet werden kann. Wir haben auch erreicht, dass einer der Verantwortlichen für die abscheulichen Angriffe mit Granaten und Heckenschützen auf die hilflose und eingeschlossene Bevölkerung von Sarajewo zur Höchststrafe, nämlich zu lebenslanger Freiheitsstrafe, rechtskräftig verurteilt worden ist. Mit unseren Verfahren haben wir schließlich erreicht, dass sich Hauptverantwortliche aller Kriegsparteien für ihre Taten vor den Richtern und den Opfern verantworten mussten und müssen und dass die wichtigsten Verbrechen auf dem Balkan in aller Öffentlichkeit aufgearbeitet und verhandelt worden sind. Damit wurde die Schuld den Angeklagten zugerechnet, individualisiert, die wichtigste Leistung jedes Gerichts, gerade auch eines Kriegsverbrechertribunals.

Sehr geehrte Damen und Herren, das Jugoslawientribunal und auch sein Schwestergericht in Ruanda haben gezeigt, zeigen täglich, dass internationale Kriegsverbrechertribunale erfolgreich arbeiten können. Gerade das Jugoslawientribunal hat gezeigt, dass es möglich ist, aus der Distanz von mehreren hundert Kilometern Kriegsverbrechen aufzuklären und zu ahnden. Fast alle Zeugen sind bereit, in Den Haag auszusagen, manche von ihnen haben nie zuvor ihr heimatliches Dorf verlassen, geschweige denn in einem Flugzeug gesessen. Und es ist möglich Kriegsverbrecherprozesse zu führen, in denen in einem einzigen Verfahren Hunderte von Zeugen auftreten und Zehntausende von Dokumenten analysiert werden müssen. Das Jugoslawientribunal hat auch demonstriert, dass es durch Hartnäckigkeit gelingen kann, die Obstruktionspolitik derjenigen Staaten, auf deren Territorium die begangenen Kriegsverbrechen untersucht werden sollen, erfolgreich zu unterlaufen.

Die bloße Existenz dieser beiden Gerichte ist die kraftvollste Botschaft an alle potentiellen Täter, von der untersten Befehlsstufe bis zum Staatschef, dass niemand über dem Gesetz steht. Bitte helfen Sie mit, dass unsere Leistungen, unser hart verdientes Vermächtnis, an dem die deutschen Behörden seit 1993 so kraftvoll mitarbeiten wie wenige andere, nicht auf dem Altar der Tagespolitik geopfert werden!

Ich danke Ihnen für Ihre Aufmerksamkeit, und nochmals ganz herzlichen Dank für den Preis.

Baugeschehen

Die Gestaltung des oberen Burghofs der Wartburg

Heinrich Schleiff

I. Planungsgrund

Seit Jahrzehnten bildete die stark abfallende und unebene Fläche des oberen Burghofs (Hofburg) vor dem Palas einen ständigen Grund für Besucherbeschwerden einerseits und für aufwändige Instandsetzungsarbeiten nach jeder Winterperiode andererseits. Nach der grundhaften Restaurierung des Palas wurden der Widerspruch zwischen der instand gesetzten Palasfassade und der ungeordneten Hoffläche als ein eklatanter Missstand überdeutlich und die seit einem Jahrzehnt diskutierte Idee einer Neuformulierung der Hofburgfläche in das Arbeitsprogramm der Wartburg-Stiftung aufgenommen.

Zwischen der Wartburg-Stiftung als Bauherr und dem Landesamt für Denkmalpflege Erfurt als Fachbehörde fanden intensive Gespräche statt, in denen die Planungsabsicht und die angestrebte Zielstellung diskutiert und abgestimmt wurden. Berücksichtigt werden mussten folgende einvernehmlich erklärten Grundsätze:

• Die Wirkung des Palas darf durch die Neugestaltung der Hoffläche nicht beeinträchtigt und geschmälert werden.

• Die Hoffläche muss so gestaltet werden, dass künftig die Möglichkeit einer zeitweisen Bestuhlung besteht (z. B. bei Theater- oder Konzertaufführungen auf dem Burghof).

• Die Installation einer zeitweise aufgestellten Bühne im Zisternenbereich ist zu berücksichtigen.

• Bei der Materialwahl für die künftige Hofbefestigung ist möglichst ein dem ortsüblich verbauten Wartburgmaterial nahe kommender Stein auszusuchen.

II. Historische Entwicklung des Hofniveaus

Der Burghof war im Regelfall «die unbebaute Fläche zwischen zusammengehörenden Gebäuden. Im Burginneren waren Höfe selten regelmäßig. Manche waren so klein, dass sie allein zur Belichtung und Belüftung der umliegenden Gebäude dienen konnten, in den größeren wurden auch alltägliche und gewerbliche Arbeiten verrichtet. Turniere fanden – entgegen landläufiger Meinung – in ihnen nicht statt.»[1]

Die Wartburg, deutlich unterteilt in Vorburg und Kernburg, ist sicherlich mit Abstand das bekannteste Bauwerk Thüringens. Alle Baumaßnahmen, seien es Restaurierungs- oder Instandsetzungsmaßnahmen, müssen darauf gerichtet sein, den Wert der Burganlage zu erhalten oder zu steigern. Dies gilt insbesondere für die Kernburg mit den architektonisch besonders hervorgehobenen wichtigsten Wohn- und Wehrbauten wie Saalbau oder Palas, Wohnturm oder Bergfried.

Im Mittelalter bildete die Burg – insbesondere die durch Stellung und Ansehen des Bauherren hervorgehobene «Residenzburg» – einen eigenständigen und «besonderen Rechtsbezirk»[2]. Dieser Bezirk umfasste selbstverständlich auch den Hof der Burganlage. Die «Hofburg» (i. e. der Hof vor dem Palas) der Wartburg darf wohl zu Recht als der zentrale Platz der Kernburg angesehen werden, um den die herausragenden und architektonisch hervorgehobenen Bauten, u. a. der Palas, gruppiert sind. Mit Sicherheit gibt es bei der Ausgestaltung des Burghofes als Vorplatz repräsentativer Bauten Parallelen zu mittelalterlichen Straßenräumen. «Das Image einer schönen und guten Straße ist vor allem bestimmt durch die Breite, Reinlichkeit und ihre Oberfläche, besonders die Pflasterung»[3]. Wenn der Burghof genau wie die städtische Straße «Objekt des öffentlichen Raumes»[4] oder mit anderen Worten Teil des öffentlichen Interesses und der entsprechenden Wahrnehmung ist, muss dies wohl mit den gesellschaftlichen und ökonomischen Veränderungen jener Wende vom 11. bis 13. Jahrhundert in Verbindung gebracht werden, denn diese Entwicklungen schlagen sich durchaus auch in der Lebensweise und Lebensqualität dieser Zeit nieder. Jaritz nennt hier als besonderen Aspekt auf das Erscheinungsbild der Straße «Reinlichkeit und Reinigung» auf der einen Seite und gleichsam hierfür als notwendige Voraussetzung die Pflasterung oder zumindest die Befestigung des Straßenraumes.

Ältere Ansichten der Hofburg zeigen eine «wildromantische» Binnenlandschaft vor dem Palas (Abb. 1). Überall sieht man den gewachsenen Felsen, nur einzelne «Fahrspuren» lassen erahnen, dass auch die Hofburg mit Gespannen befahren wurde. Die Burg ruht auf einem lang gestreckten, nahezu sattelförmigen Felsrücken, wobei das Terrain nach Osten und Westen merk-

---

1 Barbara Schock-Werner: Hof. In: Horst Wolfgang Böhme u. a.: Wörterbuch der Burgen, Schlösser und Festungen. Stuttgart 2004, S. 156.

2 Horst Wolfgang Böhme: Kernburg. In: Böhme, Wörterbuch 2004 (wie Anm. 1) S. 169.

3 Gerhard Jaritz: «Straßenbilder» des späten Mittelalters. In: Gerhard Jaritz (Hrsg.): Die Strasse. Zur Funktion und Perzeption öffentlichen Raums im späten Mittelalter (Forschungen des Instituts für Realienkunde des Mittelalters und der Frühen Neuzeit. 6). Wien 2001, S. 48–54.

4 Jaritz, Straßenbilder 2001 (wie Anm. 3) S. 48.

lich abfällt[5]. Um eine einigermaßen ebene Hoffläche zu erhalten, wurde das Gelände zwischen den Burggebäuden mit Erdboden aufgefüllt, wie wir es heute noch im Kommandantengarten und um den Südturm haben. Diese Beschaffenheit sollte bei den Gestaltungen im 19. und 20. Jahrhundert eine wichtige Rolle spielen.

Bekannt und wissenschaftlich gesichert ist von anderen Burganlagen, dass die Binnenhöfe mit einem annähernd ebenen Planum versehen waren. Von der Kaiserpfalz Gelnhausen ist durch Grabungen nachgewiesen, dass «in den sumpfigen Grund [des Hofes] Sandsteinblöcke gelegt und mit Kies verfüllt worden [sind]. Darauf liegen Rundhölzer als Knüppeldamm. Die ursprüngliche Hofoberfläche bestand nach Grabungsfunden aus einer nochmaligen Sandsteinstückung mit einer Auflage von Estrich oder Sand»[6]. Ähnliches ist ebenfalls von Höhenburgen bekannt. Die für den Bau einer Burg am günstigsten erscheinenden Bergkegel oder Bergsporne «mussten zumeist nur in geringem Umfang eingeebnet oder aufgefüllt werden, um eine ebene Hoffläche zu erhalten ... In Gegenden mit stark zergliederten Felsformationen, hauptsächlich ... in der Schwäbischen Alb oder [im] Schwarzwald sowie im Elsass und in der Pfalz wurden auch unebene, in großen Stufen abgetreppte Hofflächen der Kernburg in Kauf genommen.»[7] Ebene oder geglättete Höfe waren Voraus-

---

5 Vgl. den Querschnitt des Burghofes auf Höhe der Zisterne bei Max Baumgärtel (Hrsg.): Die Wartburg. Ein Denkmal deutscher Geschichte und Kunst. Berlin 1907, S. 721.

6 Wolfgang Einsingbach: Gelnhausen. Kaiserpfalz, amtl. Führer. Bad Homburg v. d. Höhe 1975, S. 14.

7 Alexander Antonow: Planung und Bau von Burgen im süddeutschen Raum. Frankfurt a. M. 1983, S. 324 f.

setzungen für die Befahr- und Bereitbarkeit durch die Burgherrschaft[8]. Bei Aufritten mit Pferden konnte sich kein Berittener den Verlust eines Pferdes leisten, der zwangsläufig schon dann eintrat, wenn ein Pferd so unglücklich stürzte, dass es sich ein Bein brach. Solch ein Unglücksfall bedeutete normalerweise den Tod für das Pferd. Wir müssen also davon ausgehen, dass auch die Hofburg mindestens in größeren Teilen ebene oder geebnete und damit abgetreppte Flächen besaß, die im Laufe der Jahrhunderte nicht mehr gepflegt wurden und vor allen Dingen durch Witterungseinflüsse abkorrodierten und weggeschwemmt wurden.

III. Das Erscheinungsbild des Hofes
nach der Restaurierung des Palas im 19. Jahrhundert

Das Bild einer geebneten bzw. großzügig gestuften (abgetreppten) Hoffläche vor dem Hauptgebäude der Kernburg – dem Palas – muss Hugo von Ritgen nach der Wiederherstellung des Palas vorgeschwebt haben, denn auf ihn geht die wiederhergestellte Dreifachterrassierung der Hoffläche vor dem Palas zurück (Abb.2). Die Mauern, die diese Einzelflächen nach Westen in Richtung

Abb. 2:
Der Burghof von
Süden mit dreifacher
Terrassierung vor
dem Palas, um 1900

Zisterne abfingen, verschliffen zur Hofmitte auf Null, d. h. dass die nördliche Hofseite für den «Fahrverkehr» hergerichtet war. Bis zum Kommandanten-garten/Gadem konnten Kutschen fahren und wenden, Besucher konnten dann ohne Schwierigkeiten den Palas betreten.

Hugo von Ritgen hatte bereits vor dem Palas ein sehr gut durchdachtes Belüftungs- und Entwässerungssystem in Gestalt eines verdeckten Kanals unmittelbar vor dem Palas anlegen lassen (Abb. 3a und b), das sich nahtlos in das Gesamtbild des Hofes einfügte. Dieses Entwässerungs- und gleichzeitiges Belüftungssystem funktionierte bei laufender Pflege einwandfrei. Allerdings wurden 1926/27 etwa 1.000 schadhafte Sandsteine in der Ostfassade ausge-wechselt, da durch deren starke Zersetzung ein größerer Feuchteintrag beob-achtet wurde. Größere bauliche Instandsetzungsarbeiten wurden am Palas erst Anfang der 1950er Jahre notwendig, um die Standsicherheit des Palas und den Erhalt der Schwindfresken im zweiten Obergeschoss weiter zu gewährleisten.

Abb. 3a und b:
Nördliche Erdge-
schossarkade des
Palas mit halb
verdecktem
Abflussgraben,
um 1900

IV. Veränderungen nach 1950

Erst bei den Baumaßnahmen Anfang der 1950er Jahre unter Direktor Sigfried Asche abgebrochen, wurde das über nahezu ein Jahrhundert bestehende und bewährte Abwasser- und Entlüftungssystem durch einen offenen Graben ersetzt. Der Rückbau fällt zeitgleich in die Phase einer vorgeblichen «Ent-restaurierung», die einen «scheinoriginalen Rückbau» anstrebte. Die Erhal-tungs- und Baumaßnahmen insbesondere der 1950er Jahre unter Asche werden von Ernst Badstübner wie folgt charakterisiert: «Die durchgreifende Restaurierung nach 1952 [erfolgte] mit der Tendenz, den historischen Charakter zugunsten einer mittelalterlichen Erscheinung durch die Beseiti-

---

8 In Guédelon (ca. 180 km südl. von Paris) wird derzeit nach den Regeln mittelalterlicher Hand-werkskunst eine neue Burg errichtet. Über den Bau wurde im «Spiegel» Nr.45/2006, S.176–178 von Günther Stöckinger ausführlich berichtet. Auf den beigefügten Fotos ist das geebnete Plateau des späteren Burghofes gut zu erkennen, der schon während der Bauzeit von den «mittel-alterlichen» Handwerkern genutzt wird, die «eine Burg mit den Arbeitsmethoden und Techniken des 13. Jahrhunderts» bauen.

gung neuromanischer und neugotischer Details im Bereich der zwischen 1849 und ca. 1875 entstandenen Gebäude innen und außen abzuschwächen»[9].

Die Hoffront des Palas sollte dem hochmittelalterlichen Originalbestand möglichst nahe gebracht werden. Dazu beseitigte man 1953 die einläufige Treppenanlage im Nordteil, die im 19. Jahrhundert einen älteren, aber ebenfalls nicht originalen Vorgänger abgelöst hatte und zu einem Eingang im ersten Obergeschoss vor dem Rittersaal führte. Im Mittelabschnitt entfernte man die Ritgensche Abflussanlage und trug den Boden bis auf den gewachsenen Felsen ab. Dass damit auch funktionstüchtige technische Systeme durch Zerstörung aufgegeben wurden, nahm die damalige Leitung der Wartburg-Stiftung mit ausdrücklicher politischer Rückendeckung der damaligen Kunstkommission der DDR billigend in Kauf.

Zu den durchgeführten Arbeiten heißt es in einem vom damaligen Direktor Asche verfassten «Protokoll über die Besichtigung der Wartburg», dass die «Herren Dr. Müther, Dr. Strauß und Herr Uhle aus Berlin, Deutsche Bauakademie, am 20. 8. 1953, vormittags [die Besichtigung durchführten]. Herr Dr. Strauß war vor allen Dingen begeistert von Ausschachtungsarbeiten im Hof und freute sich, dass Herr Dr. Asche die Palasfront wieder so freilegen will, wie sie ursprünglich war»[10] Aus den vorliegenden Rechnungen und Bilddokumenten geht hervor, dass im Laufe des Jahres 1953 die parallel zur Palaswand verlaufende Betonwand des Abflussgrabens abgebrochen[11] und vor dem Palas «126 qm felsigen Boden im Durchschnitt 0,45 m abgetragen»[12] wurden. Gleichzeitig schachtete man vor der später abgebrochenen Betonmauer «61,0 cbm bis auf den Felsen vor dem Palas vom 1. bis 30. Juni 1953» ab und «die angefallenen Bodenmassen [wurden] abtransportiert und auf die Schrotthalde gefahren und abgekippt»[13] (Abb. 4). Die Verbreiterung und Vertiefung des Abflussgrabens entlang der Palas-Hofwand sowie die Entfernung der Bodenmassen bis auf den blanken Felsen sollten zur Entfeuchtung des Mauerwerks beitragen und den Austritt von Salzen im Bereich der Fresken eindämmen und verlangsamen[14].

---

9 Ernst Badstübner: Wartburg. In: Stephanie Eissing, u. a. (Bearb.): Thüringen (Georg Dehio. Handbuch der Deutschen Kunstdenkmäler). München/Berlin 1998, S. 254–260.

10 Wartburg-Stiftung Eisenach, Archiv (WStA), Bauakten, Bau 1953, ohne Nr.

11 In der Rechnung der Baufirma August Stein/Eisenach (WStA, Bau 1953 – wie Anm. 10) wird der Vorgang wie folgt beschrieben: «9,58 cbm Eisenbetonstützmauer erst mittels Winde aus dem Fundament ausgebrochen und das Fundament glatt gestemmt. Dann mittels Keilen teils abgebrochen, dann gesprengt und die durch Sprengerschütterung erhaltenen Betonbrocken zerschlagen und zertrümmert und mittels Karren abtransportiert». Für diesen Vorgang wurden 25 Sprenglöcher von Hand geschlagen. Bei den durchgeführten Arbeiten konnten jetzt (2006) keine Fundamentreste dieser ehemaligen Stützmauer festgestellt werden.

12 WStA, Bau 1953 (wie Anm. 10) Rechnung der Firma Paul Enke & Co. Eisenach vom 23. 12. 1953.

13 WStA, Bau 1953 (wie Anm. 10) Rechnung des Baugeschäfts August Stein/Eisenach vom 1. 9. 1953.

*Abb. 4a und b:
Abbruch der
Betonmauer des
Abflusskanals
vor dem Palas,
Juni 1953*

Als Ergebnis der damals durchgeführten massiven Eingriffe erreichte man zwar eine «natürliche» unbefestigte Hoffläche, deren Unebenheiten dann aber mit einem rot eingefärbten Beton ausgeglichen werden mussten. Dieser jährlich notwendige und teure Pflegeaufwand führte zu ständigen Veränderungen des bestehenden Planums und bei starken Niederschlägen sowie bei starkem Tauwetter zu Schwierigkeiten bei der schnellen Ableitung der Oberflächen- und Schmelzwässer.

*Abb. 5:
Der 1953 geschaffene Abflussgraben
vor dem Palas*

---

14 Petra Schall: Restaurierungsgeschichte der Schwindfresken. In: Rudolf Ziessler und Günter Schuchardt (Hrsg.): Die Schwind-Fresken auf der Wartburg. Ein interdisziplinäres Forschungsprojekt zu ihrer Erhaltung (Arbeitshefte des Thüringischen Landesamtes für Denkmalpflege. 14). Bad Homburg/Leipzig 1998, S. 45–60, bes. S. 55 f.

V. Konzeption und Durchführung der Arbeiten 2005/06

Aus den theoretischen Vorüberlegungen und Feststellungen einerseits und den praktischen Anforderungen durch den erheblichen Besucherverkehr andererseits erwuchs der Wunsch der Wartburg-Stiftung, das Gelände vor dem Palas – letztlich den gesamten Hof – neu zu gestalten und mit einem verbesserten Planum zu versehen.

Zunächst wurde ein neues Generalgefälle von Ost nach West festgelegt, dessen gedachter Verlauf von 13° sowohl die Entwässerung der gesamten Hoffläche als auch das Aufstellen einer Bestuhlung ermöglicht. Mit diesem ersten Planungsschritt wurde Dipl.-Ing. Günther Thimm (Erfurt) betraut, der als langjähriger Gartendenkmalpfleger die unter I. genannten Bedingungen von vornherein in sein Konzept einbezog.

Die Feinplanung wurde dem Architektur- und Ingenieurbüro Danz & Zapfe (Rudolstadt) übertragen, die dann in enger Abstimmung mit der Wartburg-Stiftung und der Denkmalpflege stattfand. Die Ausführung der Arbeiten erfolgte nach Ausschreibung durch die Firma Bennert GmbH (Hopfgarten), die notwendige steinrestauratorische Betreuung einzelner Arbeitsabschnitte wurde durch Restaurator Scheidemann (Friedrichroda) wahrgenommen, die denkmalfachliche und Qualitätskontrolle lag in der Hand des Berichterstatters, die örtliche Bauleitung wurde durch die Leiterin der Wartburg-Bauhütte, Frau Dipl.-Ing. Annette Felsberg, wahrgenommen, die hierbei durch ihren Vorgänger, Dipl.-Ing. Hans-Jürgen Lehmann, unterstützt wurde.

Bereits im Jahre 2005 konnte mit vorbereitenden Maßnahmen begonnen werden. Zunächst mussten abschnittsweise die Beton-«Plomben» ausgestemmt werden. Gleichzeitig sollte im Rahmen dieser Baumaßnahme auch die Entwässerungsproblematik besser gelöst werden. Außerdem musste die gesamte erdverlegte Elektroinstallation (einschließlich Blitzschutz), die sich als physisch verschlissen und marode erwies, neu geordnet und verlegt werden. Die hierfür notwendigen Leitungskanäle und -gräben wurden im Vorfeld angelegt und im Fortgang der Bauarbeiten dann entsprechend bestückt. Bei der Durchführung der Arbeiten musste nicht nur auf die Jahreszeit, sondern vor allem auf den unterschiedlich starken Besucherverkehr Rücksicht genommen werden. Trotz mancher Behinderung durch Wegeverlegung, Baulärm und vor allem Staub waren der Palas und alle anderen öffentlich genutzten Bauten der Wartburg für den Besucher offen und besichtigungsfähig. Damit wurde eine wesentliche Forderung der Wartburg-Stiftung als Bauherrschaft erfüllt. Durch die Firma TRACO (Bad Langensalza) wurde das ausgewählte Plattenmaterial sowohl auf dem Betriebsgelände als auch auf der Wartburg probeverlegt, um die Wirkung des roten Steinmaterials vor dem Palas beurteilen zu können.

Dabei konnte übereinstimmend festgestellt werden, dass die Farbe des Plattenmaterials ausgesprochen gut mit dem auf der Wartburg verbauten roten Konglomeratgestein harmoniert. Die Einzelplatte wurde durch den Lieferbetrieb oberflächenmäßig bereits gestockt geliefert und ein möglichst langer Kantenverlauf der Einzelplatte angestrebt. Trotzdem konnte nicht vermieden werden, dass selbst bei sorgfältig-händischem Verlegen Versatzstücke (Zwickelsteine) in die Flächen eingepasst werden mussten.

Die Überlegung, ein möglichst großformatiges Plattenmaterial zu wählen, um die Wirkung des ruhig lagerhaft versetzten Palasmauerwerkes nicht zu beeinträchtigen oder in seiner Wirkung zu schmälern, erwies sich als richtig. Ursprünglich sollte das Plattenmaterial nach einem Verlegeschema geordnet werden. Doch diese Absicht erwies sich im Verlauf der Arbeiten als undurchführbar, weil während der Arbeiten die richtige Entscheidung getroffen wurde, zwei Felspartien nicht vollständig abzuarbeiten, sondern als geologische Fenster in die Hoffläche einzubinden. Mit dieser während der Bauausführung getroffenen Änderung wurde ein vordergründig erkennbares geometrisches Verlegemuster vermieden. Um die Einzelflächen für den Besucher auch optisch aufzulockern und erkennbar zu gestalten, wurde die Hoffläche mit einem umlaufenden Band kleinerformatiger Steine eingefasst, die gleichzeitig die Einlaufschächte für das oberflächlich anfallende Niederschlagswasser begrenzen. In die Hoffläche wurden an genau festgelegten Punkten Senkelektranten für die elektrischen Anschlusspunkte eingelassen, die die Versorgung mit Strom selbst bei hochkarätigen Veranstaltungen problemlos ermöglichen. Eine Besonderheit stellt der beheizbare seitliche Streifen von der Tordurchfahrt bis zur Zisterne dar, der insbesondere im Winter bei Glatteis oder Schnee für den Besucher eine gefahrlose Begehbarkeit und Zugänglichkeit in den Palas garantiert. Die vernünftige Idee Hugo von Ritgens, vor dem Palas ein kombiniertes Entwässerungs- und Belüftungssystem zu errichten, wurde wieder aufgegriffen. Allerdings ist der jetzt vorhandene Graben mit einem Gitterrost abgedeckt, der in seinem Verlauf der Hofbefestigung folgt (Abb. 7). Mit dieser Maßnahme schließt sich der eingangs ausführlich beschriebene Kreis einer auch im Mittelalter befestigten Hoffläche vor dem Hauptgebäude der Kernburg, dem Palas.

Während der Bauarbeiten im Bereich der Zisterne wurde festgestellt, dass die ursprüngliche Absicht, ein fundamentiertes und sicheres Grundgerüst für eine temporär zu errichtende Bühnenkonstruktion über der Zisterne nicht zu verwirklichen ist, weil die Grundsubstanz der Zisterne sich als nicht mehr standsicher erwies. Die aus rötlichem Konglomeratgestein erbaute Zisterne erwies sich bei genauerer Untersuchung als im höchsten Maße instabil. Deshalb musste kurzfristig ein Restaurierungskonzept[15] durch den seit Jahren bestens mit allen Bauten der Wartburg vertrauten Steinrestaurator Stefan

Scheidemann (Friedrichroda) erarbeitet werden, der als einzige Alternative den
völligen Abbau und Wiederaufbau empfahl. Durch in das Zisternenmauer-
werk eingewachsene Wurzeln war der gesamte Mörtel in Humus zerlegt und
die Standsicherheit des Mauerwerks damit hochgradig gefährdet. Bei dieser
unumgänglichen Erneuerung wurden neben den notwendigen steinrestaurato-
rischen, konservatorischen und Reinigungsmaßnahmen auch einige ästhetische Verbesserungen vorgenommen, wie teilweiser Ersatz der zerstörten
Abdeckplatten, Aufbringen eines Geländers als Absturzsicherung und Einbau
einer Treppenbeleuchtung im Bereich der Zugangstreppe zum unteren
Palaseingang. Die Zisterne wird jetzt wie bisher von Treppenläufen eingefasst,
zusätzlich wurde aber für die Zeit, in der eine Bühnenkonstruktion diese überdeckt, eine dritte Treppe vor der Westseite des Gadems neu errichtet, um einen
ungehinderten Zutritt zum Senkgarten zu gewährleisten. Damit wurde gleichzeitig auch ein zweiter Zugang zum Palas möglich. Der Bereich zwischen
Zisterne und Senkgarten konnte mit einer Sand geschlemmten Decke versehen werden. In die neue und mit Plattenbelag versehene Aufstandsfläche vor
dem unteren Palaseingang wurde ein Schmutzabweiser eingebaut, der den
Eintrag kleiner Steine und anderer Schmutzteile in den Palas verhindert.

An den Baumaßnahmen wirkten neben der Firma Bennert GmbH
(Hopfgarten) weitere sehr gut arbeitende Handwerker mit. Unter anderem

---

15 WStA (wie Anm. 10) Akten der Bauhütte, Restaurator Stefan Scheidemann, Materialgutachten
und Restaurierungskonzeption für die Zisterne, erarbeitet im April 2006.

führte der Schmiede- und Schlosserbetrieb Blaurock (Hinternah) alle anfallenden Schlosserarbeiten (Geländer, Gitter usw.) in herausragender Qualität aus. Für das umfangreiche Elektro-Projekt zeichnete die Firma Bechmann (Eisenach) verantwortlich, und hier insbesondere die Herren Assenmacher und Tilch. Die Bauhütte der Wartburg-Stiftung erledigte in gewohnter Routine und Qualität zahlreiche anfallende Nebenarbeiten.

Neben der eigentlichen Neuformulierung der Hofflächen mit einem Plattenbelag wurden außerdem als zusätzliche Arbeiten in dem Bearbeitungszeitraum 2005/06 ausgeführt: die Komplettrestaurierung der Zisterne, die Rekonstruktion der nördlichen Treppenanlage um die Zisterne, der Neubau einer zusätzlichen Treppe in den Senkgarten, der Neubau der Südtreppe zwischen Zisterne und Palas und Einrichtung einer angemessenen Aufstandsfläche vor dem unteren Palaseingang für Besucher, der Einbau von Entwässerungssystemen in die Hoffläche, der Einbau einer nicht sichtbaren Unterkonstruktion für eine mögliche temporäre Bühne über der Zisterne, der Anschluss der Haupteingangstreppe an die Hoffläche und die Überdeckung des Entwässerungsgrabens vor dem Palas mit einem kombinierten Platten- und Gitterrost.

Zusammenfassend können die durchgeführten Arbeiten als ein großer Schritt in eine gute Zukunft der Wartburg angesehen werden.

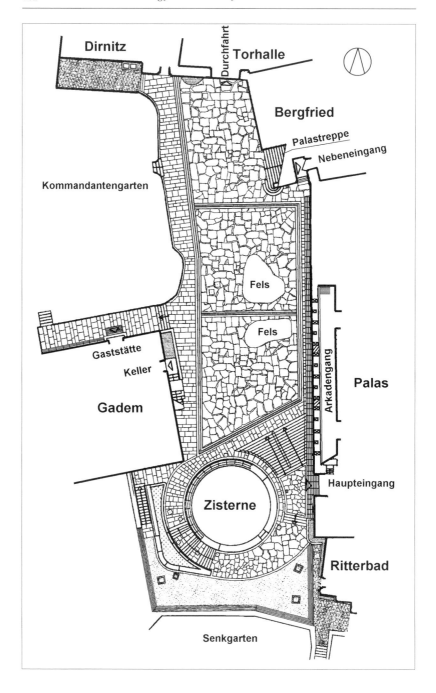

Abb. 9:
Der Burghof vom
Südturm aus mit
den drei neu errich-
teten Treppen um
die Zisterne im
Spätstadium der
Bauarbeiten

Die Baumaßnahmen an den Gebäuden und Anlagen
der Wartburg-Stiftung Eisenach im Jahre 2006

Annette Felsberg

In Abstimmung mit dem Thüringischen Landesamt für Denkmalpflege und
Archäologie, dem Thüringer Kultusministerium und dem Bund wurden
umfangreiche konservatorische sowie Bau- und Werterhaltungsmaßnahmen
vorbereitet und durchgeführt. Zur Fertigstellung, Weiterführung und mithin
zum Neubeginn der dringend notwendigen Baumaßnahmen wurden insgesamt 1.051.000 EUR investiert, anteilig 923.000 EUR Fördermittel und
128.000 EUR Eigenmittel der Wartburg-Stiftung.

Schwerpunkte der an Fremdfirmen vergebenen Bauarbeiten des Jahres 2006
waren die Neugestaltung des Hofes der Hofburg, die archäologische Grabung
am Elisabeth-Plan und die Erstellung weiterer Objekte am Burgenbaulehrpfad.
Die im Folgenden nicht näher ausgewiesenen Arbeiten wurden von der Bauhütte der Wartburg erledigt.

1. Arbeiten innerhalb der Burgmauern

1.1. Vorderer Burghof

Unter den Gebäuden des vorderen Burghofs erfuhr der Bereich Torhaus-
Ritterhaus-Vogtei besonders in den Kellergeschossen einige Veränderungen.
In den Wachräumen unter Ritter- und Torhaus wurde mit dem Rückbau nach
historischen Befunden begonnen. So wurden die später eingebaute Wand zur
Ofennische wieder entfernt, die historische Tür zum Wachraum instand
gesetzt und Naturstein-Türgewände partiell freigelegt. Auch die technischen
Installationen (Heizung, Elektrik und Sicherungstechnik) wurden erneuert.

Der Fußboden im Erdgeschoss von Torhaus/Ritterhaus erhielt im April
eine neue Eichendielung einschließlich der Unterkonstruktion. Auch fand
hier eine Erneuerung von Wasser- und Abwasserinstallation sowie der
Heizungs- und Elektroleitungen statt.

Im Keller der Vogtei wurde im Januar 2006 das seit Dezember des Vorjahres
laufende Vorhaben beendet, den Arbeitsraum für den Fotografen (Foto
Salzmann, Eisenach), auszubauen. Er erhielt einen neuen Fliesen-Fußboden
mit elektrischer Fußbodenheizung sowie eine Neuverfugung der Naturstein-
wandbereiche.

Erdgeschoss und die Sockelbereiche der Vogtei sowie der Mauerbereich bis zum Fachwerk am westlichen Wehrgang (Margarethengang) erhielten im Mai und Juni einen neuen Außenputz. Durch die Mitarbeiter der Bauhütte wurde ein Sanierputz aufgetragen und mit egalisierendem Anstrich farblich angepasst. Die erneuerte Kellertür am Giebel der Vogtei schützt nun ein kleines Vordach besser gegen Regen; der darüberliegende Mauervorsprung bekam neue Abdeckplatten. Am Margarethengang konnte im unteren Bereich vor dem Dirnitzkeller nach Abhacken des desolaten Verputzes eine zugemauerte Schießscharte in der Wehrmauer freigelegt und wieder sichtbar gemacht werden.

Im Mai erfuhr die Hoffläche südlich des Vogteigiebels einige Neugestaltungen. Entlang des Margarethengangs entstanden Pflanzflächen. Vor dem Dirnitzkeller wurde das Geländeniveau durch Nachkiesen angehoben und eine gerade Fläche zum Aufstellen einer Tischgruppe geschaffen, wobei im rechten Winkel zum Eingang eine Stufe eingelassen wurde.

Bereits im Januar und Februar erneuerte man am östlichen Wehrgang (Elisabethengang) den Dachziegelverstrich, um das Eindringen von Flugschnee sowie von Niederschlägen bei Schlagregen und Sturm zukünftig zu verhindern und dadurch entstehende Gefrier- und Fäulnisschäden und die daraufhin anfallenden Kosten zu vermeiden.

Abb. 1:
Die zugemauerte
Schießscharte nach
Abnahme des Putzes
am Margarethen-
gang

Abb. 2:
Die freigelegte und
neu ausgemauerte
Schießscharte am
Margarethengang

1.2. Mittelabschnitt der Burg

Im Erdgeschoss der Dirnitz wurde die Verkaufsfläche auf mehr als das Doppelte vergrößert. Die gesamte Grundfläche entspricht der des einstigen Rüstsaals, den man zu Beginn der 1950er Jahre horizontal teilte. Der südliche Bereich diente zuletzt als Sonderausstellungsraum. Am 7. Januar wurde die letzte dortige Ausstellung geschlossen. Nach umfangreichen Umbauarbeiten

im Januar und Februar konnte am 3. März 2006 die neu gestaltete Verkaufsstelle in Betrieb genommen und der Gang zwischen vorderem und hinterem
Burghof wieder durchgehend geöffnet werden.

Nach dem Abbruch der Trennwand zwischen Verkaufs- und Ausstellungs-
raum erhielt das Geschoss eine Neugliederung. Dem großen Ladenraum im
Norden schließen sich nun im Süden ein Raum für das Personal und ein

Abb. 3:
Grundriss des
Dirnitz-Erdgeschosses
vor dem Umbau

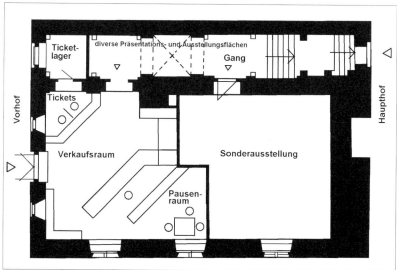

Abb. 4:
Grundriss des
Dirnitz-Erdgeschosses
nach dem Umbau

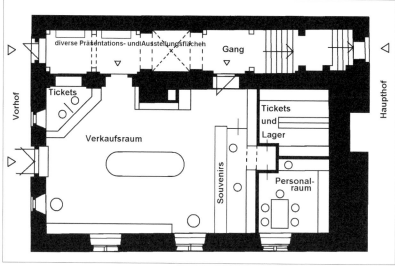

Lagerraum an. Die Maurerarbeiten, die Ergänzung des Fliesenbelages und die technischen Installationen (Heizung, Wasser/ Abwasser, Elektrik und Sicherungstechnik) erledigten die Handwerker der Wartburgbauhütte. Die Ergänzung des vorhandenen Mobiliars mit dem Einbau neuer Tresen für Ticket-

Abb. 5:
Der neu gestaltete
Verkaufsraum im
Erdgeschoss der
Dirnitz

und Souvenirverkauf nahm die GAMöLA Tischlerei Holzverarbeitung GmbH (Eisenach) vor. Die malermäßige Instandsetzung der Wände und der Decke in Verkaufsraum und Gang erfolgte durch das Malerunternehmen von Hardy Meyfarth (Mihla).

Im Frühjahr wurden an der Dirnitz verschlissene Sandsteine an der nördlichen Tür zum Erdgeschossgang (Schwelle und Gewände) und an Mauerkronen ausgetauscht. An der Torhalle hatte sich aufgrund eines Wasserschadens am Torbogen der Südseite eine Reparatur der Dachentwässerung und Dachabdichtung notwendig gemacht. Im Juni wurden durch die Fa. Ebener Bedachung GmbH (Berka v. d. Hainich) am Flachdach die Einläufe umgeändert und die Fallrohre mit zusätzlichen Rinnenkästen angebunden. Das ehemalige Farben- und Baustofflager in der Nordostecke der Torhalle gestaltete die Bauhütte im Mai/Juni zu einem Gepäckaufbewahrungsraum mit Schließfächern.

In der Neuen Kemenate wurde der Raum neben dem Bernhardstübchen im Dachgeschoss instand gesetzt. Im Januar erfolgte der Einbau der Wärmedämmung und noch fehlender Holzverkleidung an Dachschrägen und Wandflächen. Im März wurden im Kellergeschoß («Töpferkeller») Wände und Decken geputzt und gestrichen sowie am Türgewände Steinergänzungen vorgenommen.

Das wichtigste Vorhaben in der Neuen Kemenate bildete im Jahre 2006 die Instandsetzung und Restaurierung des sog. Fürstenzimmers[1]. Das Fürstenzimmer liegt im Oberschoss an der Nordostecke des Gebäudes neben dem heutigen Museumsraum (S 1), der im 19. Jahrhundert als Arbeitszimmer des Großherzogs Carl Alexander im neoromanischen Stil ausgestaltet worden war. Bei der Entrestaurierung 1953/54 blieb das Fürstenzimmer von der Umgestaltung in schlichte Museumsräume verschont und besitzt noch weithin die originale Ausmalung, die allerdings durch Wasserschäden an der Außenwand und andere Einflüsse gelitten hat. Bisher diente der Raum dem Aufenthalt des Aufsichtspersonals, wofür er sich inmitten des Museumsbereichs anbot. Eine ins Auge gefasste Erschließung für die Öffentlichkeit hatte sich Anfang der 1980er Jahre als unrealistisch erwiesen, da das über Dach und Wände eintretende Wasser eine Restaurierung zunichte gemacht hätte und unter den damaligen Möglichkeiten nicht dauerhaft abzudämmen war.

Folglich begann man im März 2006 mit dem Einbau einer Dachrinnenheizung an der Bergseite, um Eisbildung und Folgeschäden zu verhindern, wie es bereits 1993 nach einem Wassereinbruch an der Südwestpassage des Palas geschehen war[2]. Die geringe Steigung des Daches verhindert weitgehend das Abrutschen des Schnees. Nach einer längeren Frostperiode und plötzlicher Erwärmung durch Sonneneinstrahlung könnte das Wasser über die zugefrorenen Dachrinnen und Abflussrohre nicht ablaufen und dann durch Wasserrückstau die darunter liegende Mauerfläche schädigen. Des Weiteren mussten die Undichtigkeiten an Dach, Dachrinne und Fallrohr beseitigt werden. Die Außenwand wurde durch Zellulosekompressen entsalzt und mit Kompressenputz neu verputzt sowie an einzelnen Putzfehlstellen ergänzt.

Die Arbeiten im Fürstenzimmer dauerten von März bis zum Dezember an und werden erst 2007 beendet sein, wenn der Raum in den Museumsrundgang integriert wird. Die Restaurierung an Wänden, Decke und Vertäfelungen basierte auf dem eingangs von Restaurator Jürgen Scholz erarbeiteten Konzept. Die technischen Installationen wurden erneuert, die Heizkörperverkleidung aufgearbeitet und Fenster und Türen gangbar gemacht. Die Restaurierung von Wänden, Decke und Vertäfelung währt Ende 2006 noch fort.

1.3. Zweiter Burghof – Gebäude und Umfassungsmauern

Die Arbeiten an den Gebäuden des zweiten Burghof standen 2006 unter drei Aspekten: erstens notwendige Reparaturen und Hebung des technischen Stan-

---

1 Zum Fürstenzimmer als «Schlafzimmer des Obergeschosses der Kemenate» vgl. Max Baumgärtel (Hrsg.): Die Wartburg. Ein Denkmal deutscher Geschichte und Kunst. Berlin 1907, S. 446 f.

2 Zum Wassereinbruch an der hofseitigen Wand des Palas am 17. Februar 1993 und zum Einbau einer Dachrinnenheizung im September 1993 vgl. Wartburg-Jahrbuch 1993. 2(1994), S. 210 und 217.

dards, zweitens Maßnahmen in Verbindung mit der Hoferneuerung und drittens Vorbereitungen für die Landesausstellung auf der Wartburg im Jahre 2007.

Wie bereits die Bergseite der Neuen Kemenate erhielten im März die Hofseiten von Palas und Gadem ebenfalls Dachrinnenheizungen. Die so verhinderte Eisbildung in Dachrinnen und Fallrohren beugt hier nicht nur einem Wassereinbruch vor, sondern unterbindet auch gefährliche Eiszapfenentstehung und die daraus resultierende Gefährdung der Verkehrssicherheit.

An der Dachkonstruktion des neuen Treppenhauses wurde im Februar 2006 ein massiver Hausbockbefall festgestellt. Gemäß dem Gutachten durch den Holzschutz-Sachverständigen Dipl.-Ing. Alfred Radelhof (Eisenach) vom 1. März 2006 musste umgehend gehandelt werden, da der Hausbock viel aggressiver vorgeht als die gemeinhin als «Holzwürmer» bekannten Larven verschiedener Insekten. Der Dachstuhl war bei der Errichtung des Gebäudes 1953/54 in anfälligem Nadelholz, insbesondere Altholz aus Fichte, gefertigt worden und drohte einzustürzen. Nach der Freilegung der gesamten Dachkonstruktion schnitt man die befallenen Holzbauteile heraus, und es erfolgte eine Schädlingsbekämpfung auf chemischer Basis durch LIMES-Gesundheits-/Materialschutz Gotha. Zur besseren Zugänglichkeit des Dachraumes wurde der Fachwerkbinder als Hauptträger durch Doppel-T-Stahlträger ersetzt. Die Änderung der statischen Konstruktion geschah nach der Planung des Architekturbüros Dr. Hendrich (Eisenach) in Zusammenarbeit mit dem Statiker Dipl.-Ing. Karl Stein (Eisenach). Des Weiteren wurde durch die Verstärkung der Haupttragglieder mittels zusätzlicher Holz- bzw. Stahllaschen bzw. das Nachschrauben der gesamten Deckenverschalung die statische Sicherheit erhöht. Begonnen wurden die Zimmer- und Stahlbauarbeiten von Krieg & Hunstock Dachbau GmbH (Eisenach), vollendet von HBS Hollitzer Bauservice (Eisenach). Zum Abschluss erfolgten noch ein Brandschutzanstrich und die Dämmung der Deckenfläche.

Die Arbeiten am Gadem konzentrierten sich auf das erste Halbjahr und auf Instandsetzung und Erneuerung. Im Januar und Februar wurden der Abgang in beide Kelleretagen instand gesetzt, versalzene Putzschichten abgenommen und Entsalzungskompressen aufgetragen, die später durch Sanierputz ersetzt werden sollen. Ein Sandstein-Plattenbelag mit vom Gebäude wegführendem Gefälle im Vorbereich zum Kellerabgang soll seit Frühjahr eine weitere Durchfeuchtung des aufgehenden Mauerwerkes bzw. der Kellerräume verhindert.

Die Fassade des Gadems erfuhr im April und im Sommer einige Reparaturen. An der Südseite wurden einzelne Gefache neu verputzt. Die Kippfenster der Küche wurden als Drehflügelfenster umgebaut.

An der westlichen Wehrmauer fanden im Herbst einige Kleinreparaturen wie der Neuverputz einzelner Gefache im Bereich Margarethengang/Vorbau Toilette und die Erneuerung von Teilbereichen der Dachziegelabdeckung statt.

Ein Teilbereich der südlichen Wehrmauer wurde von Mai bis September mit Reinigung, Sandstrahlbearbeitung und Neuverfugung grundhaft instand gesetzt. Als Entscheidungsgrundlage für Materialeinsatz und Technologie zum Verfüllen vorhandener Hohlstellen dienten die im August und September in Zusammenarbeit mit Dr. Hans-Werner Zier von der Materialforschungs- und Prüfanstalt (MFPA) an der Bauhaus-Uni-Weimar entnommenen Materialproben aus der Südmauer zur Feststellung der Gipsbelastung. Die sehr zeitaufwendigen Arbeiten zur Instandsetzung des Natursteinmauerwerks der südlichen und der westlichen Wehrmauern müssen in den kommenden Jahren abschnittsweise fortgeführt werden.

Am Südturm wurden im März und April die Tritt- und Setzstufen des unteren Treppenlaufes der Außentreppe komplett erneuert. Im Palas wurde im Dezember der Steinfußboden im Rittersaal ausgebessert, indem die stark geschädigten Bereiche mit traditionellen Gipsestrich neu verfugt wurden. Im Zusammenhang mit der Hoferneuerung ersetzte die Fa. Bennert im März die ausgetretene und gebrochene Eingangsstufe zum Ritterbad südlich des Palas.

Die Außentreppe vor dem Treppenhaus erhielt im Zusammenhang mit der Anbindung an das neue Höhenniveau des Hofes zwei zusätzliche runde Sandsteinstufen.

Im Palas mit seinen empfindlichen Fresken waren im Januar Vibrationsmessungen durchgeführt worden, um zu prüfen, ob bei den bevorstehenden Abbruch- und Bauarbeiten zur Sanierung des Burghofes Schäden zu erwarten seien. Unter Leitung des Statikers Prof. Josef Trabert (Geisa) geschah die Prüfung der Schwingungsübertragungen mit verschiedenen Abbruchgeräten in unterschiedlichen Bereichen des Hofes. Laut Tests waren am Gebäudemauerwerk bzw. an den Fresken keine Schäden zu befürchten.

Bis August 2006 beriet man noch über das seit dem Vorjahr vom bisherigen Leiter der Wartburg-Bauhütte Hans-Jürgen Lehmann initiierte Konzept für eine Verglasung der Erdgeschossarkade des Palas. Mit ihr sollten in der darüber liegenden Elisabethgalerie mit ihren wertvollen Schwindfresken die Witterungseinflüsse minimiert und somit das Raumklima stabilisiert werden. Nach Prüfung der vom Architekten Lehrmann vorgestellten Varianten entschieden Burghauptmann Günter Schuchardt und die beratenden Restauratoren Stephan Scheidemann, Jürgen Scholz und der Verantwortliche der Denkmalfachbehörde, Herr Kappes, dass aufgrund der unbefriedigenden technischen, gestalterischen und konstruktiven Lösungen sowie der erheblichen Kosten keiner dieser Vorschläge realisiert werden soll.

Durch das Ingenieurbüro für Bauwerkserhaltung Weimar (IBW) wurde ab August mit der Erarbeitung eines Klimatisierungskonzepts für die Räume des Palas und für die anschließenden Museumsräume begonnen. Die Konzipierung erfolgte zweistufig: zunächst für die Dauer der 3. Thüringer Landesausstellung vom 7. Juli bis 19. November 2007, dann aber auch für die spätere Nutzung der neuen Dauerausstellung. Im Ergebnis sprach man sich für den Festeinbau der Mess-, Steuerungs- und Regelungstechnik (Bus-System) aus. Im Palas sollen mobile Klima-Geräte aufgestellt und installiert werden, die nach 2007 wieder demontiert werden. In den Museumsräumen wird der Festeinbau leistungsfähiger Geräte erfolgen, die zudem an das bestehende Heizungssystem angeschlossen werden können.

1.4. Zweiter Burghof – Neugestaltung der Hoffläche

Der Schwerpunkt des Baugeschehens im Jahre 2006 war die Neugestaltung des zweiten, südlichen Burghofs, der nahezu für das ganze Jahr zur Großbaustelle mutierte. Hauptziel der Baumaßnahmen ist eine bessere, gefahrlose Begehbarkeit des Hofes für alle Besuchergruppen, also auch für Ältere, Menschen mit Behinderung und Familien mit Kinderwagen. Bei Schneefall oder Eisglätte soll der Einsatz von Streusalz oder Splitt vermieden werden, um die Schäden an den Fußböden durch Schmutz- und Splitteintrag zu minimieren. Vor allem soll bei Theater-, Konzert- und Großveranstaltungen die Möglichkeit einer Bestuhlung der Hoffläche und eines Bühnenaufbaus an der Zisterne geschaffen werden. Mit Planungsbeginn im März 2005 und Baubeginn im August 2005 war das Projekt bereits im Vorjahr angelaufen[3]. Die geplante Fertigstellung zum 31. August 2006 war für die Baufirma nicht realisierbar, so dass die Abnahme der Bauleistungen erst am 17. November 2006 erfolgte, wobei Restarbeiten noch bis Mai 2007 andauerten.

Die Planungsleistungen für die Freiflächenarbeiten wurden vom Rudolstädter Architektenbüro Danz & Zapfe unter Beratung durch Restaurator Stephan Scheidemann (Friedrichroda) für die Natursteinarbeiten sowie Bernhard Mai (Erfurt) für die Metallarbeiten erbracht. Des Weiteren wurden eine Elektroplanung an das Büro epe elektroprojekt eisenach und die Planung eines neuen Beleuchtungskonzepts an das Büro für Lichttechnik im Bauwesen Hanke + Partner (Weimar) vergeben.

Am stärksten prägte die Einebnung der abfallenden Hoffläche vom Bergfried bis nahe an die Zisterne den Jahresablauf. Dazu waren die zuvor immer wieder auf den gewachsenen Felsen aufgetragenen Betonschichten abzustemmen, Unebenheiten auszugleichen und die Aufbauhöhe für die neue Fußbodenkonstruktion herzustellen.

Die neuen Bodenbeläge bestehen aus rotem Tambacher Sandstein. Die Hoffläche vor dem Palas, gegliedert in drei durch quer verlaufende Entwässe-

---

3 Hans-Jürgen Lehmann: Bericht über die Baumaßnahmen im Jahre 2005 im Zuständigkeitsbereich der Wartburg-Stiftung mit bauhistorischen Erkenntnissen zu einigen Objekten. In: Wartburg-Jahrbuch 2005. 14 (2007), S. 161–172, hierzu S. 161 f.

Abb. 6:
Die Situation im
frühen Stadium der
Burghoferneuerung
von Südosten aus

rungsrinnen getrennte Teilflächen, erhielt einen polygonalen Plattenbelag von 6 cm Dicke; ebenso wurden die Flächen vor dem unteren Palaseingang und südlich der Zisterne ausgelegt. Die Wege von der Dirnitz bis zur Zisterne, nördlich der Zisterne und südlich des Gadems erhielten einen Bahnenbelag aus gleichem Material und von gleicher Dicke, aber in Breite von jeweils 20 cm und unterschiedlicher Länge, Entwässerungsrinnen, Zisterne und Mauern sowie die Abgrenzung zu anderen Belägen jeweils eine Einfassung von bruchrauhem Zeilenpflaster mit 10 cm Dicke und 20 cm Breite, aber unterschiedlicher Länge. Entwässerungsrinnen, Schachtdeckel und Bodeneinläufe im Bereich der sandgeschlämmten Schotterdecke wurden mit rotem Granitpflaster eingefasst.

Vor dem Palas blieb in zwei Feldern das anstehende Wartburg-Konglomerat über dem Bodenniveau als geologisches Fenster sichtbar. Um die begehbare Hoffläche an den Palas anzubinden und gleichzeitig die Spritzwassergefährdung in den Sockelbereichen zu verhindern, wurde der Abflussgraben vor der aufgehenden Sandsteinfassade durch Roste aus Stahllamellen überdeckt, die im Treppenbereich entsprechend gestuft sind. Zusätzlich wurde vor dem Abflussgraben eine Kette mit herausnehmbaren Eisenpfosten vorgespannt, um den Zutritt von Besuchern in die Erdgeschossarkade vom Hof aus zu verhindern.

Zur Eis- und Schneefreiheit der Wege am Kommandantengarten, oberhalb der Zisterne und unmittelbar vor dem unteren Palaseingang verlegte die Firma Elektro-Bechmann GmbH (Eisenach) eine elektrische Fußbodenheizung unter dem Plattenbelag. Ferner baute man Senkelektranten zur flexiblen Stromentnahme bei Hofveranstaltungen (etwa Theateraufführungen oder Weihnachtsmarkt), Elektroleitungen für die neu konzipierte Hofbeleuchtung und eine Leerverrohrung unter dem Bodenbelag für zukünftige Vorhaben ein und schuf damit Voraussetzungen für vielfältige Nutzungen des Hofes. Schließlich installierte die Firma Blitzschutzanlagenbau Joachim Kruspe (Gotha) einen neuen Banderder-Ring (Band-Erder – die Erdung durch Metall-Bänder) einschließlich aller Anbindungen an die vorhandenen Blitzableiter.

Im Teilbereich südlich der Zisterne wurden die Haupttrinkwasserleitung erneuert und alle Regenwasser-Grundleitungen neu verlegt, teilweise mit direkter Anbindung an die Zisterne, um einen stetigen Löschwasserzufluss sicherzustellen.

Nachdem gegen Ende des Vorjahres um die Zisterne eine Winterbaustelle einrichtet worden war [4], wurde gemäß dem Bauantrag zur Neugestaltung der Hofburg von Januar bis April die Gesamthöhe der Zisterne abgesenkt, um damit die Möglichkeit für die Überbauung mit einer temporären Bühnen-

---

4   Lehmann, Bericht 2005 (wie Abb. 3) S. 162.

konstruktion zu schaffen. In dieser Zeit waren innerhalb der Zisterne eine hölzerne Arbeitsbühne eingebaut, die Türöffnung für die Löschwasserentnahme versetzt und alle Abdeckplatten sowie die oberen Steinschichten abgetragen. Der volle Schadensumfang wurde erst jetzt sichtbar: Infolge des Mörtelverschleißes und der armstarken Durchwurzelung durch die große, im März 2004 gefällte Linde am Gadem war das zweischalige Mauerwerk so weit auseinandergetrieben, dass die stark ausgebauchten Mauern einzustürzen drohten. Aufgrund des desolaten Zustands des Mauerwerks musste im April 2006 umdisponiert und eine Auftragserweiterung zur grundhaften Instandsetzung der gesamten Zisterne vorgenommen werden.

Der Totalrück- und anschließende Wiederaufbau konnte auf Grundlage der vom Freien Institut für Bauforschung und Dokumentation e. V. (IBD) Marburg erstellten Bestandspläne ausgeführt werden, geleitet vom Restaurator Scheidemann und umgesetzt von der Fa. Bennert. Nach der Nummerierung aller Steine und Abdeckplatten folgte der denkmalgerechte, abschnittsweise Abbau des Natursteinmauerwerks bis auf den Felshorizont. Dementsprechend wurde danach die Ringmauer wieder aufgebaut und mit den noch verwendbaren, alten Abdeckplatten bekrönt bzw. durch neu angefertigte Platten aus Uder-Sandstein (aus Uder westlich von Heiligenstadt, im Sandsteinrot) und Wasserspeier aus Seeberger Sandstein ergänzt. Zur Absturzsicherung brachte die Firma Rolf Blaurock (Hinternah), Metallrestauration und Kunstschmiede,

eine Umwehrung in Form eines demontierbaren Geländers mit Handlauf an. Die Firma von Wolfgang Schwarze, Rekonstruktion historischer Leuchten (Blankenhain), montierte anhand des neuen Beleuchtungskonzepts für den Hof speziell angefertigte Leuchten an die Außenwand des Zisternenrings.

Das Gesicht des Hofes veränderten besonders die Treppenumbauten im Umkreis der Zisterne. Die drei neuen Treppen erhielten Stufen aus dem gleichen Tambacher Sandstein analog der Hoffläche. Der Zugang zum unteren Palaseingang ist erheblich verbreitet und reicht östlich von der Zisterne bis zum Felsansatz vor der Palasfassade. Ebenfalls eine Verbreiterung des Weges wurde durch die westlich um die Zisterne führende Treppe erreicht. Zur seitlichen Abgrenzung des Treppenbogens wurde eine niedrige Begleitmauer aus Wartburgkonglomerat errichtet. Neu geschaffen wurde nach Abbruch einer niedrigen Natursteinmauer sowie bepflanzter Böschung eine gerade Treppe südlich des Gadems und parallel zur westlichen Burgmauer. An ihrer Westseite wurde eine Mauer aus großformatigem rotem Tambacher Sandstein mit bruchrauher Oberfläche gezogen, an ihrer Ostseite eine Natursteinmauer aus dem vorhandenen Wartburgkonglomerat. Beide Mauern erhielten Abdeckplatten aus Tambacher Sandstein. An allen neuen Treppen bei der Zisterne und vor dem Palas brachte die Kunstschmiedefirma Blaurock, analog dem «Wartburg-Geländer», Umwehrungen und Handläufe aus verzinktem Stahl mit eingebleiten Pfosten an. Um die Zisterne wurde außerdem der Teil

Abb. 10:
Die Ummauerung
der Zisterne mit
den nummerierten
Steinen für den
Neuaufbau

Abb. 11:
Der neu ausgelegte
Burghof von Norden
aus

jenes Beleuchtungskonzepts verwirklicht, das die Firma Hanke + Partner für die gesamte Burg einschließlich der Außenanlagen erarbeitet hatte. Die gesamte Anlage mit den drei Treppen gestattet eine wesentlich bessere Zugänglichkeit des südlichsten Burgbereichs von Südturm bis Palaseingang, was sich zunächst während der Landesausstellung von 2007 auszahlen sollte.

Im Steinbau wurden weiterhin zum oberen Palaseingang eine Einzelstufe neu eingefügt und auf dem Weg zum Café-Eingang vier Stufen. An der Nordostecke des Gadems wurde die Pflanzfläche mit Wartburg-Konglomerat-Steinen neu eingefasst. Bereits vorhandene Wege- und Platzflächen südlich von Gadem, Zisterne und Palas wurden als rote, sandgeschlämmte Schotterdecke aus Kies- und Splittmaterial vom Steinbruch Etterwinden wieder hergestellt.

2. Arbeiten ausserhalb der Burgmauern

2.1. Tugendpfad/Burgenlehrpfad

Vom Mai bis Dezember 2006 erfolgte die Überarbeitung des Gesamtkonzeptes zum mittelalterlichen Burgenlehrpfad auf dem Tugendpfad[5]. Elmar Altwasser vom IBD Marburg lieferte eine Vielzahl von Entwurfsideen für die mittelalterlichen Schauobjekte. Für das Projekt «Tugendpfad mit mittelalterlicher Burgenbaustelle» wurde für die Wiederherstellung des Weges am Fuße der Burgmauern einschließlich der Erneuerung der Ausfalltreppe vom zweiten Burghof sowie der Errichtung der Schauobjekte vom Eisenacher Architekten Max von Trott zu Solz ein Bauantrag gestellt und die denkmalschutzrechtliche Erlaubnis eingeholt. Die mittelalterlichen Gebäude wurden von der Zimmerei Marco Leise (Heyerode) errichtet. Für die aufwändigen Holztransporte zum Burgenlehrpfad kam ein Autodrehkran der Firma Daum HKS GmbH (Eisenach) zum Einsatz, der von der Hoteleinfahrt aus die Hölzer über den Minnegarten bis zum Bauplatz hob.

Unmittelbar vor der Mauer des Minnegartens entstand eine mittelalterliche Schmiede mit Unterstand[6], deren Richtfest am 31. Juli 2006 gefeiert wurde. Die Richtrede hielt der Zimmermeister Marco Leise. Der Eichenbau ruht auf Fundamenten aus Wartburgkonglomerat. Einbegriffen waren eine Schmiedefeuerstelle einschließlich Rauchabzug bzw. Schornstein mit Lehmauskleidung, den die Firma Jürgen Frickmann Lehmbau (Creuzburg) ausführte.

---

5 Zum Burgenlehrpfad vgl. Hans-Jürgen Lehmann: Bericht über die Baumaßnahmen der Wartburg-Stiftung im Jahre 2004 mit bauhistorischen Erkenntnissen zu einigen Objekten. In: Wartburg-Jahrbuch 2004. 13(2005), S. 261-271, hierzu S. 266–268; Lehmann, Bericht 2005 (wie Anm. 3) S. 165 f.

6 Zum Standort der Schmiede vgl. den Grundriss des Westabschitts des Burgenlehrpfades bei Lehmann, Bericht 2005 (wie Anm. 3) S. 167.

Abb. 13:
Burgenlehrpfad
unterhalb der Vogtei
mit mittelalterlichem
Gerüst und Kran
(halbrechts)

Nachdem die Idee verworfen worden war, einen Treppenturm zu bauen, wurde unterhalb des Südendes der Vogtei ein mittelalterlicher Kran aufgerichtet. Die Eichenkonstruktion besitzt eine Höhe von 5,70 und eine Spannweite beider Kranarme zusammen von 4,20 Metern.

Im Spitzboden, dem im Februar 2005 hergerichteten Mehrzweckraum zwischen Minnegarten und Hotel, begann die Einrichtung eines Schaudepots für historische Werkzeuge. Den Grundstock stellt eine Sammlung von nahezu 400 Objekten, die der ehemalige Mühlhäuser Museumsdirektor Dr. Gerhard Seib (Eschwege) der Wartburg-Stiftung zu einem symbolischen Kaufpreis überließ und die am 9. November 2006 auf die Burg gebracht wurde. Die Aufarbeitung der Werkzeuge für die Präsentation übernahm der Metall-restaurator Helmut Biebler (Körner bei Mühlhausen). Die Ausstellungs-vitrinen zur Präsentation des Bestandes installierte die Firma TEMUS Technische Museumseinrichtung GmbH (Obrigheim). Die Teilausstellung wird erst 2007 fertig gestellt.

2.2. Wartburg-Hotel

Mit dem Baubeginn am 25. September 2006 wurde auf der sog. Landgrafen-terrasse an der Westseite des Hotels ein neuer Wintergarten geschaffen. Durch Überdachung und Verglasung dieser Terrasse, die bisher nur im Sommer gastronomisch nutzbar war, ist nun der ganzjährige Betrieb möglich. Der Raum bietet einen großartigen Landschaftsausblick und ist über die angrenzende Landgrafenstube bzw. den Wappensaal erreichbar. Die Türen zu beiden Räumen blieben unverändert. Im idyllischen Ambiente verfügt das Terrassen-restaurant über 33 Sitzplätze bei ca. 60 m² Nutzfläche.

Die auf dem Terrassenboden aufliegende Tragkonstruktion besteht aus Stahlträgern und -stützen. Die mit 2,70 m raumhohe Verglasung bewahrt den Ausblick, kann mittels Schiebetüren fast vollständig geöffnet werden und

Abb. 14:
Die sog.
Landgrafenterrasse
des Hotels vor der
Überbauung, Blick
nach Nordwesten

Abb. 15:
Die verglaste und
überdachte sog.
Landgrafenterrasse
des Hotels mit Blick
nach Nordwesten

sichert im Winter genügend Wärmeschutz. Das flach geneigte Satteldach steigt zum Wappensaal an und ist mit Kupferblech gedeckt. Die Decke besteht aus einer perforierten Folie, die mittels darüber installierter Lüftungstechnik eine optimale Klimatisierung des Wintergartens ermöglicht.

Durch den langjährig auf der Wartburg tätigen Gert Weber (Gräfenhain) wurde ein künstlerischer Gestaltungsentwurf erarbeitet, der als Folienaufdruck realisiert wurde und das Erscheinungsbild des Raumes prägt. Der Fußboden wurde mit Cotto-Fliesen von 40 x 40 cm belegt. Nach der Teilabnahme vom 15. Dezember 2006 sind noch einzelne Restarbeiten anhängig.

Im Frühjahr wurde durch die Tischler der Bauhütte das desolate zweiflügelige Hoftor aus Nadelholz ausgebaut und durch ein neu gefertigtes Tor aus Eichenholz ersetzt, wobei die schmiedeeisernen Beschläge wieder verwendet wurden.

2.3. Aussenanlagen
(Schanze, Wege und Treppen, Parkschleife)

Über den Sommer wurden auf der Schanze einige Kleinreparaturen wie Verfugarbeiten an den Brüstungsmauern, Erneuerung der Eichenholzgeländer und Instandsetzung der Kanonenlafette vorgenommen. Im Außengelände dominierte im April der Wegebau. Auf dem Eselweg und dem Weg zum Nesselgrund wurde der Unterbau ausgebessert und mit Rotliegendem nachgekiest. Im Frühsommer wurden entlang der Parkplatzzufahrt und zum Nesselgrund die Holzgeländer und teilweise Bänke erneuert, die Treppenanlagen unter der Zugbrücke neu verfugt und das Pflaster auf dem Weg zum Hotel neu verlegt.

Im Sommer erhielt die Zufahrt zum unteren Parkplatz auf der Schleife zur Absturzsicherung einen neuen Handlauf mit Kniestreben. An den Straßenläufen im Bereich Parkplatzschleife wurden die Schachtbauwerke und die zugehörige Pflasterung ausgebessert.

Seit Juli wurde im Zusammenhang mit dem Aufstellen von Werbe-Pylons für die 3. Thüringer Landesausstellung 2007 der Fußweg bei der Schranke zur Auffahrt neu gestaltet.

2.4. Elisabethplan

Am Elisabethplan prägten drei Vorhaben von unterschiedlicher Wertigkeit das Geschehen: erstens die archäologische Grabungen vorwiegend auf der oberen Ebene, zweitens die Restaurierung der Ritgenschen Brunnenanlage und drittens die Überholung der mittelalterlichen Mauerreste im unteren Bereich.

*Abb. 16:
Die Brunnenstube am
Elisabethplan mit
Überdachung für die
Bauarbeiten*

Nachdem die Arbeiten um den Brunnen und an den unteren Mauern aus Witterungsgründen Mitte November des Vorjahres vorläufig eingestellt worden waren[7], wurden sie im Frühjahr 2006 wieder aufgenommen und bis zum Herbst fortgeführt. Die Gesamtanlage am Elisabethbrunnen ist immer noch durch die 1851 von dem Wartburgarchitekten Hugo von Ritgen (1811–1889) gestaltete Brunnenstube[8] geprägt. Nach abschnittsweiser Freilegung wurde sie neu aufgemauert, verschwanden rostige Eisenteile, Türkloben und andere Fremdkörper und wurden an Sandsteinen und Wartburgkonglomerat Steinergänzungen vorgenommen. Die Ausführung der Arbeiten erfolgte durch die Maurer der Bauhütte. Der Brunnentrog wurde abgebaut und zur Weiterbearbeitung vorerst eingelagert, soll aber nach Restaurierung wieder am Elisabethplan aufgestellt werden.

Die Erneuerung der in den 1950er und 1960er Jahren ausgegrabenen Mauerreste[9] wurde fortgesetzt. An dem Mauerzug an der Straße wurden die

---

7 LEHMANN, Bericht 2005 (wie Anm. 3) S. 171 f.
8 HUGO VON RITGEN: Der Führer auf der Wartburg. Ein Wegweiser für Fremde und ein Beitrag zur Kunde der Vorzeit. Leipzig 1860, S. 7 und Abb. auf S. 5; BAUMGÄRTEL, Wartburg 1907 (wie Anm. 1) S. 342; GEORG VOSS: Die Wartburg (P. LEHFELDT und G. VOSS: Bau- und Kunstdenkmäler Thüringens. Heft 41. Großherzogtum Sachsen-Weimar-Eisenach. Amtsgerichtsbezirk Eisenach). Jena 1917, S. 229 f.
9 Der Elisabethplan unterhalb der Wartburg. In: Wartburg-Jahrbuch 1995. 4(1996), S. 59–90, hierzu S. 81–84.

aufgelegten Dachziegel abgenommen, die Mauerkrone neu aufgemauert und neu verfugt. Die straßenbegleitende Mauer erhielt eine Verlängerung bis zum anstehenden Felsen. Zerfallene und verstürzte Mauern wurden ebenfalls neu aufgemauert und verfugt, um diese Bereiche wieder für die Besucher zugänglich zu machen. Die denkmalfachliche Begleitung der Maßnahme lag in den Händen von Frau Dr. Ines Spazier, womit sich dieses Vorhaben in das archäologische Gesamtprojekt am Elisabethplan einordnete.

Die archäologische Grabung betraf vorrangig das obere Plateau und fügte sich in die Vorbereitung zum 800-jährigen Geburtstagsjubiläum der hl. Elisabeth ein, da sie Überresten ihres Hospitalbaus und des ihr gewidmeten Franziskanerklosters nachspürte. Im Auftrag der Wartburg-Stiftung vertrat Frau Spazier die archäologische Fachbehörde, das Thüringische Landesamt für Denkmalpflege und Archäologie in Weimar, die Udo Hopf (Gotha) als Grabungsleiter einsetzte. Die gesamte Maßnahme begann am 18. April 2006 und dauerte bis zum 30. Oktober 2006.

Abb. 17:
Blick auf den Elisa-
bethplan während
der archäologischen
Grabung

10 Vgl. Lehmann, Bericht 2004 (wie Anm. 5) S. 269.
11 Thüringisches Landesamt für Denkmalpflege und Archäologie, VGNr. 06/84, Dokumentation der archäologischen Grabung auf dem Elisabethplan unter der Wartburg bei Eisenach 2006, April-Oktober 2006; inzwischen erschien auch Udo Hopf, Ines Spazier und Petra Weigel: Elisabethverehrung und Elisabethgedenken der Wettiner. Das Elisabethhospital und das Franziskanerkloster St. Elisabeth unterhalb der Wartburg – Archäologische Befunde und schriftliche Zeugnisse. In: Dieter Blume und Matthias Werner (Hrsg.): Elisabeth von Thüringen – eine europäische Heilige. Aufsätze. Petersberg 2007, S. 245–269.
12 Vgl. Petra Schall: Der Täufer Fritz Erbe – Gefangener im Südturm der Wartburg. In: Wartburg-Jahrbuch 1994. 3(1995), S. 85–95.

Die Grabung orientierte sich an den Befunden der geomagnetischen Messung zur Ortung von Fundamentresten, die im November 2004 vorgenommen worden war[10]. In Handschachtung, teilweise aber auch mit Minibagger, wurden insgesamt rund 200 m² Erdreich ausgehoben. Die Ausmaße der Klostermauern, Lage und Größe der Klosterkirche sowie Zeugnisse weiterer Klostergebäude konnten ermittelt, vor allem das Fundament von Elisabeths Hospitalbau identifiziert werden. Eine Dokumentation über die Gebäudespuren liegt bereits vor[11]. Die Veröffentlichung ihrer Ergebnisse und der wissenschaftlichen Auswertung weiterer Funde soll im Rahmen des Wartburg-Jahrbuchs erfolgen. Von den drei aufgefundenen menschlichen Skeletten werden zwei Mönchen und eines dem 1548 auf der Wartburg verstorbenen Täufer Fritz Erbe[12] zugeordnet.

Zur Bekanntmachung der Grabungsergebnisse fanden am 12. September 2006 eine Pressekonferenz und TV-Sendung im mdr statt. Am 16. September bot Frau Dr. Spazier öffentliche Führungen an. Am 25. September begann das Transportunternehmen von Manfred Weih (Dermbach) mit der Wiederverfüllung der Grabungsbereiche zur Sicherung der in der Erde verbleibenden Befunde. Nach Abschluss der Grabungen wurde der Landschaftsarchitekt Rolf Tügel vom Landschaftsarchitekturbüro Rentsch & Tschersich mit einem Gestaltungskonzept für den ehemaligen Grabungsbereich unter Einbeziehung aller drei Teilbereiche des Elisabethplans beauftragt, das zur Neugestaltung für eine öffentliche Begehbarkeit im Elisabethjahr 2007 dienen soll.

Chronik 2006 der Wartburg-Stiftung

JANUAR

25. Januar
Auf Klage der Gemeinde Marksuhl
setzt das Meininger Verwaltungsgericht die Genehmigung vom
12. Mai 2005 zur Errichtung von vier
Windkraftanlagen außer Kraft. Der
vorgesehene Standort auf dem zu
Marksuhl gehörenden Milmesberg
und die Anlagenhöhe von 141
Metern machen die Windräder von
der Wartburg aus sichtbar und beeinträchtigen den Panoramablick vom
hinteren Burghof. Der Milmesberg
liegt etwa sieben Kilometer südöstlich und mit 460 Metern über NN
über dem Niveau der Wartburg
(411 Meter). Mit dem Urteil ist der
Bau zwar vorerst gestoppt, die Bau-
genehmigung aber nicht endgültig
verworfen.

Januar
Im Palas mit seinen empfindlichen
Fresken werden im Januar Vibrationsmessungen durchgeführt, um auszu-
schließen, dass bei der Sanierung des
Burghofes am Gebäudemauerwerk
bzw. den Fresken Schäden durch
Schwingungsübertragungen auftreten
werden.

FEBRUAR

20. Februar
39. Sitzung des Stiftungsrates der
Wartburg-Stiftung unter Vorsitz von
Minister Prof. Dr. Goebel (Vorsitzender des Stiftungsrates):
• Burghauptmann Günter Schuchardt
erstattet den Bericht über das vergan-
gene Haushaltjahr und das I. Quartal
2006, der vom Stiftungsrat zur
Kenntnis genommen wird. Im
Ergebnis der anschließenden
Diskussion über Besucherzahlen,
Aktivitäten, Sponsoring, Hofkarte,
Investitionen, Marketing empfiehlt
der Stiftungsrat, ein externes Gut-
achten zum Marketing und zur
Öffentlichkeitsarbeit einzuholen
und dabei auch prüfen zu lassen,
ob künftig Eintritt für die Burghöfe
erhoben werden soll.
• Über den derzeitigen Stand zur
Vorbereitung der 3. Thüringer
Landesausstellung 2007 zur Elisabeth-
Thematik wird ebenfalls berichtet.
Seit Jahresbeginn stehen insgesamt
1,5 Mio. EUR Landesmittel für 2006
und 2007 zur Verfügung. Das
Ausstellungsbüro hat mit zwei
Wissenschaftlern in Jena und einem
technischen Mitarbeiter auf der
Wartburg seine Arbeit aufgenommen.
Zum engeren Vorbereitungsteam

gehören derzeit die Professoren
Werner und Blume aus Jena und drei
weitere Mitarbeiter der Wartburg-
Stiftung, die nicht aus dem Aus-
stellungsetat honoriert werden. Erste
Leihanfragen wurden verschickt.
• Vom 21. bis 24. März 2006 veranstaltet die Wartburg-Stiftung eine
internationale wissenschaftliche
Konferenz. Zur Landesausstellung
wird ein umfangreiches Programm
an den Elisabeth-Erinnerungsorten
geboten, wofür die Wartburg durch
das ins Leben gerufene Elisabeth-
kuratorium eng mit Eisenach und
Creuzburg zusammenarbeitet, ebenso mit der Stadt Marburg.
• Oberbürgermeister Schneider stellt
hinsichtlich eines zweiten Ausstel-
lungsorts neben der Wartburg die
Predigerkirche in Eisenach zur
Diskussion.
• Der Landeskonservator informiert
über die Entscheidung des Verwal-
tungsgerichts Meiningen vom 25.
Januar 2006. Dem Eilantrag der
Gemeinde Marksuhl gegen die vom
Wartburgkreis erteilten Baugenehmi-
gungen für die beiden Windkraftanlagen in räumlicher Nähe zur
Wartburg sei stattgegeben und die
aufschiebende Wirkung ihres
Widerspruchs angeordnet worden.
Eine endgültige Entscheidung sei erst
in der zweiten Hälfte des Jahres 2007
zu erwarten.

27. Februar

Der deutsch-französische Kulturkanal
arte zeigt in Erstausstrahlung die
45-minütige Fernsehdokumentation
«Wartburg – Festung der Wildnis»
über Flora und Fauna im Burggelände.

MÄRZ

1. März

Ein Gutachten durch den Holzschutz-Sachverständigen Dipl.-Ing.
Alfred Radelhof (Eisenach) vom
1. März 2006 stellte einen massiven
Hausbockbefall im Dachstuhl des
neuen Treppenhauses fest. Bis
November muss die Dachkonstruktion erneuert werden.

8. bis 12. März

Zur Internationale Tourismusbörse
(ITB) ist die Wartburg mit einem
eigenen Stand in Berlin vertreten.

10. März

Die umgebaute und auf mehr als das
Doppelte vergrößerte Verkaufsstelle
im Erdgeschoss der Dirnitz nimmt
ihre Tätigkeit auf. Der im südlichen
Geschossteil gelegene Sonderausstellungsraum wurde für Ladenfläche,
Personal- und Lagerraum aufgegeben.
Der Gang zwischen vorderem und
hinterem Burghof ist wieder öffentlich begehbar.

21. bis 24. März

Unter dem Titel der 3. Thüringer
Landesausstellung «Elisabeth von
Thüringen – Eine europäische
Heilige» wird auf der Wartburg ein
internationales wissenschaftliches
Kolloquium von der Wartburg-
Stiftung mit 28 Vorträgen unter
Beteiligung ungarischer Wissen-

schaftler veranstaltet. In einem Essay-
band zur Ausstellung sollen die
Referate veröffentlicht werden.

24. März

Konzert auf der Wartburg mit dem
Ersten Streichquartett des Akade-
mischen Orchesters Leipzig, dem
Mädchenchor Wernigerode des
Landesgymnasiums für Musik und
dem Blechbläserensemble des Musik-
vereins 1906 Östringen. Damit starten
die «Tage der Chor- und Orchester-
musik» der Bundesvereinigung
Deutscher Chor- und Orchester-
verbände, zu denen sich bis zum
26. März etwa 750 Sänger und
Musiker in Eisenach aufhalten.
Zugleich eröffnet das Konzert das
Ganzjahresprogramm «800 Jahre
Sängerkrieg auf der Wartburg –
Eisenach singt».

März

Im März 2006 erhalten die Bergseite
der Neuen Kemenate und die
Hofseiten von Palas und Gadem
Dachrinnenheizungen zur
Verhinderung von Eisbildung, der
Durchfeuchtung des Mauerwerks und
zur Verhütung von Unfällen durch
herabstürzende Eiszapfen.

APRIL

7. April

Die Deutsche Bibelgesellschaft präsentiert auf der Wartburg eine neue
Bibelübersetzung für die Online-
Generation. Das multimediale Werk
heißt «Basis B» und besteht aus CD,

Internet-Portal und Taschenbuch.
Der Text berücksichtigt den
Sprachgebrauch von Jugendlichen.

14. April

Die romantische Oper von Richard
Wagner «Tannhäuser und der
Sängerkrieg auf Wartburg» wird am
originalen Schauplatz in einer konzer-
tanten Aufführung von der Landeskapelle Eisenach unter Leitung von
GMD Tetsuro Ban aufgeführt, wobei
als Sänger Pauletta de Vaughn und
John Charles Pierce (beide USA)
hervortreten. Weitere Aufführungen
finden am 16. April und 12. Mai 2006
statt.

14. bis 17. April

Von Karfreitag bis Ostermontag
findet der 10. Ostereiermarkt auf der
Wartburg statt. Den Hobbykünstlern
können die Besucher im Gewölbe-
keller des Gadems bei der Arbeit
zusehen.

18. April

Beginn der archäologischen Grabung
am Elisabethplan unterhalb der
Wartburg, die am 30. Oktober endet.

29. April

Das Wartburg-Festival unter der
künstlerischen Leitung des
Trompeters Otto Sauter eröffnet das
Blechbläser-Quintett Austrian Brass
Consort unter dem Motto
«Außergewöhnliche Musik braucht
außergewöhnliche Orte» mit Werken
von L. Bernstein, J. S. Bach und
H. DeCosta.

MAI

4. Mai
Am Tage von Luthers Wartburg-Ankunft 1521 beginnt der Sommer-zyklus der evangelisch-lutherischen Gottesdienste in der Warburg-Kapelle. Weitere Termine: 20. Mai, 3. und 17. Juni, 15. und 22. Juli, 12., 19. und 26. August, 23. September, 7. und 21. Oktober.

6. Mai
324. Wartburgkonzert Deutschlandradio Kultur: Georgi Kobulashvili, Oboe, Georgisches Kammerorchester Ingolstadt unter Leitung von Markus Poschner; Werke von S. Nassidse, S. Zinsadse, P. I. Tschaikowsky

9. Mai
Burghauptmann Günter Schuchardt hält vor dem Eisenacher Geschichts-verein einen Vortrag zum «800. Jahrestag des Sängerkriegs auf der Wartburg».

10. Mai
Zu Beginn seines zweitägigen Thürin-gen-Besuchs trifft der litauische Ministerpräsident auf der Wartburg mit dem thüringischen Minister-präsidenten Dieter Althaus zusam-men. Im Mittelpunkt des Besuchs steht der Ausbau der wirtschaftlichen Kontakte. Beide nehmen an der jähr-lich stattfindenden Festveranstaltung des Autobauers BMW teil, die dies-mal unter dem Motto «Thüringen in

Bewegung – Wege in die Zukunft» steht. Als Gastreferent spricht der Journalist und Buchautor («Schluss mit lustig») Peter Hahne über den zunehmenden Werteverfall.

13. Mai
Sängerfest in der Innenstadt und auf der Wartburg; Chöre aus ganz Deutschland treten an historischen Orten der Stadt und auf der Burg auf.

13. Mai
Zweites Konzert des diesjährigen Wart-burg-Festivals; unter dem Motto «Zau-ber des Barock» musizieren Otto Sau-ter, Trompete, und der Pianist Istvan Dénes (Ungarn); Werke von T. Albi-noni, L. Otto, R. Wagner und F. Liszt.

14. bis 16. Mai
Auf dem «Germany Travel Mart» in Düsseldorf, der von der Deutschen Zentrale für Tourismus durchgeführt wird, präsentiert sich auch die Wartburg.

18. Mai
Mit Gesang am Klavier trägt Kon-stantin Wecker sein Soloprogramm «Am Flussufer» vor. Die Veranstal-tung wird vom Jazzclub Eisenach in Zusammenarbeit mit der Wartburg-Stiftung getragen. Der ursprünglich vorgesehene Leadsänger der Rock-gruppe «BAP», Wolfgang Niedecken, musste absagen.

19. Mai
Die Sängerin Ulla Meinecke liest aus ihrem autobiographischen Buch «Im

Augenblick» und trägt in Begleitung
von Reinmar Henschke, Piano, und
Ingo York, Bassgitarre, ihre Lieder
vor. Die Gage geht an die entstehende
Lippmann + Rau-Stiftung, die nach
den Konzertveranstaltern Fritz Rau
und dem in Eisenach geborenen
Horst Lippmann (1927–1997)
benannt ist. Als Veranstalter zeichnet
der Eisenacher Jazzclub verantwortlich.

26. Mai
Im Rahmen des Wartburg-Festivals
2006 trägt Matthias Eisenberg,
Cembalo, «Die Kunst der Fuge»
von J. S. Bach vor.

26. Mai bis 4. Juni
Auf dem Hessentag in Hessisch
Lichtenau wird der insgesamt 215 km
lange Radweg Herkules-Wartburg ein-
geweiht, wozu für rund 120.000 EUR
eine ehemalige Bahntrasse umgebaut
wurde.

27. Mai
Die romantische Oper von Richard
Wagner «Tannhäuser und der
Sängerkrieg auf Wartburg» wird am
originalen Schauplatz in einer konzer-
tanten Aufführung von der Landes-
kapelle Eisenach unter den General-
musikdirektoren Tetsuro Ban und
Till Hass mit den Sängern Maida
Hundeling, Monika Dehler und
Drummond Walker aufgeführt.
Weitere Aufführungen finden in
dieser Zusammensetzung am 24. Juni
und 1. Juli 2006 statt.

29. Mai
40. Sitzung des Stiftungsrates der
Wartburg-Stiftung im Hotel auf
der Wartburg unter Vorsitz von
Landesbischof Prof. Dr. Kähler:
• Die Berichte über den Jahresab-
schluss der Wartburg-Stiftung und
über die Bilanz der Wirtschaftsbetriebe Wartburg GmbH zum
31. Dezember 2005 erstattet Herr
Happich. Der Stiftungsrat entlastet
einstimmig den Burghauptmann für
das Haushaltsjahr 2005 und nimmt
die Bilanz der Wirtschaftsbetriebe
Wartburg GmbH 2005 zur Kenntnis.
• Für den Wartburgpreis 2006 schlägt
das Auswahl-Gremium Frau Carla
del Ponte (Chefanklägerin des UN-
Tribunals in Den Haag) vor, die
durch den Stiftungsrat per Abstimmung bestätigt wird. Für den
Wartburgpreis 2007 folgt der
Stiftungsrat dem Gremium in der
Verleihung an Prof. Dr. Ferenc Mádl
(vormaliger Präsident Ungarns).
• Der Stiftungsrat verabschiedet den
Landrat Dr. Kaspari, der zur diesjährigen Kommunalwahl nicht mehr
antritt.

JUNI

3. Juni
Am Pfingstsamstag wird das Wart-
burg-Festival mit einem Konzert des
Gewandhausorganisten und
Cembalisten Michael Schönheit
unter dem Titel «Der Hammerflügel
bei Johann S. Bach und Wolfgang
A. Mozart» fortgesetzt.

8. Juni
Im Rahmen des zum 14. Mal von der
Deutschen Burschenschaft (DB) in
Eisenach abgehaltenen Burschentags
findet auf dem Burghof der Wartburg
ein Festakt mit etwa 400 Teilnehmern
statt, bei dem sich der Gastredner
Prof. Werner Patzelt (TU Dresden)
insbesondere dem Thema Patrio-
tismus widmet. Anschließend führt
ein Fackelzug zum Gefallenen-
Ehrenmal am Burschenschaftsdenkmal.

10. Juni
325. Wartburgkonzert
Deutschlandradio Kultur: im Rah-
men der 12. Eisenacher Telemann-
Tage wirken Deborah York, Sopran,
und die Berliner Barock-Compagney,
(Christoph Huntgeburth, Flauto
traverse, Alfredo Bernhardini, Oboe,
Georg Kallweit, Violine, Jan Freiheit,
Violoncello/Viola da Gamba,
Christine Schornsheim, Cembalo);
Werke von G. P. Telemann, J. S. Bach
und J. P. Rameau

16. Juni
In der Veranstaltung des
Landestheaters Eisenach «Sänger
streiten – Sie wetten» findet im
Festsaal der Wartburg ein öffentliches
Nachwuchs-Vorsingen mit den fünf
Hauptpartien von Wagners «Tann-
häuser und der Sängerkrieg auf
Wartburg», die 2007 neu besetzt
werden sollen, statt.

17. Juni
Im Rahmen des Wartburg-Festivals
musiziert ein Ensemble aus interna-
tionalen Jazz-Spitzenmusikanten
unter dem Motto «The Power of
Parsifal – Jazz meets Classic – Richard
Wagner auf einer Reise um die Welt»,
mit Angel Garcia Arnes, klassische
Gitarre (Spanien), Omar Rodriguez
Calvo, Baß, Kontrabaß (Cuba),
Pepe Rivero, Piano (Cuba), Umberto
Zaldivar, Trompete, Maria Creuza,
Sängerin (Brasilien), Elektra Weston,
Sängerin (USA), Kenneth Norris,
Sänger (USA), Patricia Salas, Sängerin
(Cuba), Dolores Garcia, Sängerin
(Cuba); das Konzert ist Bestandteil
des deutschlandweiten Musikfestivals
zur Fußball-Weltmeisterschaft
«Playtime Live Concert Tour»

20. Juni
Die Präsidenten der obersten Bundes-
gerichtshöfe besuchen auf Einladung
des Thüringer Justizministers
während einer Tagung in Erfurt die
Wartburg und werden vom Burghauptmann geführt.

21. bis 23. Juni
Im Hotel auf der Wartburg findet die
Tagung «Krebsforschung der Zukunft
als gesellschaftliche Herausforderung»
statt. Als Gemeinschaftsprojekt der
Deutschen Krebshilfe e.V., des
Deutschen Krebsforschungszentrums
Heidelberg (DKFZ), der Deutschen
Forschungsgemeinschaft (DFG) und
des Ethikzentrums der Universität
Jena zielt sie auf eine Vermittlung der

neuesten wissenschaftlichen Erkenntnisse und richtet sich an eine breite Öffentlichkeit.

23. Juni
feierliche Übergabe der Zeugnisse an 106 Abiturienten des Elisabeth-Gymnasiums Eisenach und die ersten vier Abiturienten der 1995 gegründeten Freien Waldorfschule Eisenach

26. Juni
feierliche Übergabe der Zeugnisse an 52 Abiturienten des Luther-Gymnasiums Eisenach

29. Juni
Feierliche Übergabe der Abiturzeugnisse an 66 Absolventen des Beruflichen Gymnasiums «Ludwig Erhard» Eisenach, das unter dem Dach des gleichnamigen Staatlichen Berufsschulzentrums steht.
20 Schüler erhalten ihr Fachhochschulzeugnis.

30. Juni
Zum Abschluss des Wartburg-Festivals präsentieren zehn der weltbesten Trompeter musikalische Highlights von Bach bis Louis Armstrong und Bryan Adams unter dem Motto «What a Wonderful World – Ten of the Best»; das Konzert gehört zum vom Organisationskomitee FIFA zur Fußball-Weltmeisterschaft 2006 unterstützten »Playtime Live City Concert Tour».

JULI

6. Juli
Orgelkonzert in der Wartburgkapelle mit Erdmute Geuther (Flöte) und Hartmut Haupt (Orgel), beide Jena

7. Juli
Pressekonferenz in Festsaal des Palas zum Elisabeth-Jubiläum 2007

8. Juli
326. Wartburgkonzert
Deutschlandradio Kultur:
Regensburger Domspatzen unter dem Dirigenten Roland Büchner mit geistlichen Werken, Madrigalen und Volksliedern aus aller Welt unter der Devise «Es zog manch Lied ins Herz mir ein»

14. Juli
Im Rahmen des «MDR Musiksommers» beginnen die diesjährigen «Konzerte auf der Wartburg», deren roten Faden die Werke Dimitri Schostakowitschs (100. Geburtstag) und Robert Schumanns (150. Todestag) bilden. Der Pianist Martin Stadtfeld und das Stuttgarter Kammerorchester unter Stefan Blunier spielen Werke von J. S. Bach, D. Schostakowitsch und W. A. Mozart

15. Juli
Unter dem Motto: «Hiphop trifft Minnesang-Contest» wird eine Art Sängerkrieg des 21. Jahrhunderts unter Beteiligung von sechs HipHop-Formationen aus der Region Eisenach durchgeführt: Da Capo/Paks,

Burgbesetzer, Gedankengut, Eversense, De Suo und Zweideutig. Eine Jury kürt «Gedankengut» zum Sieger. Als Veranstalter fungiert die Abteilung Jugend der Stadtverwaltung in Kooperation mit der Wartburg-Stiftung und dem Stadtjugendring.

21. Juli
Sonderkonzert der Landeskapelle Eisenach zu «Sommerphantasien» unter Leitung von GMD Tetsuro Ban mit Werken von Y. Akutagawa, P. Tschaikowsky und W. A. Mozart. Zu Beginn macht die Kapelle durch einige fehlende Instrumente und Stimmen auf die von der thüringischen Landesregierung geplante Mittelkürzung aufmerksam.

21. Juli bis 5. November
Die Wartburg-Stiftung beteiligt sich mit einem Aquamanile als Leihgabe an der Ausstellung «Canossa 1077 – Erschütterung der Welt. Geschichte, Kunst und Kultur am Aufgang der Romanik» in Paderborn.

25. Juli
Eröffnung der Ausstellung «Von Luther zum Bauhaus» in der Ungarischen Nationalgalerie Budapest mit Exponaten aus 25 Museen und Sammlungen aus den neuen Bundesländern. Die Wartburg-Stiftung ist mit dem Kurfürstentriptychon von Lucas Cranach d. Ä. vertreten.

29. Juli
Im Rahmen des MDR Musiksommers spielt ein Streichquartett junger Franzosen, das Quatuor Ebène (1. Preis im ARD-Wettbewerb 2004), Werke von W. A. Mozart, R. Schumann und M. Ravel und wird am Flügel von Edna Stern begleitet.

31. Juli
Für die historische Schmiede, die durch die Zimmerei Marco Leise aus Heyerode aufgebaut wurde und auf dem Burgenbaulehrpfad als zweites Gebäude noch 2006 fertig gestellt wird, findet das Richtfest statt.

Juli
Die Homepage www.elisabeth. wartburg.de ist seit Juli mit ersten Informationen online und wird ständig erweitert.

AUGUST

4. August
Das Ehepaar Brigitte und Adolf Korndörfer, die Initiatoren einer Protestaktion gegen den Bau der Windkraftanlagen südlich der Wartburg, übergeben gemeinsam mit dem Eisenacher Bürgermeister Matthias Doht rund 14.000 Unterschriften an den Thüringer Bauminister Andreas Trautvetter.

4. August
Zum MDR Musiksommer spielt das Moritzburg Festival Orchester unter dem Dirigenten Tomas Hanus (Tschechien) in Begleitung des Cellisten Jan Vogler Werke von D. Schostakowitsch, R. Schuman und W. A. Mozart.

5. August
327. Wartburgkonzert
Deutschlandradio Kultur:
«Süßes Weh und bittres Ach» oder
Kompositionen und Biografien zu
Recht vergessener Komponisten;
Moderation und Gesang von Hans-
Eckardt Wenzel in Kooperation mit
der Berliner Funkkapelle

10. August
Das Oberverwaltungsgericht (OVG)
Weimar verhandelt die Beschwerde
der Husumer GEWI Planungs-&
Vertriebsgesellschaft mbH & Co.KG
als Betreiber der geplanten Windräder
auf dem Milmesberg gegen die Eil-
entscheidung, die am 25. Januar 2006
das Verwaltungsgericht Meiningen
erlassen hatte. Während der Verhand-
lung zieht die Baufirma ihren Antrag
zurück und will nun das Ende des
Hauptverfahrens in Meiningen
abwarten.

10. August
Orgelkonzert in der Burgkapelle
mit Mitgliedern des «Eichsfelder
Kammermusikkreises»

11. August
Zum MDR Musiksommer führt
das Streichertrio «Triology» unter
dem Titel «Around the World und
back to Mozart» eigene Werke mit
Einflüssen aus Jazz, Klassik und
Weltmusik auf.

12. August
Die geplante 9. Museumsnacht auf
der Wartburg unter dem Motto «800

Jahre Sängerstreit auf der Wartburg»
muss wegen Unwetters ausfallen.

18. August
Der Schauspieler Rolf Hoppe liest
zum MDR Musiksommer unter dem
Titel «Keine Minute, wo ich nicht
Deiner gedenke» aus Briefen Clara
Schumanns an ihren Vater Friedrich
Wieck und wird durch die Pianistin
Ragna Schirmer mit Klavierkompo-
sitionen von Clara und Robert
Schumann begleitet.

25. August
Im letzten der «Konzerte auf der
Wartburg» der diesjährigen MDR
Musiksommer-Reihe verbindet die
deutsch-kubanische Instrumental-
formation «Klazz Brothers & Cuba
Percussion» unter dem Titel «Mozart
meets Kuba» kubanische Rhythmen
mit klassischer Musik und Jazz.

SEPTEMBER

2. September
328. Wartburgkonzert
Deutschlandradio Kultur: Henschel-
Quartett (Streicher),«Mozart und der
‹Schlüssel zur Glückseligkeit›»

7. September
Orgelkonzert in der Burgkapelle

9. September
Das «pèlerinages»-Kunstfest Weimar
kommt mit der Uraufführung des
Musikers und Dirigenten Christian
von Borries (Berlin) «Tannhäuser am
Deutschen Hof/Kabul» auf die

Wartburg. Die Musik aus dem Tannhäuser, dargeboten von der Staatskapelle Weimar, wird mit Werken von Mendelssohn, Liszt und Puccini vermischt.

12. September
Beendigung der Forschungsarbeiten am Elisabeth-Plan und Präsentation der Grabungsergebnisse für die Öffentlichkeit durch Pressekonferenz und TV-Sendung im mdr

16. September
Dr. Ines Spazier vom Thüringischen Landesamt für Denkmalpflege und Archäologie in Weimar erklärt in einer öffentlichen Führung die archäologische Grabung am Elisabeth-Plan.

16. September
Der Franz-Schubert-Chor gastiert auf der Wartburg und feiert sein 50-jähriges Bestehen.

19. September
Durch ein Konzert mit den Sängern Arlo Guthrie (USA) und Hans-Eckardt Wenzel und Band unter dem Programmtitel «Lieder auf beiden Seiten des Atlantik» beginnt das «1. Sängerkrieg-Festival», das vom 19. bis 23. September auf der Wartburg und an Eisenacher Spielstätten stattfindet und etwa 40 Künstler aus 13 Ländern zu 18 Vorstellungen zusammenbringt.

21. September
Im Rahmen des «Sängerkrieg-Festivals» treten auf der Wartburg Pippo Polina (Italien) und Maria

Abb. 1:
Öffentliche Führung am Elisabeth-Plan vom 16. September 2006

Farantouri (Griechenland) mit dem Theodorakis-Programm «Mit den Musen singen» auf.

22. September
Zum «Sängerkrieg-Festival» musizieren auf der Wartburg die Sängerin Christina Zurbrügg (Schweiz) und die Liedermacher Chico César & Badi Assad (Brasilien).

22. bis 24. September
Der Ring Katholischer Deutscher Burschenschaften (RKDB) veranstaltet sein 17. Wartburggespräch, das wiederum von der Burschenschaft Sigfridia zu Bonn organisiert wird und im Wappensaal des Wartburg-hotels stattfindet. Der Forschungsstandort Deutschland unter dem Thema «Chancen, Grenzen, Aspekte im europäischen Vergleich» wird von

Gastrednern aus Politik und Wissenschaft behandelt, darunter vom baden-württembergischen Forschungsminister Peter Frankenberg.

23. September
Das «Sängerkrieg-Festival» endet auf der Wartburg in der «Langen Nacht des deutschsprachigen Liedes» mit Martin Sommer, Kreisler & Stein, Stephan Krawczyk, Tiger Willi und dem Randy-Newman-Projekt (Manfred Maurenbrecher, Georg Nussbaumer und Richard Wester).

25. September
Mit dem heutigen Baubeginn wird auf der sog. Landgrafenterrasse an der Westseite des Hotels ein neuer Wintergarten geschaffen. Nach der Teilabnahme vom 15. Dezember 2006 sind noch beachtliche Restarbeiten anhängig. Durch eine Überdachung und Verglasung dieser Terrasse, die bisher nur im Sommer nutzbar war, ist nun eine ganzjährige gastronomische Nutzung möglich.

Abb. 2:
Altbundeskanzler
Gerhard Schröder
am 29. September
2006 auf der
Wartburg

29. September
Altbundeskanzler Gerhard Schröder spricht in der Vortragsreihe «Gedanken von der Wartburg» zum Thema «Europas Zukunft. Momente zwischen Aufklärung, Bildung und Kultur».

29. September
Mit der Immatrikulationsfeier der Berufsakademie Eisenach im Festsaal des Wartburg-Palas beginnt für 265 Studienanfänger das dreijährige

Studium, das nunmehr mit dem international anerkannten Bachelor abschließen soll.

30. September
329. Wartburgkonzert
Deutschlandradio Kultur: ein Vokalquartett aus James Taylor, Christian Elsner, Michael Voller und Franz Josef Selig wird von Gerold Huber am Klavier begleitet; Werke von F. Schubert, F. Mendelssohn-Bartholdy, A. Lortzing u. a.

OKTOBER

2. Oktober
Beim Finale des «Masters Cup 2006» der Deutschen Debattiergesellschaft auf der Wartburg setzt sich der Berliner Ralf Lehnert durch, der mit seiner Partnerin Melanie Amann aus Frankfurt/M. auch den Team-Wettbewerb gewinnt.

6. Oktober
Das Historienspektakel «geteiltez spil» wird zum fünften Mal aufgeführt und ist seit Wochen ausverkauft. Mit dem Jahresthema «800 Jahre Sängerkrieg auf der Wartburg» wird an den fiktiven historischen Wartburgkrieg von 1206 erinnert. Regie führt erstmals Thos Renneberg, der den Klingsor verkörpert und als Moderator durch die Handlung führt, während die Texte in mittelhochdeutsch dargeboten werden. Weiterhin sind beteiligt: Jan Seidel als Landgraf Hermann I., Jana Wolf als Landgräfin Sophia, Knud Seckel (Harfe, Drehleiher) als

Heinrich von Ofterdingen, Robert Weinkauf als Walther von der Vogelweide, Hagen Seidel (Laute) als Tugendhafter Schreiber, Jörg Peuckert als Wolfram von Eschenbach, Hans Hegner (Drehleiher, Flöte) als Reinmar und Peter Rabanser (Laute, Dudelsack) als Biterolf; musikalische Umrahmung durch Susanne Ansorg (Fidel) und Kay Krause (Laute).

9. Oktober
41. Sitzung des Stiftungsrates der Wartburg-Stiftung im Hotel auf der Wartburg unter Vorsitz von Minister Prof. Dr. Goebel (Vorsizender des Stiftungsrates):
• Der Vorsitzende heißt Oberbürgermeister Doht als neues Mitglied im Stiftungsrat herzlich willkommen und stellt weiterhin Herrn Dr. Ostritz, bisher Landesarchäologe und jetzt Leiter des Thüringischen Landesamtes für Denkmalpflege und Archäologie, als satzungsgemäßes Mitglied des Stiftungsrates vor. Eine dafür notwendige Anpassung der Satzung soll demnächst vollzogen werden.
• Burghauptmann Schuchardt informiert über den Stand zur Vorbereitung der 3. Thüringer Landesausstellung und über das laufende Jahr.

13. Oktober
14. Arbeitssitzung des Wissenschaftlichen Beirats der Wartburg-Stiftung:
• Begehung des Baulehrpfades und Besichtigung des begradigten Hofes der Wartburg: Der Baulehrpfad soll

im Jahre 2007 während des Aufbaues der Landesausstellung und den damit einhergehenden Einschränkungen für den Besucherverkehr in Palas und Museum ein kompensatorisches Angebot bieten. Der Burghof soll bis Mitte November fertiggestellt sein.

• Grabung am Elisabethplan: Burghauptmann Schuchardt informiert über die Zusammenarbeit mit dem Thüringer Landesamt für archäologische Denkmalpflege. Erstmals wurden Aufschlüsse über das 1225 gegründete Hospital, die spätere Kirche und Teile des von 1331 bis zur Reformation bestehenden Franziskanerklosters «Elisabethzell» erzielt. Interessant sind drei Skelettfunde, unter denen die sterblichen Überreste des bis zu seinem Tod 1548 auf der Wartburg eingekerkerten Täufers Fritz Erbe vermutet werden.

• Jahresbericht der Wartburg-Stiftung 2006 und organisatorische Vorbereitung der 3. Thüringer Landesausstellung 2007: die erfolgreichen Tannhäuser-Aufführungen und die Veranstaltungen zum 800. Jubiläum des Sängerkriegs. Zur Landesausstellung 2007 erwähnt er die bisherigen Kooperationsverträge der Wartburg-Stiftung mit der FSU Jena, der Kulturstiftung Hessen-Thüringen, u. a. Problematisch ist die Aufbringung der finanziellen Mittel. Für den zweiten Ausstellungsort in der Eisenacher Predigerkirche signalisierte die Stadt höchstes Interesse.

• Zum turnusmäßigen Ende der Legislatur für den wissenschaftlichen Beirat im April des kommenden

Jahres stimmen die Mitgliedern überein, dass angesichts der intensiven Abschlussphase für die Landesausstellung der Stiftungsrat eine etwa halbjährige Mandatsverlängerung akzeptieren werde.

14. Oktober
Das 6. Wartburgfest des Vereins Freunde und Förderer des Landestheaters Eisenach wird mit Galakonzert und Preisverleihung begangen, steht jedoch im Zeichen der angedrohten Geldkürzungen und damit der Umfunktionierung zum reinen Bespieltheater. Der diesjährige Förderpreis geht an den venezolanischen Schauspieler und Regisseur Gabriel Diaz. Die Landeskapelle begleitet im Konzert die Solisten Sabina Martin (Gesang) und Korbinian Altenberger (Geige).

31. Oktober
Ein Festgottesdienst zum Reformationstag in der Kapelle des Wartburg-Palas schließt den diesjährigen Sommerzyklus der evanglisch-lutherischen Gottesdienste ab.

NOVEMBER

9. November
Die Wartburg erwirbt eine Sammlung von nahezu 400 historischen Werkzeugen des ehemaligen Mühlhäuser Museumsdirektors Dr. Gerhard Seib (Eschwege).

17. November
Der Neuaubau der Ummauerung der
Zisterne wird abgeschlossen.
Aufgrund des desolaten Zustands des
Mauerwerks musste im April 2006 die
begonnene Restaurierung aufgegeben
und ein neuer Auftrag mit Abriss und
lagegerechter Neuaufmauerung der
Steine ausgelöst werden.

19. November
Sozialminister Klaus Zeh (CDU)
zeichnet auf der Wartburg am
Namenstag der hl. Elisabeth zwölf
Thüringer für langjährige ehrenamt-
liche Sozialarbeit mit der «Thüringer
Rose» aus. Die Auszeichnung erfolgt
zum 14. Mal. Die Medaille mit einem
Bildnis Elisabeths wurde von der
Medailleurin Kati Zorn entworfen
und von der Aeltesten Volkstedter
Porzellanmanufaktur in Rudolstadt-
Volkstedt gefertigt.

20. November
Die Bundesministerin für Bildung
und Forschung sowie die Wissen-
schaftsminister der Länder haben sich
bei einem Treffen auf der Wartburg
am 20. November 2006 auf einen
Bericht zum Hochschulpakt 2020
geeinigt. Es ist davon auszugehen,
dass die Regierungschefs des Bundes
und der Länder am 13. Dezember
2006 diese Eckpunkte bestätigen werden. Demnach erhalten die Länder
für die Schaffung von 90.000 zusätzlichen Studienplätzen rund 565 Mio.
EUR. Die jungen Länder können insgesamt mit rund 85 Mio. EUR und
Thüringen mit etwa 15 Mio. EUR

rechnen. Sie verpflichten sich im
Gegenzug, die Studienanfängerzahlen
auf der Basis des Jahres 2005 auch in
den Folgejahren sicher zu stellen.
Darüber hinaus stellt der Bund rund
700 Mio. EUR in Form von
Programmpauschalen für erfolgreiche
DFG-Vorhaben zur Verfügung.

20. November
Das Thüringer Verwaltungsamt in
Weimar teilt der Gemeinde Marksuhl
offiziell mit, dass die Baugenehmi-
gung für den Bau von Windkraft-
werken auf dem Milmesberg wider-
rufen ist.

November
Ab November werden alle Postsachen
der Briefzentren Halle und Gießen
für die Dauer eines Jahres mit einem
Sonderstempel versehen, der auf die
3. Thüringer Landesausstellung 2007
zur Elisabeth-Thematik hinweist.

DEZEMBER

*2. und 3., 9. und 10. sowie 16. und
17. Dezember*
An den Adventswochenenden findet
der «6. Historische Weihnachtsmarkt
auf der Wartburg» statt. Mehr als 40
Händler und Handwerker sind beteiligt. Mit insgesamt 35.000 Besuchern
wird ein neuer Besucherrekord erzielt.

2. und 3. Dezember
Adventskonzerte des Suhler
Männerchors ars musica, begleitet
von der Violonistin Maria Voigt, u. a.
Werke von Bach.

9. Dezember
Der «Dampfzug Wartburg-Express»
fährt von Saalfeld über Weimar und
Erfurt nach Eisenach.

9. und 10. Dezember
Adventskonzerte «Swinging Chris-
mas», Joe Wulf & The Gentlemen of
Swing spielen die bekanntesten Titel
von Bing Crosby bis Frank Sinatra,
von Louis Armstrong bis Nat King
Cole.

16. und 17. Dezember
Adventskonzerte mit dem
ensemble amarcord

15. Dezember
Die Neugestaltung des hinteren
Burghofes mit Belag aus rotem
Tambacher und neuen Treppen um
die Zisterne, der Schwerpunkt des
Baugeschehens im Jahre 2006, kann
im Wesentlichen abgeschlossen
werden, wenngleich Restarbeiten
noch bis zum Mai 2007 andauern.

Besucher der Wartburg im Jahr 2006

Januar	7.999
Februar	9.041
März	12.855
April	35.291
Mai	44.706
Juni	42.358
Juli	38.774
August	51.381
September	47.527
Oktober	49.103
November	14.098
Dezember	50.685
insgesamt 2006:	403.818

Autorenverzeichnis

ERNST BADSTÜBNER,
Prof. em. Dr., Berlin

CARLA DEL PONTE,
Chefanklägerin am Internationalen
Strafgerichtshof für das ehemalige
Jugoslawien in Den Haag

RÜDIGER HAUFE,
M.A., Germanist/Historiker,
Klassik Stiftung Weimar

UDO HOPF,
Bauhistoriker, Gotha

ANNETTE FELSBERG,
Architektin, Leiterin der Bauhütte
der Wartburg

HEINRICH SCHLEIFF,
Diplom-Philosoph, Haupt-
konservator a. D.

INGRID SCHMIDT,
Präsidentin des Bundesarbeitsgerichts
(BAG) in Erfurt

HILMAR SCHWARZ,
Dipl.-Historiker,
Wartburg-Stiftung Eisenach

HEINRICH WEIGEL (†),
Diplom-Lehrer i. R., Eisenach

PETRA WEIGEL,
Dr., Historisches Institut der
Friedrich-Schiller-Universität Jena

Bildnachweis

U. Hopf, Gotha: S. 9, 13, 16, 18, 20, 21 (2 x), 22 links, 25, 26 (3 x), 27, 28 (2 x), 29 rechts, 30, 31 links, 32, 33 oben rechts und unten, 34

R. Salzmann, Eisenach: S. 138, 146, 194

Thüringer Museum, Eisenach: S. 14, 24

Wartburg-Stiftung Eisenach, Archiv und Fotothek: S. 39, 62, 94, 153, 154, 155 (2 x), 157 (3 x), 160 (2 x), 162, 163, 165 (2 x),166 (2 x), 167, 172, 173, 174, 175, 176 (2 x), 178 (2 x), 179 (2 x), 181, 182, 193

Entnommen aus:

Ludwig Bechstein: Deutsches Sagenbuch. Leipzig 1853: S. 82

Günter Binding: Das Dachwerk auf Kirchen im deutschen Sprachraum. München 1961: S. 31 rechts

Eduard Duller: Die Geschichte des deutschen Volkes. Leipzig 1840: S. 81

Ulrich Nicolai: Das Dominikanerkloster zu Eisenach. Eisenach 1935: S. 22 rechts, 29 links

Felix Scheerer: Kirchen und Klöster der Franziskaner und Dominikaner in Thüringen. Jena 1910: S. 33 oben links

© 2008 Wartburg-Stiftung Eisenach
Alle Rechte vorbehalten
Wartburg-Jahrbuch 2006, 15. Jahrgang 2008
Herausgegeben von der Wartburg-Stiftung
Redaktion: G. Jacobs, J. Krauß, P. Schall, G. Schuchardt
Redaktionsschluss: Dezember 2007
Gesamtgestaltung: Gerd Haubner, Erfurt
Herstellung: Druck und Repro Verlag OHG, Erfurt